상담심리학

Counseling Psychology

상담심리학

유 옥 저

동 문 사

머리말

상담심리학이란 교재를 처음 접했을 때의 가슴설레임이 다시 살아나는 것은 왜인지 모르겠습니다. 지금까지의 삶의 여정에서 세상 만물을 창조하시고 다스리시는 절대자를 향한 믿음과, 상담심리학이라는 학문이 없었다면 오늘의 제가 있을까? 하는 마음에서일 거라는 생각에 다시금 이 책의 저자가 된 것을 감사함으로 고백합니다.

삶의 무게에 짓눌려 헤어날 수 없을 것 같았던 지난날들을 되돌아 볼 때 그 무엇으로도 해결의 실마리가 풀리지 않을 것 같고, 누구도 그 짐을 벗겨줄 수 없을 것 같았을 때에 상담심리학이라는 학문을 접하게 되었고, 여러 학자들의 이론을 연구해 가며 그 무거웠던 짐들을 하나하나 벗을 수 있었습니다.

그러기에 누구보다도 이 분야의 학문연구에 심취할 수 있었고, 더 깊게, 더 넓게 연구를 계속하여 결국에는 대학 강단에서 상담심리학이라는 과목을 학생들에게 가르치는 복을 받게 되었습니다.

누군가에게 상담을 한다는 것은 전문적 기술이나 상담에 대한 이론을 제공하는 것만이 아닙니다. 진정으로 내담자를 향한 사랑과 사람을 소중히 여기는 마음이 교감될 때 상담의 효과는 몇 배로 증가되어 나타날 것입니다.

그리고 내담자가 가지고 있는 무한한 가능성과 긍정성을 발견할 수 있도록 진정어린 격려와 지지로 돕는 어버이 같은 상담자를 통해 내담자들은 마음의 치유를 경험하게 될 것입니다.

따라서 본서에서는 상담사의 길을 가기 위해서 또는 자신이 심리적인 치유를 경험하기 위해서 상담에 대한 이론을 접하는 학생들이나 일반인들이 상담심리학에 대한 기본적인 지식을 익히는 데 도움을 주고자 쉽고 간결한 표현으로 핵심적인 내용만 담으려고 노력했습니다.

많은 분량의 상담심리학 이론 중에서 필수적인 내용만 다루려 하다 보니 부족한 점들이 많이 발견됩니다. 하지만 앞으로 개정판을 출간할 때는 독자들의 조언과 충고를 반영하여 부족함 없는 상담입문서를 세상에 내놓을 수 있도록 부단히 노력하겠습니다.

이 책이 출간될 수 있도록 적극적으로 협조해 주신 동문사 사장님과 편집국장님을 비롯하여 모든 임직원분들에게 서면으로나마 감사의 말씀을 전합니다.

2016년 11월 22일

저자 유 옥 올림

차 례

CHAPTER 05 개인상담 _ 173

CHAPTER 06 가족상담 _ 183

CHAPTER 07 부부상담 _ 229

CHAPTER 08 집단상담 _ 235

CHAPTER 09 청소년상담 _ 261

CHAPTER 10 노인상담 _ 265

CHAPTER 11 다문화상담 _ 271

CHAPTER 12 위기와 위기상담 _ 277

HAPTER 01

상담심리학의 이해

1 상담심리학의 개념과 원리

1) 상담심리학의 개념

상담심리학은 심리햑의 하위 분야 중의 하나로 인간 이해를 위한 심리학적 지식을 상담의 실제에 응용하는 학문이라고 할 수 있다. 흔히 과학은 순수과학과 응용과학으로 구별하는 입장이 있는데 이 구분에 의하면 상담심리학은 응용과학의 범주에 속한다. 즉, 상담심리학은 상담이라는 활동에 관한 학문적 체계라고 할 수 있다. 따라서 상담심리학을 이해하기 위해서는 상담이라는 활동이 무엇인가에 대한 이해가 선행되어야 한다.

그런 면에서 상담이란 '도움을 필요로 하는 사람(내담자)이, 전문적 훈련을 받은 사람(상담자)과의 대면 관계에서, 생활 과제의 해결과 사고, 행동, 및 감정 측면의 인간적 성장을 위해 노력하는 학습 과정이다'(이장호, 2005)라고 정의하였다.

또 상담이란 '전문적인 상담이론과 상담훈련을 받은 사람(상담자)이 도움을 필요로 하는 사람(내담자)에게 자기 자신을 바로 알도록 안내하여 현재 당면해 있는 문제를 스스로 해결할 수 있도록 돕는 과정이다.'라고 정의한 학자도 있다(유 옥, 2012).

이처럼 상담은 체계적인 상담훈련을 받은 사람과의 전문적인 관계 속에서 한 개인이 현재 당면하고 있는 문제를 해결해 나감과 동시에 과거에 문제가 되었던 한 개인의 생각, 행동 및 감정이 수정되어 궁극적으로는 그 개인의 인간적 성장을 도모하는 것이라는 점에서 다른 활동과 구별된다.

특히 상담자가 되기 위해서는 체계적인 전문적 훈련을 받는 것이 필수 불가결한 조건이다. 이는 상담을 전공하려는 학생들이 가장 관심을 가져야 할 부분이라고 할 수 있다.

그러므로 상담심리학이 관심을 갖는 것은 상담의 실제와 관련된 다양한 주제에 대한 연구를 통해 상담에 도움을 주는 일로 인간이 가진 다양한 영역의 부적응 문제와 정신건강상의 문제를 이해하고 보다 효과적인 치료법의 개발 및 적용에 관심이 있다.

2) 상담의 원리

(1) 개별화의 원리

인간은 개인차가 있으므로 상담자는 개인의 욕구충족에 따르는 개인차를 인정하고 편견이나 선입관으로부터 탈피하여 인간행동의 유형과 원리에 대해 전문적으로 이해하려는 태도를 갖고 개인의 개성과 개인차를 인정하는 범위 내에서 상담을 전개해야 한다.

(2) 비심판적 태도의 원리

죄책감, 열등감, 고독감 등을 갖고 있는 내담자는 자신의 잘못이나 문제에 대하여 결과를 나무라거나 책임을 추궁하거나 잘못을 질책하는 것을 두려워한다. 따라서 상담자는 내담자를 객관적으로 평가하여야 하며 어떤 문제에 대하여 유죄 혹은 무죄임을 심판하는 태도를 갖지 않는다.

(3) 자기결정의 원리

상담은 개인의 가치와 존엄성을 존중하고 자기 힘으로 문제를 해결해 나갈 수 있다는 신념에서 시작되어야 한다.

상담자는 내담자가 자기 판단을 토대로 자신의 문제를 해결해 나갈 수 있도록 힘과 능력을 기르도록 도와야 한다.

(4) 비밀보장의 원리

상담자의 윤리 가운데 가장 중요한 것은 무조건 내담자의 비밀을 지켜 주는 것으로 상담은 본질적으로 내담자가 상담자를 신뢰하는데서 이루어지는 것이다. 상담자의 윤리 가운데 가장 중요한 것은 무조건 내담자의 비밀을 보장하는 것이다.

(5) 의도적 감정표현의 원리

상담자는 내담자의 긍정적·부정적 감정표현이 자유롭게 발휘될 수 있도록 수용적 태도를 지녀야 하며 내담자의 의도적 표현이 보장되도록 온화한 분위기를 조성한다.

(6) 통제된 정서관여의 원리

상담자는 내담자의 정서의 변화를 이해하고 적절한 피드백을 줄 수 있도록 의도적으로 적극적인 관여를 해야 한다.

내담자의 감정에 대한 상담자의 민감성과 감정이 의미하는 것의 이해와 내담자의 감정에 대한 의도적이고 적당한 반응이 필요함으로 상담에서 정서적 측면을 다루는 것은 매우 중요하다.

(7) 수용의 원리

상담자는 내담자의 장단점, 바람직한 성격과 그렇지 못한 성격, 긍정 혹은 부정적 감정, 건설적 태도 혹은 파괴적 태도나 행동을 있는 그대로 이해하고, 내담자의 진정한 욕구와 권리를 존중하며 감정이나 태도를 적극적으로 이해할 수 있어야 한다.

2 상담관계의 특성

1) 자기중심적이 아니라 상대방 중심적이 되어야 한다

상담에서는 상담자가 가능한 한 자기중심적인 입장을 떠나 상대방인 내담자중심의 입장에서 관계를 맺는 것이다. 상담관계는 상담자와 내담자가 하나의 인격체로 존중하고 신뢰하며 그의 느낌과 경험을 공간적으로 이해할 뿐 아니라 허용적인 분위기에서 솔직하고 진지하게 관계를 발전시키는 것이다.

따라서 일상관계와는 달리 조력적인 효과를 얻게 된다.

2) 역동적인 상호작용관계

상담관계는 하나의 역동적인 상호작용관계이다. 상담전문가의 도움을 받기는 하지만 지시, 충고가 아닌 서로 협력하여 세운 상담 목표를 향해서 상호 협력적으로 노력하는 상호작용의 관계이다. 그러므로 상담자는 인간의 성장 발달, 인간 행동이나 인간관계에 대한 깊이 있는 이해와 인간 사랑의 마음을 가져야 한다.

3) 개인적, 사적인 관계

상담관계는 일상적인 대인관계와는 달리 사적이고 비밀이 보장되는 관계이다. 내담자는 판단, 비난, 평가 없이 어떤 부정적인 결과에 대해 두려워하지 않고 자유롭게 말할 수 있는 권리를 가진다. 상담자가 내담자를 존중하고 무조건 긍정적으로 받아들여야 자신의 고민, 느낌, 경험 등 사적인 비밀을 상담자에게 안심하고 털어 놓을 수 있다. 상담자는 내담자의 허락 없이는 비밀을 보장하는 것이 전문적인 상담의 윤리이다.

4) 상식적인 틀, 관습, 체면 등을 벗어난 초(超) 상식적인 부딪침의 관계

일상관계는 상식적인 틀, 관습, 체면, 각자의 가치관 등에 따라 형식적으로 이루어지나 깊은 심리적인 고민에 빠져 있는 경우는 상식적인 말이나 행동으로는 내담자의 깊은 속마음을 깊이 접할 수 없다. 인간 대 인간의 만남을 통해 진귀한 삶의 교훈, 체험, 성격이나 행동 습관의 개선 등은 초 상식적인 마음과 마음의 부딪침의 관계 속에서 가능하다.

3 심리상담 유형별 방법

1) 상담유형과 방법

위기상담의 방법은 각 접근 방법에 따라 다양한 유형으로 나뉜다. 그 중 내담자의 문제, 심리 방식, 특성이나 성격, 상담자의 상담방법을 어떻게 선택하느냐에 따라 ① 위기상담, ② 촉진상담, ③ 예방상담, ④ 발달상담의 네 가지 유형으로 구분된다(김영봉 외, 2011; Pietrofesa et al., 1978; 박준섭, 2014: 30-31).

(1) 위기상담(Crisis Counseling)의 유형

위기상담은 촉발요인에 의해 생긴 정서적 혼란과 심리적 불균형 상태와 동시에 기존의 상황대처 전략이 효과적으로 작동하지 않는 상태를 다루는 것을 말한다(Caplan, 1964). 가족이나 배우자의 사망, 이혼, 약물남용, 자녀의 비행, 실직 등으로 인해 파괴적 정서에 휩싸이면서 자신 또는 남을 해칠 수 있으므로 즉각적인 조치가 필요하다. 삶의 성숙과정에서 자연스럽게 나타나는 발달과정적 위기와 달리 홍수, 폭풍, 교통사고, 전쟁, 이혼, 실직 등과 같이 정상적인 삶의 일과를 일탈하여 예측하지 못한 상황에서 발생하는 위기는 그것을 경험하는 개인에게 심각한 신체적 심리적 위협을 주게 된다(James & Gillialand, 2001). 이때 내담자에게 심리적 안정감을 주고 상황을 객관적으로 바라 볼 수 있도록 돕는 것이 위기상담이다(박준섭, 2014: 30).

(2) 촉진상담(Facilitation Counseling)의 유형

촉진상담은 어떠한 위험성이 다가올 경우 문제해결에 잘 대처할 수 있도록 내담자를 도와주는 상담을 말한다. 이러한 상담은 위기개입적인 상담기법은 아니지만 개인들에게는 문제가 될 수 있는 경우를 의미한다. 예를 들어 진로문제, 학업문제, 이성문제, 교우문제 등 여러 가지 문제들에 대해 자기 스스로 선택하고 문제를 해결해 나갈 수 있는 능력을 촉진해 주는 것이 대표적인 사례라 할 수 있다.

(3) 예방상담(Preventive Counseling)의 유형

예방상담은 미래에 일어날 수 있는 문제들을 사전에 필요한 조치를 취함으로써 어려움을 겪지 않도록 하는 상담을 말한다. 이러한 상담은 내담자의 기능성, 정체감, 대인관계 능력, 가치관, 의사결정 능력 등 여러 가지 측면의 원활한 발달을 돕기 위하여 다양한 상담활동을 실천함으로써 문제를 지닌 내담자뿐만 아니라 대다수를 차지하는 정상적 내담자들에게 도움을 주려고 하는 데 있다. 예를 들어 약물중독, 인터넷 중독, 휴대폰 중독과 성교육 프로그램 등은 이러한 문제가 발생하지 않도록 예방하기 위해서 교육 현장에서 중점 지도되고 있는 것이다.

(4) 발달상담(Developmental Counseling)의 유형

발달상담은 개인의 전 생애를 바탕으로 이루어지는 상담을 말한다. 따라서 상담자는 각 연령층에 속하는 내담자로 하여금 이완하고 압력이나 위기를 느끼지 않는 상황에서 내담자의 개인적인 성장이 일어나도록 돕는 상담을 의미한다. 발달상담은 모든 연령층의 개인과 발달단계상의 문제를 다루고 성장을 추구하는 것이기 때문에 예방상담과 아울러 상담지도에 핵심이 되는 상담기법이다. 또한 발달상담은 위기 상황에서 이루어지는 것이 아니라 편안한 분위기에서 이루어진다는 점에서 위기상담과는 다소 다른 특징을 갖는다(박준섭, 2014: 31).

4 상담자의 역할

1) 교사로서의 역할

모든 유형의 상담에서 상담자는 여러 가지 역할을 할 수 있게 되는데 그 중 교사로서의 역할은 매우 중요하면서도 우선시 되어야 한다. 교사로서의 역할은 내담자로 하여금 내면에서 일어나고 있는 사건을 객관적인 눈으로 바라보고 내담자가 그 사건에 대해 보다 잘 이해하도록 돕는 것을 말한다. 교사와 마찬가지로 상담자는 정보를 제공하고 학습이 일어날 수 있는 적절한 시기를 잘 조정할 수 있어야 한다. 이러한 경우 상담자는 내담자의 말에 의해 확인된 평가 부분만 가지고 의견이 일치된 평가만으로 역할을 해야 한다. 또 내담자가 정서적으로나 지적으로나 자신의 체계를 인식하는 법을 배우면서 자신에게 고통을 일으키는 행동방식을 깨달을 수 있도록 해야 하고, 이러한 행동 방식을 변화시키는 데 필요한 도구를 획득할 수 있는 교육이 이루어지도록 교사로서의 역할을 수행하여야 한다.

2) 위기조정자, 또는 조력자로서의 역할

내담자가 위기에 처한 긴급한 사태에 처해 있는 경우에 상담자는 그 내담자의 생명을 구하고, 행복을 보호하며, 죄를 범하는 것을 방지하거나 혹은 법을 따르도록 하기 위하여 조속한 행동을 취하여야 한다. 상담자가 이와 같은 판단을 내려야 하는 상황이 갑작스럽게 닥쳐 올 수 있으며 이때 적절한 선택을 할 수 없는 경우도 있으나 그러한 경우일지라도 상담자는 상담과정을 계속 진행하고 내담자를 위해 결정을 내릴 수 있어야 한다. 이런 결정적인 역할을 수행하는 것이 상담자의 합리적인 기능이기도 하지만 대부분 이러한 역할은 상담과정을 포기할 것을 요구하기도 한다. 상담자는 내담자와의 상담과정에서 이러한 역할을 감당하게 될 경우를 위기 상황에 따른 극단적인 경우로 생각하고 대처해야 한다.

3) 중재자로서의 역할

상담자는 상담과정에서 항상 중립적인 자세를 유지하며 중재자로서의 역할을 해야 한다. 어느 한 개인이나 특정한 하위체계의 편이 되어서는 안 되며, 내담자에 대한 어떠한 도덕적 판단도 해서는 안 된다. 단지내담자의 의식, 감정수준과 다른 수준에서 전체구조를 바라보면서 내담자 스스로 문제해결에 대한 자신감을 얻을 수 있도록 중재자로서의 도움을 주어야 한다.

4) 객관적인 지각자로서의 역할

상담의 모든 단계에서 상담자의 주요 역할은 내담자에게 객관적인 지각을 제공하는 것이며 이것은 내담자의 내면에서 일어나고 있는 것을 보다 명백하게 볼 수 있도록 도와주는 역할이다. 흔히 내담자는 어느 한 면에 치우쳐서 자신의 사태를 바라보기 때문에 상담자는 문제나 사태를 객관적인 측면에서 바라보고 새로이 지각할 수 있도록 도와주어야 한다. 왜냐하면 내담자는 제한된 관점에서 문제점 및 해결책을 봄으로써 문제를 복잡하게 만들 수 있기 때문이다. 그리고 상담자는 내담자가 문제에 대한 인식을 보다 명백하게 하고 해결을 촉진하는 조망을 얻을 수 있도록 도와줌으로써 내담자로 하여금 자신의 상황을 다룰 수 있는 잠재적 자원을 발견하도록 해 주는 객관적인 지각자로서의 역할을 해야 한다.

5) 환경조정자로서의 역할

이 역할에서 상담자는 내담자의 변화가 허용될 수 있는 안전한 환경을 창조하고 유지시켜 나가는 과제를 맡게 된다. 변화가 일어날 수 있는 환경이란 사람들이 각자 다르게 존재할 수 있고, 새로운 행동을 시도하는 모험을 할 수 있으며, 또한 이제까지 표현할 수 없다고 여겨지던 생각과 감정을 표현할 수 있는 환경을 말한다. 이러한 과제를 위해서 상담 현장에서는 상담기간 동안 성장을 강화하는 규칙이 적용되어야 한다. 상담자는 상담자와 내담자가 하나의 단위로서 조정되는 실현적인 구조를 만들기 위해 노력한다. 또한 상담자는 자신의 태도와 의사소통 방식이 성장을 강화하는 행동 모델이 되도록 노력한다. 그리고 상담자는 자신이 명백하고 적합한 방법으로 의사소통하지 못할 때 자신의 행동에 대해 통찰함으로써 성장적 구조로 전환할 수 있도록 해야 한다.

6) 안내자로서의 역할

상담자는 문제를 갖고 있는 내담자의 변화를 위한 안내자로서 다음과 같은 방식으로 역할을 할 수 있다.

내담자로 하여금 자신의 역기능적인 행동을 인식하도록 도와주며 다른 대안적 행동과 새로운 행동방식을 찾도록 도와준다.

내담자가 더욱 더 성장지향적인 방식으로 의사소통하도록 도와준다.

내담자가 변화되기를 바라고 있으며 이러한 점이 행동으로 나타나지만 자신에게 명백히 인식되고 있지 않는 측면에 상담자가 주의를 환기시킨다.

상담자 자신에 대한 지식 그리고 모든 상담기법들을 이용하여 변화를 촉진시키고 이러한 변화를 내담자 자신의 내면에 통합시킨다.

이상과 같이 상담자는 내담자 스스로 나아가려고 결정했던 방향으로 나아갈 수 있도록 안내하며 도와준다. 그리고 상담자는 내담자가 어떻게 변화해야 하는가를 결정해 주는 것이 아니라 내담자가 자신의 통찰력을 유지하는 데 어려움을 갖고 있다 할지라도 자각의 순간에 바람직한 목표로서 보다 명백하게 인식했던 방향으로 나아 갈 수 있도록 안내한다.

5 상담자의 윤리

1) 상담자의 책임

상담자는 일차적으로 내담자에 대해 책임이 있다. 그러나 내담자는 진공 속에 사는 것이 아니고 다른 사람과의 관계에 의해 영향을 받으므로 내담자나 상담자 자신, 그 외에 내담자와 관계되는 대리인이나 사회 그리고 직업에 대해 책임을 져야 한다. 이로 인해 책임의 갈등 문제가 일어나거나 내담자의 지각과 상담자의 지각 간에 차이가 생기는 경우가 있다. 그래서 미국 심리학회(APA)에서는 “심리학자는 임상이나 상담관계에서 내담자에게 유익하지 못하다는 판단이 분명히 설 때에는 그 관계를 종결해야 한다.”라고 서술하고 있다. 그러나 상담자는 내담자가 자신을 위해 상담에 많이 투자하기를 원치 않고 있다는 사실을 직면시키고 상담이 별 도움이 되지 않는 다는 것을 논의해 본 후 자신의 태도를 나타내고 상담관계를 종결짓는 것이 좋다는 판단을 내려야 한다.

그리고 상담자가 그의 능력 부족으로 내담자와의 관계를 계속할 수 없다고 느끼거나, 내담자가 받아야 할 상담으로서 현재의 유형과 시간이 너무 제한되어 있어서 내담자를 다른 상담자에게 의뢰해야겠다고 판단될 때 상담자는 내담자를 다른 상담자에게 인계하게 된다. 이럴 때 상담자의 책임은 내담자가 새로운 상담자에게 상담을 받기 시작할 때까지 지속된다.

2) 상담자의 자질

상담의 성공 여부는 상담자의 능력에 크게 좌우 된다. 따라서 상담자가 전문인으로서 능력과 자질 향상에 힘쓰지 않는다면 상담의 발전을 기대할 수 없다. 상담자의 자질에 관한 문제는 상담자가 자신의 능력과 기술의 한계성을 어느 정도 인정하느냐와 관련 된다. 성담자의 자격은 어느 정도의 학습과 필요한 절차를 밟으면 주어진다. 그러나 자격증은 정해진 기간에 걸쳐 훈련을 받고 전문적인 경험을 쌓았다는 인정은 되지만 상담자의 능력이 내담자를 대하는 데 있어 완벽하다는 보장을 해 주는 것은 아니다. 상담자 자신의 능력과 기술에 한계가 있음에도 불구하고 무리하게 상담을 진행할 때 상담자의 자질과 윤리적 문제가 발생한다.

상담자는 자신의 능력을 넘어선 상담이나 진단을 함부로 해서도 안 되고 이렇게 되지 않기 위해서 상담관계에 들어가기 전에 자신의 능력으로 내담자를 도울 수 있는지 스스로 평가해야 한다. 그리고 상담자가 전문가로서 개인적인 성장을 위해 새로운 지식을 습득하거나, 기술을 연마토록 하는 어떤 행동지침이 필요하다.

바람직한 상담결과를 위해서 상담자가 갖추어야 할 자질을 상담윤리 강령에 명시하고 있는데 그 주요 내용을 요약하면 다음과 같다.

- 첫째: 상담자는 전문적인 자질을 갖추어야 함과 동시에 자질 향상을 위해 항상 노력해야 한다. 상담자는 일정 수준 이상의 전문적 자질을 갖추어야 하고, 비록 그 수준에 도달했다 하더라도 그 자질을 향상시키기 위해 꾸준히 노력해야 한다는 것이다. 또한 상담자는 내담자의 보이지 않는 심리를 다루고 있다는 점과 상담자의 성격이나 가치관 등의 잠재적인 성향이 내담자에게 영향을 미친다는 점에 대해 자각할 수 있는 사람이어야 한다는 것이다.
- 둘째: 상담자는 자신의 한계성을 알고 내담자의 문제가 자신의 능력 밖이라고 여겨질 경우 동료 상담자에게 도움을 요청하거나 다른 상담자에게 의뢰해야 한다는 것이다. 이런 경우 상담자는 자신의 한계성을 수용할 수 있고, 다른 상담자에게 도움을 청하거나 의뢰할 수 있는 용기가 필요하다. 그러나 자신의 상담능력 한계가 남에게 알려지는 것이 두려운 상담자는 그 자질이 모자란다고 볼 수 있다.

- 셋째: 상담자는 자신이 소지한 이상의 능력이 있는 것처럼 행동해서는 안 되며, 혹 그렇게 오도되었을 경우에는 수정해야 할 의무가 있다.
- 넷째: 상담자는 내담자의 무리한 요구를 거절할 권리가 있다. 이는 상담관계에서 내담자뿐만 아니라 상담자도 보호받을 권리가 있음을 보여 주고 있다.

앞서 살펴본 바와 같이 상담자의 자질은 일정한 수준 이상의 자격을 갖추어야 하고, 자신의 한계성도 인식하여 행동해야 하며, 내담자의 무리한 요구를 거절할 수 있어야 한다.

3) 상담자의 가치와 삶의 철학

상담은 내담자에게 강의하고 내담자를 훈련하여 '바르게' 행동하고 느끼도록 하는 교화의 형태가 아니다. 그런 의미에서 상담이 설교나 교육과 동의어로 사용될 수 없는 것이다. 그렇다고 상담이 무관심이나 중립을 지키거나 수동적인 역할만을 견지하고, 침묵 가운데 조용히 경청하며, 내담자가 보고하는 모든 것을 수용하는 것이라고 말하는 것은 아니다. 오히려 상담자들이 내담자의 가치에 도전하고, 내담자들이 그 도전에 응하며 그들 자신의 어떤 행동들이 파괴적이라는 사실을 감지할 때에 내담자들을 권면하여 그들 행동의 결과와 결말을 스스로 검토하도록 도전하게 해야 하는 것이다.

그리고 상담에서 핵심적인 이슈는 상담자의 가치가 상담관계에 어느 정도 깊이 들어가야 하는가 하는 문제이다. 상담자는 내담자를 위해서 목표를 세울 수는 없지만 내담자에 대한 가치 판단을 완전히 피할 수도 없다. 그것은 상담 목표들이 우리의 가치에 기초하기 때문이다.

윤리적으로 민감한 상담자는 내담자에게 자기 자신의 가치를 충분히 인지하면서 그 자신의 가치를 개발하도록 용기를 불어넣는 자이다. 또 상담자의 임무는 내담자의 가치를 대면하여 직시하고 도전하여 내담자가 진실로 자기 지신의 가치대로 살아가고 있는지, 아무런 비평 없이 부모나 사회의 가치를 받아들여 살아가고 있는지 결정할 수 있도록 돕는 것이다.

상담자의 가치를 내담자에게 주입시키는 문제는 상담자의 상담목표와 상담방법이 자기 삶의 철학적 표현이 될 때에 윤리적인 문제를 야기한다. 비록 상담자가 직접 내담자를 가르치거나 특정한 가치들을 내담자에게 주입시키지 않더라도 상담자는 상담자 철학, 실제로는 자기 삶의 철학을 실행할 수 있다.

상담자 자신의 경험과 가치와 신념체계들이 상담관계 속으로 들어오지 않으며, 그것들이 내담자가 행동하고 결정하는 데 아무런 영향도 미칠 수 없다면 상담자는 자신을 속이고 있는 것이라 할 수 있다.

[예] 임신중절에 대한 가치관, 성에 대한 가치관, 종교에 관한 가치관 등.

4) 상담자와 내담자와의 관계

내담자가 상담하려는 문제 중에는 남에게 말 못할 갈등이나 고민도 있다. 그렇게 때문에 상담에 있어 '비밀 보장'이 매우 중요하다는 점과 '반드시 비밀이 보장되어야 한다.'는 데 대해 이의를 제기하는 사람은 별로 없다. 상담자가 내담자에 대한 책임뿐만 아니라 사회에 대한 책임도 져야 하기 때문에 비밀 보장을 우선으로 하지만 완전한 비밀 보장에는 한계가 있다(녹화, 기록, 녹음, 제 3자에게 피해가 갈 때). 또 내담자가 자신과 다른 사람들에게 위험을 경고한 상황에 덧붙여 상담자가 정보를 법적으로 보고해야 할 경우와 같을 때는 비밀 보장만을 고집할 수는 없는 것이다. 예를 들면 다음과 같은 경우에는 상담자가 조심스럽게 고려한 후에 보호 기관에 알려야 하는 상황들이다.

- 첫째: 16세 이하의 내담자가 근친상간, 강간, 아동학대, 기타, 다른 범죄 행위를 당했다고 말할 때. 상담자와의 신체적 접촉, 성적인 접촉
- 둘째: 내담자가 입원해야 할 필요가 있다고 판단될 때.
- 셋째: 범죄 행위가 개입될 때.
- 넷째: 정보가 법정에서 문제가 될 때.

이런 상황과 같이 비밀 보장이 지켜질 수 없을 때도 있지만 전반적으로 내담자의 정보를 보호하는 것이 상담자의 일차적 의무이다. 그러므로 상담자는 상담 초기에 내담자와 비밀보장의 본질과 목적을 의논하는 것이 좋다. 내담자가 상담기간에 말하는 것이 비밀보장이 되는가를 확인할 때 상담자는 이것이 지켜질 수 없는 특수 상황에 대해서도 알려 주어야 한다.

CHAPTER

02 상담심리학의 기초 이론

1 프로이드(Sigmund Freud)의 정신분석 상담이론

1) 개요

지그문트 프로이드(Sigmund Freud, 1856~1939)는 정신분석이론의 선구자이자 무의식의 혁명을 일으킨 정신분석가이다. 그는 인간의 성격 구조를 '원초아(id)', '초자아(superego)', '자아(ego)'로 구분하였다. 여기서 첫 번째로 '원초아(id)'는 성적이고 공격적인 본능적 충동들을 말하며, 항상 쾌락원칙에 따라 작동하며 충동의 완전하고 즉각적인 만족을 요구한다. 또 결과나 이성(reason) 또는 선악에 개의치 않으며 타인의 복지에 대해서도 관심이 없다. 두 번째 '초자아(superego)'는 우리의 양심이다(김문영, 2002: 132-134). 즉, 부모와 사회의 기준과 금지사항 등을 우리가 받아들여 마음속에 간직한 것이다. 원래 우리는 원초아의 충동을 분출할 경우 부모로부터 사랑과 보호를 잃을까 두려워한다. 일단 우리가 받아들인 기준과 금지사항을 거스르게 되면 죄책감이라고 하는 초자아를 공격받는다. 초자아의 일부는 의식적이다. 그래서 우리는 우리의 양심이 허락하고 금지하는 바에 대해 많은 것을 알고 있다. 그러나 초자아의 많은 부분은 무의식적이어서 무의식적 죄책감같이 가장 어렵고 파괴적인 문제를 야기하기도 한다. 마지막으로 '자아(ego)'는 실행기능이다. 원초아와 초자아 그리고 외부세계 사이를 중재하는 악역을 맡고 있다. 이차과정의 법칙과 현실원칙에 따라 작동한다. 원초아와 반대로 자아는 결과에 대해 염려하고 말썽을 일으키지 않으며 나중에 더 큰 만족을 얻기 위해 즉각적인 만족을 지연시키는 데 최선을 기울인다. "원초아는 길들여지지 않은 열정을 의미하는 반면, 자아는 이성과 분별을 따른다."라고 프로이드는 주장하면서 이러한 과정을 통해 자아가 원초아와 초자아가 적절히 융합될 때 인간이 사회적 기능을 제대로 수행할 수 있다고 주장하였다(Kahn·안창일 역, 2008: 42).

프로이드는 정신분석이론을 형성하고 확장하는 데 생애의 대부분을 투자했다. 그는 생애의 가장 창조적인 시기에 심각한 정서문제를 겪었다. 그는 40대 초반에 많은 정신 신체장애를 앓았을 뿐만 아니라 죽음에 대한 심한 공포와 여러 가지 공포증도 있었다. 이 시기 동안 그는 자기 분석이라는 힘든 일을 하고 있었다. 그는 자신의 꿈의 의미를 탐색함으로써 성격 발달의 역동에 대한 통찰을 얻었다(이재형, 2000: 174). 그의 이론에 따르면 인간의 마음에는 '무의식'이 존재하는데, 무의식은 의식되지 않는 것으로 무의식 속에는 잠재된 사고와 감정, 기억들이 내재되었다고 보았다(한국기술심리치료협회, 2009: 230).

프로이드는 꿈을 무의식으로 가는 왕도라고 불렀다. 그 뜻은 꿈의 작업을 이해하게 되면 가장 중요한 무의식적 소망들을 알 수 있게 된다는 것이다. 꿈은 프로이드에게 무의식의 존재를 증명하는 수단이었을 뿐 아니라 주된 치료의 도구이기도 했다(Kahn·안창일 역, 2008: 46). 과거에는 인간의 꿈을 신이 내려주는 영감으로 정의했다면, 프로이드는 그동안 실질적 분석이 없었던 꿈이라는 주제를 의학적으로 접근하여 '무의식의 과학'으로 창출해냈다. 이렇듯 프로이드는 자고 일어났을 때의 신체적 감각이나 일어난 일에 대한 기억 모두 '필요하면 언제든지 꺼내 쓸 수 있는 싸구려 재료' 같다고 생각했다. 한마디로 그런 감각이나 기억은 꿈의 '요인'이 아닌 꿈의 의미를 나타내고자 우리 정신이 사용하는 단순한 소재라는 것이다(이정은, 2008: 288).

2) 프로이드의 정신분석이론

프로이드의 생애 후반부 50년간을 통해서 계속 수정해온 성격에 대한 기본적인 정신분석모델은 세 가지의 중요한 요소로 구성된다. 그것은 유동적이고 활동적인 체계로서 인간의 마음을 특성화하는 역동적 요소이며, 구조적 체계는 행동을 조절하는, 분리되었으나 서로 의존하는 세 가지의 심리적 구조를 기술한다. 그리고 계열적 혹은 단계적 요소는 민감한 신체부위, 발달과업, 그리고 심리적 갈등이 달라지는데 따라 한 단계에서 다른 단계로의 진행을 강조한다(이재형, 2008).

또한, 인간의 행동을 설명하는 데 있어서 특히 동기를 중요시하는 성격이론이 정신분석이론이다. 정신분석이론은 정신병원에 입원해 있던 환자들을 치료해감에 따라서 인간의 본성과 인간성격의 발달 및 구조에 관한 여러 개념을 형성하였다. 이러한 자료를 바탕으로 하여 프로이드가 강조한 것으로서 성격분야에서 가장 포괄적이며 잘 알려져 있는 이론이다. 정신분석학은 성격이론이면서 또한 치료방법이기도 하다. 프로이드는 인간의 성격이 어떻게 형성되는가를 설명하려고 노력하였으며 또한 신경증을 치료하는 데 사용할 수 있는 기법들을 개발하였다. 무의식적인 성적(性的) 갈등이 심리적 문제의 근원이 아닌가 생각하기 시작하였다. 이것이 정신분석이론의 출발이다(윤주영, 2003: 17-18).

정신분석이론은 정신결정론과 무의식적 동기를 강조하여 다음과 같은 기본가정을 설정하였다. 인간의 모든 행동에는 반드시 그 원인이 있다는 것과, 인간의 행동은 자신이 의식하지 못하는 본능적 충동에 의해 지배된다는 것이다(고영희, 1995: 190-191). 정신분석에서는 항상 현재의 상태나 행동과 과거의 것과의 사이에 어떤 관련을 생각하며 이 인과관계를 심적 결정론이라고 한다(박아청, 2003: 143). 프로이드 이론의 기본 가정은 인간행동의 대부분이 무의식적 과정에 의해 지배되고 있으며 이 과정은 인간행동에 영향을 주는 사고, 숨겨진 동기, 욕망, 공포 등을 뜻한다. 또한 인간의 마음에는 본능(id)이 있다고 보고 이를 자아(ego)와 초자아(super-ego)가 통제하려 하지만 완전하게 통제하지는 못한다고 본다. 프로이드에 의하면 무의식적 충동은 무심결에 나오는 실언이나 꿈, 습관적 행동, 신경증적 증상, 때로는 사회적으로 용납되는 예술이나 문학, 과학적 활동으로 표현된다고 한다.

프로이드는 신경장애자 치료의 전문가로서 활동하는 동안 전통적 치료법에 회의를 갖게 되었다. 그래서 환자가 자신의 문제를 이야기하도록 유도하기 위해 최면을 사용하였으며, 최면에 의해 자신의 문제를 직접 이야기할 수 없는 환자를 격려하기 위해 '생각의 자유연상'이라는 정신분석학적 기법을 발전시켰다. 정신분석을 통한 그의 치료는 바로 환자가 의식하지 못하고 있는 무의식적인 원인들을 의식 속으로 이끌어 들여 이를 약화시키거나 제거함으로써 정신 병리적인 증상들을 해소시키려는 것이다(이수원, 1995: 260).

3) 프로이드의 인간이해

프로이드는 인간을 비합리적이고, 결정론적인 존재로 가정한다. 인간의 행동이란 기본적인 생물학적 충동과 본능을 만족시키려는 욕망에 의해 동기화되는 것으로 보였다. 또한 인간은 자신의 의지적 사고를 통하여 책임적 행동을 한다기보다는 오히려 과거에 경험한 사건들이 무의식 속에 잠재되어 주요한 심리적 사상에 의해 전개된 본능적 충동에 의해 행동한다(박윤수, 1994: 106). 프로이드는 인간의 본능을 생득적이고 생물적인 존재로 이해하였다. 또한 성본능과 공격성 충동을 강조하면서 모든 인간의 행동은 쾌락의 취득과 고통의 회피를 욕망하는 것으로 결정된다고 보았다. 프로이드에 따르면 인간은 생존본능과 죽음본능을 갖고 있으며 모든 생의 목표는 죽음이라고 하였다. 즉, 생은 단지 죽음으로 돌아가는 길에 불과하다는 것이다. 결국 프로이드는 인간을 결정론적이고, 비판적이고, 비합리적인 존재로 보았다(윤주영, 2003: 25-29).

(1) 성격의 구조

프로이드는 인간의 정신생활의 영역을 의식, 전의식, 무의식으로 나누어 설명했다. 그러다가 1923년부터는 인간의 성격구조를 원초아(id), 자아(ego), 초자아(super-ego)의 세 요인으로 보고 이들의 상호균형 속에서 사람은 생활해 간다고 보았다.

❶ 원초아(id: 이드)

원초아는 생물학적으로 타고난 충동으로 구성되어 있다. 인간의 정신에너지는 원초아로부터 나온다고 믿었으며, 성격형성의 에너지는 성적 욕구인 리비도(libido)가 중심이 된다고 보았다. 원초아는 충동에 따라 즉각적 만족을 요하는 쾌락원리(pleasure principle)에 따라 작용한다. 정신에너지의 근원으로 본능이라고도 말하며 비논리적이고, 도덕관념이 없고, 대부분 인식되지 않으며 무의식적이다. 본능은 '모든 행동의 궁극적인 원인'이 된다.

❷ 자아(ego: 에고)

원초아로부터 발달하여 현실세계와 접촉하여 성격의 통합을 가져오게 하는 성격의 구조이다. 자아는 즉각적인 만족을 추구하는 강력한 힘을 가진 원초아와 적합한 행동에 대한 기대와 기준을 가진 외부세계 사이를 중재하는 역할을 하며 현실원리(reality principle)에 따라 작용한다. 현실이라는 외부세계와 접촉하면서 어떠한 방법으로 욕구를 충족할 것인가를 결정한다. 자아는 지적이고 합리적이고 정신적 심상과 외부세계의 사물을 구분한다. 자아는 본능적인 욕구와 외부환경과의 갈등을 통합 조정하여 궁극적으로는 개인의 생활을 유지하고, 종족의 번식을 도모하는 역할을 하고 있는 것이다(박윤수, 1994: 108).

❸ 초자아(super-ego: 슈퍼에고)

사회에서 지켜 나가거나 요구되는 도덕들로 구성되고 또 일부는 부모에게서 받은 도덕 교육을 토대로 형성된 도덕관념으로 구성되어 있다. 초자아는 원초아로부터 자아가 발달하는 것과 마찬가지로 초자아는 자아로부터 발달한다고 생각하였다. 원초아, 자아, 초자아 이들 세 가지 성격구조는 상반된 목적을 추구하고, 상반된 기능을 수행하지만, 평상시에는 상호 충돌하지 않는다. 그러나 세 가지 구조가 잘 조화되지 못하는 경우가 종종 발생한다. 이럴 경우에 강력한 자아가 원초아의 욕구충족을 보류시키거나, 초자아의 지나친 도덕적 규제를 완화시켜 상승 상태로 해결하기도 한다. 그렇지만 자아가 약해서 제대로 조절기능을 수행하지 못할 경우에는 갈등이 야기되어, 지속되면 성격적 장애가 나타나기도 한다(권육상, 2003: 141).

또한 초자아는 기본적인 도덕법칙과 부모가 갖는 이상적인 것을 믿고 자기 성격의 일부로 만드는 시기에 형성된다. 초자아는 자신이 자라 온 사회의 가치관과 전통의 많은 부분을 갖고 있는데 이와 같은 것은 부모와의 동일시로부터 이루어진다. 자기비판이나 반성은 초자아의 작용에 의한 것으로 초자아를 위반하면 부끄러움이나 두려움 또는 죄악감이 생기며 이상의 기대가 어긋났을 경우에는 열등감이 생긴다(박아청, 2003: 151-152).

❹ 자아의 방어기제

방어기제란 불안과 죄책감 같은 고통스러운 정서로부터 한 개인을 보호하는 자아의 무의식적인 반응이다. 자아는 방어기제를 동원하여 자기 기만적이며 현실을 왜곡시키는 방식으로 불편한 마음을 달랜다. 각 개인은 정도의 차이가 있지만 모두 방어기제를 사용하고 있으며, 각 개인의 성격의 독특성을 결정짓는 데 흔히 사용하는 방어기제는 다음과 같다.

① 억압: 가장 기본적이고 널리 사용되는 방어기제. 무의식 안에 묻힌 곤란한 사고와 감정이 의식으로 떠오르는 것을 막는다.

② 합리화: 부적절한 행동에 대하여 사회적으로 허용되는 이유를 제고하는 것

③ 투사: 자신의 사고나 감정 또는 동기를 다른 사람에게로 돌리는 것

④ 반동형성: 자신의 실제 감정이 현실에서 용납될 수 없을 때 그와 정반대의 방식으로 행동하는 것

⑤ 동일시: 어떤 사람이나 집단과 상상적이나 실제의 동맹관계를 형성함으로써 자기존중감을 보강하는 것

⑥ 퇴행: 미성숙한 행동양상으로 되돌아가는 것

⑦ 전위: 정서적 감정을 원래의 대상에서 다른 대상으로 분산시키는 것

⑧ 승화: 성적, 공격적인 충동들을 간접적, 사회적으로 허용될 수 있는 출구로 표현하는 것. 가장 성공적인 방어기제로 본다. 성적충동은 예술적 창작활동을 통하여 상화될 수 있으며, 공격적 충동은 스포츠를 통해 승화될 수 있다.

(2) 의식의 구조

프로이드가 제안한 자각의 세 가지 수준은 무의식(unconsciousness), 의식(consciousness), 전의식(preconsciousness)이다. 그 개념은 행동이나 성격의 문제를 이해하는 핵심이다.

❶ 무의식

무의식은 직접 알 수는 없지만 행동으로부터 추론될 수 있다. 프로이드에게 의식은 전체 마음 중의 얇은 표면에 불과하다. 빙산의 대부분이 수면 아래에 있는 것처럼 마음의 대부분은 의식이란 표면 아래에 있다. 무의식에는 모든 경험, 기억, 억압된 재료들이 저장되어 있고, 접근할 수 없는 욕구들이나 동기들도 역시 의식적 조절밖에 있다. 대부분의 심리적 기능은 의식 영역 밖에 존재한다. 무의식의 역할을 이해하는 것은 행동에 대한 모형의 본질을 파악하는 핵심이며, 무의식 과정들은 모든 신경증적 증상이나 행동의 근원이다.

무의식은 인간정신의 가장 크고 깊은 심층에 잠재해 있으면서 의식적 사고와 행동을 전적으로 통제하는 힘을 가지고 있다. 주로 원초아와 초자아로 구성되어 있고 행동과 사고의 결정에 아주 중요하며, 대부분의 방어기제도 이 무의식의 일부분으로 나타난다. 무의식은 생의 첫 5년 동안에 억압된 모든 경험이 기억에 담겨져 있으며, 이것은 계속적으로 모든 행위에 영향을 주는 요인이 된다.

❷ 의식

성격구조에서 자아(ego)에 해당되는 의식은 합리적인 사고와 신중한 행동을 하도록 이끌어 주는 정신생활의 일부분이다(권육상, 2003: 138). 의식의 내용은 새로운 생각이 정신에 들어오고, 오래된 생각은 정신에서 물러나면서 계속적으로 변한다.

❸ 전의식

전의식은 기억의 저장 창고 내에 있는 내용의 것으로 금방 회상되지는 않지만 다소의 주의를 기울이면 기억해 낼 수 있는 성질의 것을 일컫는다. 결국은 의식과 무의식 사이에 문지기 역할을 한다고 볼 수 있다(권육상, 2003: 138). 프로이드의 정신분석이론에 따르면 고통스런 기억은 억압되어 무의식으로 되어 깨닫지 못해도 계속해서 우리의 행동에 영향을 미친다고 한다. 무의식은 자유연상이나 꿈의 분석을 통해서 의식상에 떠오르게 할 수 있다(윤주영, 2003: 30-32).

(3) 성격의 발달

프로이드는 개인 성격의 기본 토대가 생의 초기 5세 동안에 확고하게 형성된다는 주장을 하며 발달의 단계이론을 제시했다. 폭넓은 성에 대한 정의를 사용하면서, 그는 이러한 시기들을 성심리적 단계(psychosexual stages)라고 하였다. 각 단계에서 원 본능의 쾌락추구의 충동(libido)들은 신체의 특정부위와 그 부위에 연관된 활동들에 집중된다. 프로이드의 각 단계 도안에 아동의 성적인 에너지는 신체의 특정한 성감영역으로 지향되고, 성욕을 자극하는 에너지에 초점을 맞추어 그 단계 과정에서 고착이 일어나게 된다(고영희, 1995). 이 경우 아동기에 형성된 고착은 성인이 되었을 때에도 어떤 심리적 기능에 큰 영향을 주며 성격형성에 결정적 자취를 남기게 된다.

❶ 구강기(oral stage)

생의 첫 1년에 해당되며 성적 자극의 주요 근원인 이것은 구강(빨고, 깨물고, 씹고 등)이다. 절대적으로 엄마나 타인에 의존하여 본능을 만족시키며 앞으로 만족과 쾌락을 느낀다. 아동이 수유 시 경험했던 방식은 성인 성격의 기반을 형성하는데 커다란 영향력을 준다. 이 시기에 집착되어 있거나 좌절을 많이 경험할 때 유아는 구강 수동적 성격이나 구강 공격적 성격을 지닐 수 있다. 구강 공격적 행위로서 껌을 씹는 행위, 손톱 물어뜯기, 키스, 과식 등이 나타나며, 구강 수동적인 행위로서는 사람과의 관계에서 의존, 신뢰, 신용, 독립심 등이 성립된다.

❷ 항문기(anal stage)

항문기는 매우 중요한 심리사회적 의미를 가진다. 프로이드에 의하면, 이 단계를 통해 어린이는 주변의 외부 현실에 대한 분리를 진지하게 처리하기 시작한다(김남순, 2002: 49). 이 시기는 1~2세 사이에 구강에서 항문으로 쾌락 초점이 옮겨가는 시기로 대소변의 장운동에 의해 성적인 만족과 쾌감을 느낀다. 항문부위가 성격형성의 중요한 부분이 되는데 여기에서 자기 통제와 지배를 배우는 최초의 체계적인 노력단계이다. 심한 배변훈련은 잠재적인 결과를 나타내는데 잔인함, 부적절한 분노의 표현, 극단적인 무질서 등이 나타나는 항문적 공격형의 성격을 가지게 된다. 반대로 배변 시마다 칭찬할 경우 극단적인 질서정연, 탐욕, 인색함, 고집 등과 같은 고착행동인 항문적 보유형의 성격을 가지게 된다. 중요한 점은 후의 성인 성격이 이 기간의 경험에 뿌리가 있다는 사실이다.

❸ 남근기(phallic stage)

3세부터 5세까지는 성적 활동이 점차 강화되며 대부분 자위행위를 함으로써 생식기는 성적인 경험의 초점이 된다. 즉 아이의 리비도 초점, 쾌락의 초점이 항문에서 성기로 옮겨가는 시기이다. 이 시기는 매우 중요한 단계로서 부모를 중심으로 관심과 공격을 하게 되는데 남아에게 나타나는 오이디푸스 콤플렉스(Oedipus complex)는 정신분석적 성격이론에서 가정하는 증상으로 이성의 부모에 대한 어린이의 억압된 성적 욕망 및 심리적 유대감을 가리킨다. 오이디푸스 콤플렉스 또는 엘렉트라 콤플렉스는 남근기 단계에서 일어나는 과정으로 어린이는 이성부모와의 성적 접촉을 바라며 동성부모에게서 위협받는 것처럼 느끼는 것을 말한다. 그러나 결국 동성부모와의 동일시를 통하여 이 갈등을 해소한다. 아동은 이성부모에게서 성애적 감정을, 동성부모에게는 미움과 질투의 감정을 갖는다. 여아에게서는 엘렉트라 콤플렉스가 나타난다. 건강한 심리성적 발달이 오이디푸스 딜레마의 해결에 달려있다. 미해결된 오이디푸스의 문제는 나중에 신경증의 근원이 되며, 남성에게는 성적 무기력이 여성에게는 불감증의 근원이 된다고 주장하였다. 남근적 성격특성들은 허영, 자부심과 만용, 명랑함 등이고, 반대 극에서는 자기증오, 겸손, 슬픔 등이 있다.

④ 잠복기와 생식기(latency and genital stage)

프로이드는 6세 이후부터 사춘기까지 아동의 성은 억압된다고 믿는다. 이 잠복기 동안에 아동은 자기 신체보다는 사회적인 것으로 관심을 확장시켜 사회에서 필요한 여러 기술을 습득하는 데 보낸다. 그러나 12~13세에 2차 성징이 출현하는 사춘기의 등장으로 아동은 생식기로 들어간다. 이때 성적 충동은 재출현하고 리비도는 생식기에 다시 집중한다. 이 시기의 성적 에너지는 자신이나 이성 부모보다는 이성의 동료에게로 향한다(윤주영, 2003: 32-35).

4) 프로이드의 정신분석 상담이론의 적용

지금까지 살펴본 바로는 프로이드의 정신분석이론은 인간본성에 대한 심리학적 및 철학적 개념에 거대한 영향을 주어왔다. 그의 성격이해는 분명히 불완전한 것임에도 불구하고 그의 관점은 신경증을 이해하는 통로와 심리학에서 큰 틀을 제공하였다. 또한 그의 성격이론은 모든 성격이론들의 공통점과 차이점을 비교할 수 있는 기준이 되었다. 프로이드는 무의식적 욕구과 갈등이 우리의 많은 행동을 동기화시킨다는 것을 인식하고 성격발달에 있어서 초기의 아동기 경험의 중요성을 강조하였다. 그의 성적 요인의 강조는 적응 문제들에서 이것이 갖는 역할에 대한 인식을 하게끔 만들었고 성욕에 대한 과학적 연구를 위한 길을 닦아 놓았다. 무의식 세계의 발견은 인간에 대한 이전의 생물학적 인간이해에서 심리 내면적인 인간이해로의 전환을 가져왔다는 점에서 높이 평가받고 있다. 또한 이 이론을 통하여 성격을 이해하는 데 매우 중요한 사실이 있다. 바로 아동 초기의 경험은 기본적인 성격형성의 토대가 된다는 사실이다. 프로이드는 생후 초기 5년까지 성격이 거의 완성되며 그 후의 성장은 대부분이 기본적 구조가 마무리되는 과정이라고 하였다. 출생 후 초기 경험의 중요성을 강조한 말이다. 예를 들어 어렸을 때 부모에게 지나치게 의존적이었던 사람은 어른이 되어서도 자신도 모르게 타인과 의존적 관계를 맺게 된다. 이처럼 어렸을 때 형성된 성격특성이 어른이 된 후에 다른 사람과의 인간관계에 전이되어서 나타난다고 본 것이다. 우리는 자녀를 양육하는 부모로써 이런 사실에 주목해야 할 필요가 있다. 유아기의 자녀를 어떻게 이해하고, 어떻게 양육해서 아이가 성장해서 우리 사회에서 올바르게 자신의 역할을 다할 수 있게 하는 것은 철저하게 부모의 교육에 달려 있다는 중요성을 인식하고 자녀의 양육에 많은 노력을 기울여야 할 것이다. 또한 인간의 심리를 다방면으로 이해함으로써 향후 조직사회에서 조직구성원들의 행동을 심리학적 측면으로의 명확한 분석과 적절한 대응방안을 찾는 데 큰 역할을 감당할 수 있다는 사실을 깊이 인식하고 부단한 연구와 노력을 경주함으로써 올바른 조직사회 형성에 이바지하여야 할 것이다.

〈표 2-1〉 **프로이드의 정신분석 상담이론**

	내용
개요	① 프로이드의 정신분석이론에 기초를 둔 상담기법 ② 인간행동 이해에 있어 결정론과 무의식을 전제 ㉠ 결정론: 인간의 우연이 일어난 것이 아니라 원인을 갖고 있음 ㉡ 무의식: 인간의 모든 행동은 무의식에서 기인 ③ 부적응의 원인: 유아기의 억압된 욕구나 불쾌한 경험
상담 목적	① 자아(ego)의 기능을 강화하여 성격구조의 조화로운 발달 ② 유아성욕의 발달과정과 현실에 대처하는 방어기제의 올바른 이해를 통한 심리적 문제의 해결 ③ 내담자의 각성과 통찰을 도와서 건설적인 성격으로의 변화
특징	① 부적응 행동은 무의식적 원인 ② 부적응 행동은 억압의 증거 ③ 실험적 연구가 아닌 임상적 관찰은 부적응의 원인 ④ 부적응 행동치료는 과거의 생활사적인 기초에 입각 ⑤ 치료는 무의식적인 것을 통제함으로써 가능 ⑥ 자유연상, 꿈의 해석 등이 중요한 치료의 수단 ⑦ 과거에 있었던 인간관계의 전이현상이 치료의 핵심과정 ⑧ 내담자의 저항현상도 치료의 과정
비판점	① 인간행동에서 본능을 지나치게 강조 ② 유아가 경험을 지나치게 강조함으로써 인간의 자유의지 경시 ③ 인간의 합리성을 지나치게 경시 ④ 추리적인 치료법에 의존하나 그 효과에 대한 객관적인 증거 없음

2 칼 로저스(Carl Rogers)의 인간중심 상담론

1) 개요

칼 로저스(Carl Rogers, 1902∼1987)는 1902년 1월 8일 미국의 일리노이 주에 있는 시카고 근교인 오크 파크(Oak Park)에서 태어났다. 그의 집안은 유복한 기독교 집안이었으며 기독교 신앙과 근면의 덕을 중시하였다. 그가 12세 되던 해에 그의 가족은 시카고의 서부에 있는 큰 농장으로 이사하였다. 여기서 로저스는 과학적 농업에 대한 책을 읽고 농사일을 했는데 그것을 통해 그는 과학과 실험법에 대한 관심을 가지게 되었다(Rogers, 1942: 3-11).

로저스는 위스콘신 대학교(University of Wisconsin)에서 중세 역사를 전공하였고 종교활동에도 깊이 관여하였다. 특히 그는 대학시절에 목사가 될 것을 결심하여 당시 중국의 북경에서 개최되었던 국제 기독학생연합회에 미국 대표중 한 사람으로 참석하였다. 6개월 동안 북경에서 생활은 그의 인생을 크게 바꾸는 계기가 되었다. 그는 그곳에서 다양한 종교와 문화 특성을 지닌 외국인들을 만나면서 그의 사상과 종교관이 보다 자유롭게 바뀌는 경험을 하였다. 1924년 대학교를 졸업한 로저스는 유니온 신학교(Union Theological Seminary)에서 2년간 공부하였고, 그 후에 다시 콜럼비아 대학교 사범대학으로 가서 임상과 교육심리학 박사과정을 마쳤다. 콜럼비아 대학교에서 로저스는 듀이(Dewey)의 영향을 많아 받았고, 또한 프로이드(Freud)와 손다이크(Thorndike)에게서도 영향을 많이 받았다.

로저스는 1931년에 박사학위를 취득한 후 로체스터에 있는 사회기관의 아동연구부서에서 심리학자로 일하였다. 여기서 그는 12년간을 보냈는데, 이 기간 동안에 로저스는 사회사업가들을 통하여 랭크(Otto Rank)의 사상에 접하게 되었다. 그의 영향으로 로저스는 개인의 존엄성을 강조하게 되었다.

로저스는 1940년 1월 오하이오 주립대학교(Ohio State Univetsity) 임상심리학 교수가 되었는데, 이 대학에서 그는 '비지시적 상담'을 발전시켰다. 1942년에 그의 유명한 『상담과 심리치료』라는 저서를 출간하였다. 1945년에는 다시 시카고 대학교로 옮겨가서 상담센터를 설립하여 책임자가 되었다. 이 곳에서 그는 왕성한 연구활동을 하였고, 그 결과 1951년에 『내담자중심적 치료』를 출간하였다. 이를 계기로 비지시적 상담이라 불리던 그의 상담이론이 '내담자중심 상담'으로 불리게 되었다. 1957년에 그는 다시 모교인 위스콘신 대학교로 옮겨가서 심리학 및 정신과 교수로 1963년까지 재직하였다. 특히 이곳에서 로저스는 그의 이론을 정신분열증 환자에게 적용하려고 노력하였다.

1964년에 로저스는 대학의 교수직을 그만 두고 캘리포니아 주 남단 샌디에이고 근교의 라 호야(La Jolla)에 있는 '서부행동과학연구소'의 연구원으로 취임하였다.

그리고 그 후 1968년에는 동료들과 더불어 같은 지역에서 '인간연구센터'를 창설하였다. 이 기간 동안에 로저스는 참만남집단, 대인관계 등에 초점을 두고 활동하였으며 그의 내담자중심의 원리를 과학철학, 교육, 소외와 무기력의 문제에까지 확대하여 적용하려고 하였다. 1974년에 로저스와 그의 동료들은 '내담자중심 상담'을 '인간중심 상담'으로 고쳐 부르고 그의 상담이론을 상담장면뿐만 아니라 생활지도, 교육, 사회사업, 종교, 산업경영, 조직개발, 심지어 국제관계에까지 적용하여 애썼다. 로저스는 1987년 2월에 86년간의 생을 마감하였다.

그가 별세한 후 <Journal of Humanistic psychology>, <Person-centered Revuew> 등의 학술잡지에서 그에 관한 특집을 실었고 인본주의 심리학회(Association for Humanistic Psychology)의 월간지인 AHP Perspective(1987)는 그를 추모하는 각계 각층의 추모사를 특집으로 실었다. 또한 1972년 로저스는 미국심리학회가 수여하는 우수공로자상을 수상하였다. 그는 1987년 2월 사망까지 성격연구의 혁신자이며 참 만남운동의 개척자로서 활동하였으며 사망 며칠 뒤에는 노벨평화상의 후보로 올라가기도 했다.

2) 인간중심 상담이론

칼 로저스는 프로이드의 생물학적이고 결정론적인 인간관에 반발하였다. 그는 듀이의 실용주의(Pragmatism)의 영향을 받아 절대주의에 반대하는 경험적인 상대주의를 택하고, 상담자의 방법과 내담자의 역할이 모두 치료에 영향을 미친다는 절충주의를 택하였다. 또한 사회적 관계를 통한 치료적 기능을 강조한 카렌 호나이(Karen Horney)와 상담을 하나의 관계로 생각한 랭크(Otto Rank)의 영향을 받았다. 랭크의 사상은 상담관계에 대한 그의 많은 생각들과 현재에 초점을 맞추는 것(Rogers, 2003: 521)으로 표현되었다. 그 밖에도 그는 개인의 전체성과 상호관계성을 강조한 형태주의 심리학의 영향을 받았다. 철학적으로 로저스 에드먼드 훗설(Edmund Husserl)의 현상학에 뿌리를 두고 있고, 실존적 관점의 많은 개념이나 가치를 공유하고 있으며, 그의 인간중심 상담은 인본주의 심리학에 뿌리를 두고 있다(Corey, 2004: 191). 특히 그의 인간에 대한 긍정적인 관점은 루소(Jean-Jacques Rousseau)의 성선설을 나타낸다고 볼 수 있다(Hjelle & Ziegler, 2005: 449).

(1) 칼 로저스와 인본주의 심리학

로저스는 인본주의 심리학의 대표적인 창시자 중의 한 사람이다. 인본주의 심리학은 20세기 중반 정신분석학과 행동주의에 맞서 생겨난 심리학의 제3세력으로 인간이해에 있어 이전의 양대 세력과는 전혀 다른 인간의 이미지를 부각시켰다. 인본주의 심리학의 인간은 근본적으로 선하고, 존경받을만 하며, 환경조건이 적당하기만 하다면 자신들의 잠재력을 실현할 수 있는 존재이다. 인본주의 심리학은 인간을 통합된 전체로 보고 창조적인 존재로 지각하며 건강한 사람을 대상으로 인간을 연구해야 한다고 주장하였다(박종삼, 1987). 인간의 행동이 사회, 문화적 측면에서 환경과의 상호작용에 의해 결정된다고 보고 인간 각자의 독특한 특성에 관심을 가진다.

인본주의 심리학은 더 세부적으로 나누면 인본주의 전통, 현상학적 전통, 그리고 실존주의 전통으로 나누어지는데(우제남, 2005), 로저스는 현상학적 전통을 따라 인간의 행동이 지각, 상상, 생각에 의해서 결정되는 것으로 간주하고, 인간을 이해하기 위해서는 인간의 "내적 참조체계"를 알아야 하며, 내담자의 내적 참조체계를 알기 위해서는 공감의 기술이 필요하다고 보았다. 이러한 사상은 아들러(Alfred Adler), 랭크, 스니그(Donald Snygg), 콤스(Arthur W. Combs)가 함께 지지하는 이론이기도 하다(최정훈, 1992: 17).

인본주의 심리학자들은 인간을 이해함에 있어 여러 가지 다른 견해들을 가지기도 하지만, 인간본성에 대하여 공유하는 기본적인 개념을 가지고 있었는데, 이러한 개념들은 실제로 그들이 새롭게 만든 개념이 아니라 서구의 철학적 개념 혹은 사고의 흐름인 실존주의에 깊이 뿌리를 두고 있다(박종삼, 1987).

(2) 인본주의와 실존주의 이론

1960년대에서 1970년대에 걸쳐 상담자들 간에는 정신분석과 행동주의 접근의 대안적인 상담방법으로 제3세력에 대한 관심이 증가하였는데, 이러한 움직임은 실존치료, 인간중심치료, 펄스(Fritz Perls)의 형태치료를 발전시키기에 이르렀다.

인본주의와 실존주의는 이러한 역사의 관련성과 함께 인본주의와 실존주의를 대표하는 이론가들의 불명확한 사상의 구분으로 인해 두 용어 사이에 혼란스러운 부분이 있다. 그러나 두 관점은 많은 공통점과 함께 상당한 철학적인 차이가 있다. 내담자의 주관적인 경험을 존중하고 그것을 인간본성의 연구에 주요한 현상으로 간주하고, 긍정적이고 건설적이며 의식적인 선택을 할 수 있는 내담자의 능력을 신뢰한다는 면에서 두 관점은 유사하다. 또한 자유, 선택, 가치, 개인의 책임능력, 자율성, 목적, 의미와 같은 개념을 강조한다는 점에서도 유사점을 발견할 수 있다.

그러나 실존주의자들은 인간이 본질적으로 의미가 없을 수도 있는 세상 속에서 자신의 정체감을 창조하기 위해 선택을 하며, 그에 따르는 불안을 경험할 수밖에 없다고 하는 반면 인본주의자들은 인간이 실현시키고 그것을 통해 의미를 찾을 수 있는 타고난 잠재력이 있어서 불안을 덜 경험한다는 입장을 취한다. 이러한 인본주의자들의 기본적인 입장은 도토리가 어떻게 자라는지에 대한 예로 쉽게 이해할 수 있다. 그들은 적당한 조건만 주어지면 긍정적인 방향으로 자동적으로 성장하는 도토리나무처럼 인간도 자연스럽게 실현화를 이룰 수 있는 방향으로 나아간다고 본다. 그러나 실존주의자의 입장에서 보면 인간은 "무"이고, 중요한 내적인 "본질"도 없고 매순간마다 조건을 만들기 위해 선택을 해야 한다(Corey, 2004: 192-193). 즉, 실존주의는 인간이 유전요소에 의해 결정되었다는 정신분석학적 입장이나 환경적 영향의 산물이라고 하는 행동주의적 입장과는 달리 각 사람이 주체가 되어 자신의 운명을 창조해 나간다고 본다. 개인은 완전히 자유로운 선택을 하며, 각 개인이 스스로 그 자신의 실존에 책임을 져야 한다는 것이다(박종삼, 1987).

이러한 유사점과 상이점 이외에 인간중심 상담의 근간을 이루는 인본주의 심리학이 실존주의로부터 추출해 낸 가장 중요한 개념 중에 하나는 "성장(bcoming)"으로, 인간은 정적이지 않고, 항상 무엇인가 더 나은 다른 존재가 되려고 노력하는 과정 중에 있다는 개념이다(박종삼, 1987).

인본주의는 또한 치료관계에서 성장을 만들어내는 분위기를 유도하는 상담자의 태도와 행동을 중요하게 생각한다. 실존주의와 인본주의적 접근의 또 다른 중요한 공통점은 내담자와 상담자의 관계를 상담의 핵심으로 강조하는 것이며, 내담자의 지각에 초점을 두고 상담자가 내담자의 주관적 세계에 들어가야 한다는 것이다. 이러한 실존주의 접근의 기본이 되는 현상학은 인간중심 상담이론의 기초가 된다(Corey, 2004).

(3) 현상학

현상학은 개인의 주관적인 경험, 감정, 그리고 세계와 자신에 대한 개인적 견해와 사적개념을 연구한다(Hjelle & Ziegler, 2005: 443). 로저스는 사람이 어떻게 행동하는가 하는 것은 그 사람이 세계를 어떻게 인지하느냐에 달려 있다고 보았다. 행동이란 개인이 세계를 지각하고 해석한 직접적인 사건의 결과로 생기므로 인간의 행동을 잘 이해하기 위해서는 그 개인의 내적 준거 틀(internal frame of reference)을 이해할 필요가 있다고 하였다. 그에 의하면 "인간은 단순히 기계적인 특성의 존재가 아니요, 무의식적 욕망의 포로도 아니다. 로저스는 인간마다 현실을 각기 달리 지각하고 주관적인 경험이 행동을 지배한다고 믿었다. 다시 말해서 사람이 외부현실보다는 오히려 내부적인 경험에 의해 이끌어진다는 것이다.

현상학은 19세기 말 20세기 초의 실증주의적 풍토 혹은 객관주의적 자연과학을 비판하기 위한 것으로, 훗설에 의해 발전되어 쉘러에 이르러 완성되었다. 훗설은 객관적이고 논리적은 자연과학주의에 반대하고, 인간이 가지는 주관적인 경험의 장인 의식 안에서 일어나는 의미나 구성과정을 설명하는 것에 근본적인 관심을 가졌다. 이들의 현상학은 객관적인 '사실 그 자체'의 본질을 '현상학적 환원'을 통해서 직관하고, 이것을 분석하고 서술하는 입장으로 이해된다.

그러나 볼르노(Otto F. Bollnow)의 현상학은 '현상학적 환원에 의한 본질직관'이 아닌 '새로운 경험을 위한 원칙적인 개방성의 원리'를 강조한다. 로저스도 개인마다 드러나는 현상은 그들에게 있어서는 현실이고, 그것은 개인 개인마다 다를 수 있으며, 한 개인에게 있어서도 여러 가지 상황에 따라 변화 가능한 것으로 받아들여진다(Rogers, 1959: 222-223). 이런 의미에서 로저스의 현상학적 이해는 볼르노의 현상학적 입장과 그 견해를 같이 한다고 볼 수 있다.

3) 비지시적 상담이론에서 인간중심 상담의 방법의 진화

로저스의 상담적 접근은 그의 평생을 통하여 성실하게 발전을 거듭하였다. 그는 1931년에 박사학위를 취득한 후에 로체스터(Rochester)에 있는 사회기관의 아동연구부서에서 심리학자로 일을 하였다. 이곳에서 12년간의 임상경험을 기초로 그의 이론이 형성되기 시작하였고, 이곳에서의 실험연구와 이론구성을 체계화하여 1939년에 『문제아동의 임상적 처리(Clinical treatment of the problem child)』라는 최초의 저서를 출간하였다. 그 이후, 1942년 일반상담학계에 획기적인 반향을 불러일으킨 『상담과 심리치료』라는 저서를 통해 비지시적 접근을 시작으로 매 10년마다 의미 있는 책들을 내어놓음으로써 인간중심 상담이론을 확립하였다. 그의 이론은 다음과 같이 네 단계를 거쳐 발전을 거듭하였다(Zimring & Raskin, 1992; 설기문, 2003; 정경숙, 2002).

❶ 비지시적 상담(1940 ~ 1950)

비지시적 상담 혹은 비지시적 접근은 종래의 정신분석이나 지시적 접근, 즉 상담에 있어 상담자의 권위가 인정되고 상담자가 내담자에게 조언, 제안, 방향제시, 설득, 가르치기, 진단과 해석 등의 직접적인 개입이 가능한 상당접근에 대하여 이의를 제기하면서 로저스가 제시한 "새로운 심리치료(a newer psychotherapy)"이다.

로저스의 이론은 시기에 따라 조금씩 차이가 있지만, 처음부터 로저스는 그의 상담을 특징지을 뿐 아니라 오늘날 많은 다른 상담방법에 접목되고 있는 가정을 제시하였다. 그가 제시한 가정은 다음과 같다.

첫째, 상담은 내담자에게 무엇을 해 주는 문제가 아니라 내담자의 정상적 성장을 위하여 그를 자유롭게 해 주는 것의 문제이다.

둘째, 부적응은 인식의 실패가 아니다. 오히려 지식은 현재 부적응의 정서적 만족에 의해 방해를 받고 있기 때문에 불완전하다.

셋째, 상담자로부터 따뜻함과 반응은 신뢰관계를 형성하도록 도우며, 이는 점차 깊은 정서적 관계로 발전한다.

넷째, 상담자는 해답을 제공하지 않는다. 그러나 상담상황은 내담자가 문제해결을 위해 도움을 받을 수 있는 자리를 마련해 준다.

이상에서 보는 것과 같이 로저스의 이론에 암시되어 있는 것은 내담자는 위협으로부터 자유로운 안전한 자리가 주어지면, 문제와 문제에 대한 감정을 표현할 수 있고, 이러한 과정에서 무엇인가가 치유를 가져온다는 것이다(정동섭, 1993: 335). 이러한 그의 입장은 변하지 않았지만 세월이 지남에 따라 그의 강조점은 달라졌다. 로저스는 1940년대 이후 계속해서 그의 상담방법을 재조정하였다.

❷ 내담자중심 상담

로저스는 이 시기에 『내담자중심치료(Client-centered therapy)』(1951)를 출간하면서 그의 이론의 명칭을 비지시적 접근에서 내담자중심 접근으로 바꾸었다. 또한 이 시기에는 "치료적 삼 요소"－로저스가 제시한 상담자의 태도적 자질을 의미한다－와 같은 상담자 안의 내부적 요인이 중요시되었다. 로저스(Rogers, 1951: 20)는 또한 상담자와 내담자 사이의 관계가 지니는 치료적 가치를 강조하기 시작했다. 『내담자중심치료』에서 그는 "여기서 일차적 중요성은 개인의 가치와 중요성에 대한 상담자의 태도이다. 우리는 각 사람을 그 나름으로 가치와 존엄을 지닌 존재로 보는가?"라고 묻고 있다. 이것은 상담자가 아닌 내담자가 상담의 중심에 있어야 한다는 것이다(정동섭, 1993: 340). 이러한 그의 개인의 신념에 대한 강조는 상담에 영향을 미치는 요소로서 개인, 치료자, 그리고 개인과 치료자의 관계를 주장했던 랭크의 사상에서 영향을 받은 것으로 볼 수 있다－랭크는 프로이드로부터 이탈한 정신분석학자이며 관계요법의 대표자이다(정경숙, 2002: 207).

또한 로저스는 이 시기에 『내담자중심치료』 이외에도 많은 저서를 남겼는데 대표적인 것으로 Psychotherapy and personality change(1954), A theory of therapy, personality and interpersonal relationship(1953～1954), The necessary and sufficient condition of therapeutic personality change(1957), A process conception of psychotherapy(1958) 등이다.

❸ 경험적 상담(1957～1975)

이 시기에 로저스는 상담자의 유기체적 경험이 내담자의 경험과 마찬가지로 그의 행동에 준거가 된다고 하였다. 중요한 저서로서는 1961년에 출판된 『인간의 조건에 관하여(On becoming a person)』가 있으며, 이 책은 상담의 과정과 결과, 치료관계, 교육, 가족생활, 의사교류 및 건강한 사람의 본질에 관한 그의 논문들을 담고 있다(Corey, 2004: 213). 이 책을 쓰면서 그의 강조점은 상호관계적인 면으로 옮겨갔고, 처음 두 시기에 비해 이 시기 동안 그는 치료과정에 관심을 가졌고 인격적 성장을 위한 관계에서 제공할 수 있는 일치성 혹은 진실성에 대하여 강조하였다(정동섭, 1993: 340).

이 시기에 중요한 것은 1968년에 서부행동과학연구소의 연구진들과 함께 인간연구센터(The Center for Studies of the Person: CSP)를 설립하고, 대면집단

(encounter group), 대인관계 등에 초점을 두고 연구를 지속하였다는 것이다. 또한 이 기간 동안 그는 그의 내담자중심의 원리를 과학, 철학, 교육, 소외와 무기력의 문제에까지 확대하여 적용하려고 시도하였다.

❹ 인간중심 상담(1975)

1974년부터 로저스와 그의 동료들은 "내담자중심"이라는 용어 대신 "인간중심 상담"이라는 용어를 많이 사용하였다. 내담자중심이라는 용어보다 인간중심이라는 표현이 로저스의 상담이론의 근간이 되는 인간이해를 보다 적절하게 묘사해 주고 있기 때문이다(정경숙, 2002: 205-206). 용어에서 밝힌 것 같이 그의 관심은 내담자 개인에서 인간 혹은 더 넓게 인류에게로 향하고 있음을 볼 수 있다. 로저스는 실제 그의 생애의 마지막 15년 동안 정책입안자, 지도자, 갈등집단을 훈련시키면서 정치에도 인간중심 접근을 적용시켰고, 인종 간의 긴장완화와 세계평화를 위해 힘썼다. 이러한 업적으로 그는 노벨평화상 후보에 오르기도 하였다(Corey, 2004: 190).

4) 칼 로저스의 상담이론의 적용

앞장에서는 인간중심 상담의 철학적 기초를 살펴보았다. 현상학, 유기체적 판단과정에서 일치와 불일치, 실현경향성 이 세 요소는 로저스의 인간이해에 있어 중심을 이루는 내용들이다.

로저스는 현상학적인 관점에서 개개인의 인간을 보았으며, 이는 각 개인이 처한 상황에서의 현실을 있는 그대로 인정하고 수용하는 자세로 연결되었다. 또한 유기체적 가치판단과정에 대한 신뢰와 함께 실현경향성을 가진 존재로서 인간을 파악하였다. 이 세 개념들은 각각 독립된 별개의 개념이기보다는 인간중심 상담이론 전체를 통해서 흐르는 핵심적인 개념으로 서로 연관되어 있다. 또한 이와 같은 인간이해는 로저스가 제시한 상담자로서의 태도적 자질을 이해할 수 있는 기본이 되는 것이다.

인간중심 상담의 기본 가정은 상담자가 어떤 유형의 관계를 제공하면 내담자는 이러한 관계를 이용하여 자신에게 성장하고 변화하는 능력이 있다는 사실을 발견하고, 개인적인 발달을 할 수 있게 된다는 것으로 요약할 수 있다(Rogers, 1961: 33).

로저스는 심리치료에 대하여 말하기를 "치료는 내적인 삶의 복잡함에 초점이 맞추어진 현미경이 된다. 그것은 인간이라는 부드러운 식물에게 자양분을 주는 햇빛이며 빗줄기이다. 그것은 자기발견, 자신감, 그리고 유연한 힘이 흐르는 강이다"(Rogers, 1985: 44)라고 하였다. 로저스는 심리치료를 통해 인간이 자기발견을 하고 자신감과 유연한 힘을 얻게 된다고 하였다. 로저스가 생각하는 인간은 부드러운 식물이며, 그에게 햇빛과 빗줄기라는 필요한 환경이 제공되면 스스로 자라나고, 지시적인 상담이나 치료적인 개입은 필요하지 않으며, 현미경으로 식물이 자라나거나 변화해가는 모습을 관찰하듯 내담자의 모습과 변화를 관찰하는 것이 인간중심 상담의 의미인 것이다.

흔히 상담이나 심리치료는 상담자가 적극적으로 내담자의 문제를 분석하고 해결책을 제시해 주거나, 상담자가 내담자를 위해서 무엇인가를 해 주어서 그 결과가 있어야 하고, 또 내담자들이 변화하도록 만들어 주어야 한다고 생각한다. 그러나 로저스의 인간중심 상담은 상담자가 내담자를 변화시켜야 한다는 생각이나 그러한 노력보다는, 상담자가 내담자 스스로 자신의 내면에 귀를 기울이고 자기를 탐색할 수 있는 수용적이고 안전한 분위기를 제공해 주면, 내담자 스스로가 변화한다고 말한다.

로저스는 자신의 상담방법론을 제시하면서 자신의 이론은 이전의 것과 구별되는 새롭고 발전된 형태의 것이라고 말한다(Rogers, 1942: 27). 그가 제시한 상담접근은 관계요법, 유희요법, 집단치료 등의 이론에 근거하고 있지만, 본질적으로 학문에 근거하기보다는 실제의 장에서 형성된 것이라고 한다. 특히 그는 그의 방법론에 대하여 전통적인 상담방법론에 비해 상담의 목표에 있어서 완전히 새로운 것이라고 말한다(Rogers, 1942: 28).

상담 목표에 있어서 새로움이란 상담자가 문제를 해결하도록 도와 어떤 결과를 초래하기보다 내담자의 독립성과 통합성에 그 초점을 두었다는 것이다. 이것은 상담의 초점이 내담자가 가진 문제에 있는 것이 아니라 내담자에게 있다는 것이다.

로저스는 그의 새로운 상담 방법론에 대하여 네 가지 특성을 제시하는데, 이것은 인간중심 상담이 다른 상담접근과 구별되는 특성이기도 하다.

첫째, 내담자의 성장, 건강, 적응을 향한 욕구에 의존한다.

둘째, 지적인 측면보다 감정적인 요소와 상황의 감정적 측면을 더 강조한다.

셋째, 내담자의 과거보다 그가 당면해 있는 현재 상황을 더 강조한다.

넷째, 내담자의 성장경험으로서의 치료적 관계자체를 강조한다. 로저스는 치료적 접촉 자체가 성장의 경험이 된다고 간주하였다(Rogers, 1942: 29).

이러한 인간중심 상담의 특성들은 로저스와 우드(Rogers & Wood, J. 1974: 213-214)가 기술한 다른 상담모델과 구분할 수 있는 인간중심 접근의 특징에서도 발견할 수 있다.

이에 따르면 인간중심 접근은 내담자의 책임능력과 현실을 더 완전하게 직면할 방법들을 발견할 수 있는 내담자의 능력을 강조한다. 즉, 자신을 가장 잘 아는 내담자가 자기 인식을 증진시킬 수 있는 보다 적절한 행동을 발견할 수 있다고 여긴다. 인간중심 접근은 내담자의 현상세계를 강조한다. 그러므로 상담자는 내담자의 내적 참조체계를 이해하기 위해 노력해야 하며, 주로 내담자가 자기와 세계를 지각하는 방식에 관심을 가진다.

인간중심 접근에 따르면 상담은 건설적 인간관계의 한 예에 불과하다. 인간은 자신에게 관심을 가지고 자신을 이해하고 다른 사람과의 진실한 관계 속에서 그리고 그 관계를 통하여 치료적 성장을 경험한다는 것이다. 일관성 있고–외적인 행동과 내적 감정의 표현이나 사고가 일치하는 진실성의 의미–수용적이고, 공감적인 상담자와의 관계를 통해서 내담자의 치료적 변화가 촉진된다. 따라서 인간중심 상담에서 상담자의 기능은 지금 존재하여 내담자가 접근할 수 있고, 내담자가 지금-여기의 경험에 관심을 가지도록 분위기를 조성하여 제공해 주는 것이다.

즉, 이 접근은 상담자와 내담자가 그들의 인간적인 면을 드러내고, 성장경험에 함께 동참하는 여행으로 볼 수 있다. 상담자는 내담자보다 더 경험이 많고 심리적으로 더 성숙했기 때문에 이 여행을 안내할 수 있다. 그러나 치료관계에서는 상담자와 내담자 모두가 실수를 할 수도 있고, 이 치료관계에는 상담자와 내담자 모두가 관여하는 것이다(Corey, 2003: 195).

3 행동주의 학습이론

1) 행동주의의 이론적 배경

행동주의의 기본적 전제는 인간행동은 통제, 조작될 수 있으며, 교육은 바로 인간행동을 개발하는 것이라고 본다. 행동이 유일한 심리학의 주제가 되어야 한다는 관점은 파블로브(Pavlov)의 영향을 받아 1913년 와트슨에 의하여 처음으로 체계적으로 제시되었다. 그는 심리학이 과학이 되려고 한다면 그 자료는 관찰 가능하고, 측정 가능 해야 한다고 주장하였다. 그는 사람들의 행동을 연구함으로써 심리학에 대한 객관적인 과학이 가능하다고 했다.

종래의 심리학이 의식현상을 내성적 방법으로 연구한데 비하여 행동주의 심리학은 가시적 행동에서 객관적 관찰과 수량적 측정이 가능한 것만, 즉 우리들이 관찰할 수 있는 행동에 연구의 중점을 두고 '자극과 반응'의 관계를 고찰하였다. 이러한 와트슨을 중심으로 한 행동주의를 고전적 행동주의라 하고, 1930~1940년대의 유기체 반응을 중시한 행동주의를 신행동주의라 한다. 최근 신행동주의에 있어서는 현상(Phenomena)의 폭넓은 범위를 다루고 있으며 인지적 과정(Cognitive Processes)을 고려하고 있다. 신행동주의자들은 강화라는 말로 학습과 인간행동을 이해하려 한다.

예를 들면, 그들은 예측하는 것을 학습한다. 그리고 이 예측은 그의 행동을 변화시킨다. 즉 그 자신의 강화를 배열할 수 있는 것이다. 크른바흐에 의하면 신행동주의는 행동 내적 원천(The Internal Wellsprings)을 강조한다. 행동주의의 인간의 행동은 조작이나 통제를 통하여 변화할 수 있다는 기본 전제는 파블로프(I.P. Pavlov)의 고전적 조건화 이론, 손다이크(E.L. Thorndike)의 자극-반응 결합 이론, 왓슨(J.B. Watson)의 공포 조건화 이론, 스키너(B.F. Skinner)의 조작적 조건화 이론, 반두라(A. Bandura)의 관찰학습 이론 등에 의해 증명되고 있다. 이러한 이론들을 자세히 살펴보고 실제적으로 심리사회적 사정과 사회사업 치료개입에서 활용될 수 있는 면들을 생각해 보고자 한다.

2) 행동주의 학습이론(Behaviorism theory) 기본 이론 설명

행동주의의 학습이론의 대표적인 학자들로 파블로프의 고전적 조건화 이론, 손다이크의 자극-반응 결합 이론, 왓슨의 공포 조건화 이론, 스키너의 조작적 조건화 이론, 반두라의 관찰학습 이론 등이 있다.

(1) 파블로프의 고전적 조건화 이론(Classical conditioning theory)

러시아의 유명한 생리학자인 파블로프는 1900년대 초반 개의 침샘 일부를 외과적으로 적출하여 먹이를 먹을 때마다 분비되는 침의 양을 측정하는 연구를 하고 있었다. 그런데 문득 그 개가 먹이 주는 사람의 발소리를 듣거나 빈 밥그릇만 보아도 침을 분비한다는 것을 발견하였다. 그 유명한 파블로프의 고전적 조건형성의 개념이 바로 여기서부터 출발했다. 즉, 그 개는 발소리와 그릇이 먹이와 함께 나타난다는 일종의 '연합'을 학습한 것이고 따라서 처음에는 침분비와 아무 상관이 없었을 소리와 그릇이 먹이와 같은 효과를 지니게 된 것이다. 이를 보다 구체적으로 알아보기 위해 파블로프는 먹이를 주기 전 항상 불빛을 보여주며 먹이와 같은 효과를 가질 수 있는가를 알아보았고 그 결과는 적중했다. 종합하자면 고전적 조건형성은 다음과 같은 네 가지 요소를 가정한다.

- 무조건 자극(US: unconditional stimulus): 자동적/생득적 반응을 유발하는 자극(예: 먹이)
- 무조건 반응(UR: unconditional response): 학습되지 않은 자동적/생득적 반응(예: 먹이에 대한 침분비)
- 조건 자극(CS: conditional stimulus): 무조건 자극과 짝지어져 새로운 반응(즉, 무조건 반응)을 유발하는 자극(예: 발소리, 빈 밥그릇, 또는 불빛)
- 조건 반응(CR: conditional response): 조건 자극에 의해 새로이 형성된 반응(예: 조건 자극에 대한 침분비)

따라서 불빛이 개로 하여금 침을 분비하게 만드는 과정은 다음과 같이 설명된다. 최초에는 무조건 자극(먹이)에 의한 무조건 반응(침분비)만이 존재할 것이다. 그러나 무조건 자극과 조건 자극(불빛)이 계속적으로 같이 제시됨으로써 조건 자극만 제시되어도 무조건 반응과 동일한 조건반응을 이끌어내는 것이 가능하다. 이러한 고전적 조건형성은 왜 필요할까? 환경에 적응하기 위해서다. 왜냐하면 사건들(CS와 US) 사이의 관계성을 학습하여 다가올 사건에 대해 준비할 필요가 있기 때문이다.

예를 들어 번개(CS)가 치면 귀를 막아 조금 있으면 경험하게 될 천둥소리(US)에 대비하여 귀의 손상을 막는다. 또한 긴급한 자극에 대비해 생명 유지를 가능케도 해 준다. 영양은 사자 냄새(CS)가 흘러 들어오면 미리 멀리 달아날 수 있다. 사자(US)를 직접 보는 순간 이미 때는 늦기 때문이다. 하지만 한 번 조건형성된 조건 반응도 무조건 자극 없이 조건 자극만 되풀이 되면 점차 사라질 수밖에 없다. 불빛이 계속 먹이 없이 제시되면 결국 그 개가 불빛에 침을 흘리는 일은 없어진다는 것이다. 이를 소거(extinction)라고 한다. 하지만 일정한 기간 후 불빛(CS)을 제시하면 소거된 침분비가 다시 나타나며 이를 자발적 회복(spontaneous recovery)이라 한다. 즉, 소거된 반응이 완전히 사라진 것이 아니라 잠시 동안 억압되어 있음을 의미한다는 것이다. 물론 그 회복된 반응은 강도가 약하기는 하지만 말이다. 또한 원래의 조건 자극이 아니더라도 그와 유사한 자극은 조건반응 유발이 가능하다. 이는 자극 일반화라고 한다.

파블로프는 개를 사용한 실험을 통하여 시간의 원리, 강도의 원리, 일관성의 원리, 연속성의 원리 등 실제 학습에 응용될 수 있는 학습이론을 제공하였다.

- 시간의 원리: 조건 자극이 무조건 자극과 시간적으로 앞서서 또는 최소한 동시에 제시되어야 한다.
- 강도의 원리: 조건 반사적인 행동이 이루어지려면 먼저 준 자극의 강도에 비해 적어도 같거나 보다 강한 자극을 주어야 바람직한 반응을 일으키는 데 효과적이다.
- 일관성의 원리: 조건 자극을 일관된 자극물을 사용하여야 한다.
- 연속성의 원리: 자극과 반응의 결합관계가 반복되는 횟수가 많을수록 조건화가 잘 성립된다. 이것은 연습의 법칙이나 빈도의 법칙과 같은 성질의 것이다.

(2) 손다이크의 자극-반응 결합 이론(S-R Association theory)

- 고양이와 문제상자 실험: 문제상자 속에 갇혀 있는 배고픈 고양이가 그 상자 밖에 있는 음식물을 먹기 위해 상자의 문을 열고 나오는 것을 관찰하였다.
- 쥐의 미로 실험: 미로를 만들어 출발점에 쥐를 놓고 이 쥐가 먹이가 있는 출구까지 어떻게 찾아가는가를 관찰하여 성공할 때까지 쥐의 행동과 소요되는 시간에 대한 실험을 하였다.
- 실험결과: 고양이가 상자의 문을 열고 나오는 것과 쥐가 가장 빨리 출구까지 가는 것을 배우게 되는 것은 인지구조의 변화가 아니라 자극과 반응을 반복된 경험을 통해 점차적으로 습득된 습관에 의한 것이다.

손다이크는 고양이를 사용한 실험을 통하여 동물들의 학습이 시행착오적으로 일어난다는 사실을 발견하였다. 그는 시행착오 학습이 효과적으로 일어나는 조건들에 관한 연구를 통하여 준비성의 법칙, 연습의 법칙, 효과의 법칙 등 실제 학습에 응용될 수 있는 학습이론을 제공하였다.

① 준비성의 법칙(law of readiness): 새로운 사실과 지식을 습득할 준비가 충분하게 되어 있을수록 자극과 반응의 결합이 용이하게 된다. 즉, 학습할 준비가 안 되어 있으면 자극과 반응을 연결시킬 수 없다. 학습자의 성숙과 발달의 정도에 따라 학습의 기초가 결정된다는 법칙이다.

② 연습의 법칙(law of exercise): 여하한 학습과정도 한번만의 시행에 의해서 이루어질 수 없고 여러 번 되풀이함으로써 속도가 빠르게 되고 익숙해진다는 것이다.

③ 효과의 법칙(law of effect): 어떤 일을 계획하여 실행해서 그만큼 효과가 나면 성공과 만족감을 갖고 의욕적으로 계속함으로써 학습의 진보를 가져오게 된다는 법칙이다. 효과는 보상과 벌로 주어지고 이것은 학습의 효과를 상승시킨다.

(3) 왓슨의 공포 조건화 이론(Fear conditioning)

> 알버트의 실험
>
> 알버트는 실험 시작 당시 생후 9개월 된 유아였다. 왓슨은 실험 전의 알버트의 공포심을 알아보기 위해 선행실험으로 두 가지 테스트를 한다. 동물을 무서워하는지, 또 갑자기 나는 큰 소리를 무서워하는지, 이 두 가지였다. 알버트는 동물을 무서워하지 않고 많은 관심을 보였다. 즉, 처음 상태에 동물은 알버트에게 중립자극(공포를 주지 않는 자극)이었다. 그런데 유아의 특성상 소음에는 크게 놀랄 수밖에 없다. 알버트도 예외는 아니었고, 소음에 큰 공포를 느꼈다. 즉, 이 시점에서 소음(UCS)은 공포를 불러일으키는 무조건 자극이고 공포심(UCR)은 무조건 반응이다.
>
> 이제 본격적인 실험이다. 구체적인 과정은 파블로프가 개를 데리고 했던 실험과 같다. 왓슨은 알버트에게 흰 쥐(CS; 흰색이라는 게 중요하다)를 주고 자유롭게 만질 수 있도록 한다. 하지만 알버트가 쥐를 만지려고 할 때마다 큰 소음을 일으켰다. 이 과정을 서너 번 반복한 후 이번에는 소음없이 쥐만 주었더니 알버트는 쥐만 보고도 겁에 질려 울음을 터뜨렸다. 처음엔 쥐를 보고 아무렇지도 않았는데 쥐에 대한 공포심(CR)이 생겼다. 정서적 반응도 학습된다는 것이 증명되었다.
>
> 다음 과정으로, 이번에는 감정의 조건형성도 일반화가 되는지 알아보기 위해 흰색과 비슷한 색을 띤 동물, 물체를 알버트에게 준다. 흰 토끼, 흰 개, 흰 코드, 흰 머리카락 등 여러 가지가 있다. 이번에도 마찬가지로 알버트는 그 물체들에 대해 공포를 느낀다. 심지어 왓슨이 산타 복장을 하고 나타났을 때도 산타의 흰 수염 때문에 산타를 무서워했다. 감정의 조건형성도 일반화를 일으킨다는 것이 증명됐다.
>
> 다음 단계에서는 다른 환경에서도 같은 반응을 하는지 알아보기 위해 같은 자극을 시간과 장소 등을 바꾸어서 제시해 본다. 이번에도 역시 알버트는 공포를 느꼈다.
>
> 마지막으로 시간이 지나도 이 조건형성이 지속되는지 알아보기 위해서 한 달 동안 실험을 중단하고 한 달 뒤 다시 실험을 했다. 여전히 알버트는 공포를 일으켰다.

정리하면, 왓슨은 공포(UCR)를 유발하는 큰소리(UCS)와 처음에는 중립적인 자극이었던 흰 쥐(CS)를 반복해서 아이에게 제시하면 아이가 흰 쥐에 대해 공포(CR)를 획득함을 증명하였다. 또한 공포와 함께 일어나기 어려운 반응을 유발하는 자극을 사용하여 공포증이 감소될 수 있다고 생각한다. 즉, 행동을 자극에 대한 반응으로 보았으며, 어떤 사고·상상·감정 등은 언어적 반응, 혹은 생리적 반응으로 바꾸어 생각할 수 있다고 보았다.

왓슨은 사람의 행동은 그 행동의 결과로 얻게 되는 대가에 의해 영향을 받는다는 것이다. 사람의 행동은 그것의 결과에 의해서 지속 또는 중단된다는 학습이론이다. 즉, 사람들은 어떤 행동에 대해 보상(대가)이 주어지면 그 행동을 계속하고 반대로 아무런 보상이 없거나 처벌을 받게 되면 그 행동을 중단하거나 하지 않으려 한다. 이러한 행동이 반복적으로 일어나게 하면 점차 어떤 목표의 상태에 이르게 할 수 있다는 이론이다.

(4) 스키너의 조작적 조건화 이론(Operant conditioning theory)

조건 반사의 원리에 입각해서 학습을 연구하여 독특한 경지로 발전시켰으며 흔히 알려져 있는 '스키너 상자(Skinner Box)'는 바로 그의 창안에 의해서 제작된 것이다.

스키너는 몇 가지 장치를 해둔 상자 속에 쥐를 넣고 관찰하였다. 장치로는 지렛대·먹이접시·전등 따위를 설치해 둔 것이다. 먹이는 쥐가 지렛대를 누를 때에만 주기로 하였다. 이 상자에 들어간 쥐는 갖가지 행동을 하다가 우연히 지렛대를 누른 결과 먹이가 나오자 그 다음부터는 같은 행동을 되풀이하게 되었고, 그 반복의 횟수는 먹이가 나오지 않는 경우보다 나오는 경우에 보다 급격히 증가하였던 것이다. 이러한 현상은 먹이가 행동을 반복시키는 보강물(reinforcement)의 역할을 하기 때문임을 알게 되었다. 그리하여 스키너는 사람도 어떤 행동을 반복하느냐의 여부는 행동의 결과로 얻어지는 보강물에 의해 결정된다고 주장하고 있다.

즉, 스키너는 유기체의 특정한 반응에 대하며 보상이나 벌 등의 강화를 가함으로써 의도적인 학습 또는 행동수정을 할 수 있다고 하였다. 고전적 조건형성이론에서는 자극의 변화에 의해 행동의 변화가 일어나는 반면, 조작적 조건형성이론에서는 과거 행동의 결과에 따라 행동의 변화가 생긴다. 또 전자에서는 무조건 자극(예: 파블로프의 개 실험에서 먹이)이 보상이 되지만, 후자의 경우에는 자극에 대한 올바른 반응(예: 스키너의 쥐실험에서 지렛대 누르기)이 이루어질 때 보상이 주어진다.

(5) 반두라의 관찰학습 이론(Observational learning)

타인을 모델로 삼아 학습하는 것으로써 학습자는 강화를 받은 자신의 직접 경험에 의하여 학습하기도 하지만, 타인이 강화 받는 행동을 의식적으로 관찰하고 모방하는 대리적 경험을 통해서도 학습한다. 관찰학습은 대리학습이나 모델링이라고도 한다.

관찰에서 행동에 이르기까지는 4가지 단계가 필요하다.

첫째, 관찰을 통한 학습이 이루어지기 위해서는 행동이나 상황이 관찰자의 주의를 끌어야 한다. 이를 집중 단계라고 한다.

둘째, 관찰을 통해 학습한 정보를 기억하는 단계이다. 이 단계는 인지과정으로, 학습한 정보가 내적으로 보유·강화되는 단계이다.

셋째, 저장된 기억을 재생하는 단계로, 학습한 내용과 관찰자의 행동이 일치하도록 자기 수정이 이루어지는 단계이다.

넷째, 학습한 내용대로 행동에 옮기기 전에 기대감을 갖게 만드는 동기화 단계이다.

모방학습은 관찰자가 모델의 사고, 태도, 외현적 행동을 모방하거나 순응하여 행동으로 나타내는 것으로, 관찰의 대상이 되는 모델은 관찰자의 반응을 이끌어내는 자극을 보이는 실제 인물이나 상징을 말한다. 상징적 모델로는 언어 혹은 문자로 된 교육 자료, 그림, 정신적 심상, 만화나 영화의 등장인물, 종교적 인물, 책이나 TV의 중요 등장인물이나 내용 등이 있다. 이러한 모델은 실생활 모델보다 훨씬 많이 존재한다. 경우에 따라서는 의도적으로 관찰자가 자기 자신을 모델로 사용하기도 하는데, 이를 자기모델링(self-modeling)이라고 한다. 정상적인 환경 내에서 아동은 거의 모든 것을 관찰하고 모방하는데, 긍정적이고 일상적인 행동뿐만 아니라 공격적이거나 부정적인 모델에 대해서도 모방학습을 한다.

반두라의 이론은 행동주의적 접근을 취하면서도 학습주체의 인지적 기능을 이론체계의 일부로 도입함으로써 행동주의와 인지주의 사이의 절충적 입장을 보인다고 할 수 있다.

3) 행동주의 학습이론의 기본 원리

인간에 의해 일어나는 모든 현상들(분명한 행동과 언어, 숨겨진 사고와 인지, 느낌, 꿈 등)은 관찰이 가능하든 혹은 불가능하든 모두 행동으로 간주된다. 많은 경우 인간행동은 생활경험에서 광범위하게 학습된다. 이러한 학습은 전 생애를 통해서 일어난다. 대인(對人)적 행동 역시 이러한 학습과정에 의한 기능이며 개별관계나 집단, 조직, 지역 사회, 사회현상 모두에서 일어난다. 이러한 행동은 범위가 커질수록 기본적인 학습기전이 보다 복잡하게 작용하게 되는데 주요 학습과정은 고전적 학습(반응적 조건화), 조작적 학습(조작적 조건화), 사회학습(관찰학습)의 세 가지로 대표된다.

❶ 고전적 학습(반응적 조건화)

학습은 반응적 학습을 말하며, 이는 파블로프식 조건형성에 의한 학습이다. 개가 음식물이 입에 들어가기도 전에, 즉 밥 먹기 전에 환경과 음식물 맛을 연합하여 학습한다는 것을 알아냈다. 이러한 반응을 유발하는 음식물을 무조건 자극이라고 하였고, 침을 흘리는 반사적인 반응을 무조건 반응이라고 하였다. 그는 음식물과 종소리를 함께 반복하여 제시하다가 나중에는 종소리만 울렸는데도 침이 나오는 새로운 연합이 일어남을 관찰하였는데 이 과정을 조건화라고 하였다. 파블로프는 이때 종소리, 즉 조건 자극에 의한 침 흘림은 조건 반응이라고 하였다. 이것은 이후 실험에 의해 인간에게도 학습의 한 형태로 반응적 학습이 적용됨을 입증하였다.

❷ 조작적 학습(조작적 조건화)

조작적 조건형성 내지 조작적 학습은 앞의 고전적 조건형성에 의한 학습과 더불어 제2의 학습유형이다. 왓슨의 행동주의에 영향을 받은 스키너가 손다이크의 문제상자에 시행착오 학습원리를 적용한 지속적인 실험을 통하여 실생활에서의 학습원리로 발전시켰다. 손다이크의 조건형성 실험은 보상을 얻기 위한 도구적 행동이 시행착오를 거듭하면서 학습되고 보상의 경험을 할수록 행동이 지속되고 빨라지므로 손다이크는 이를 도구적 조건형성이라고 불렀다. 스키너는 이 원리를 인간의 실생활에 적용하면서 일상생활에서 어떤 행동에 대한 결과적 반응이 긍정적인지 혹은 부정적인지에 따라서 후속 행동의 계속 여부가 결정되는 것을 발견하였다. 이처럼 적응적이고 긍정적인 행동은 보상을 통하여 향상시키고, 부정적이고 파괴적인 행동은 처벌, 무시를 통하여 소거할 수 있다고 보기 때문에 조작적 조건학습이라 한다.

❸ 사회학습(관찰학습)

사회학습은 행동의 환경적 혹은 상황적 결정요인들을 중요시 하는데 행동을 개인적 변인과 환경적 변인의 계속적인 상호작용의 결과로 보기 때문에 행동주의와 달리 자극과 반응을 연결하는 인간의 인지적 기능을 강조하여 직접 경험 또는 관찰을 통해 행동을 학습한다고 본다. 즉 사회학습은 영아기부터 성인기에도 지속되는 일반화된 학습형태이며, 인간은 이를 통해 나름대로의 사회적인 행동양식을 확립해 간다. 즉 많은 사회적 체험을 통해서 모델링된 행동이 강화되면 그 모델링으로부터 학습된 행동이 더욱 강화되는 것을 나타났다.

① 강화와 처벌

	긍정적	부정적
강화 (행동의 증가)	① 긍정적 강화 보상의 경험→행동의 강화 예: 칭찬받는 행동의 증가	② 부정적 강화 경감의 경험→행동의 강화 예: 항정신제 약물 복용으로 불유쾌한 자극인 증상 감소 후 약물 복용행동 증가
처벌 (행동의 감소)	③ 긍정적 처벌 불쾌한 경험→행동의 감소 예: 야단맞는 행동의 감소	④ 부정적 처벌 유쾌한 것 제거→행동의 감소 예: 잘못한 행동으로 인해 좋아하는 기관 프로그램 참여를 금지당하고 그 행동이 감소

② 소거: 강화물이 중단되면 행동이 일시적으로 강화될 수 있으나 이어서 줄어들 것이며, 궁극적으로 완전히 소멸된다.

③ 강화 스케줄: 표적행동이 나올 때마다 강화를 해 주는 지속적인 강화와 표적행동이 있더라도 매번 강화를 해 주지 않는 간헐적 강화가 있다. 지속적인 강화는 빨리 학습을 시키는 효과가 있어 프로그램의 기초단계에 적용하기 좋으나 이는 비교적 소거되므로 간헐적 강화로 대치하여야 한다.

- 연속강화(continuous reinforcement): 지속적으로 매번 강화하는 것으로 행동을 강화하는 처음에 사용하거나 새로운 행동의 습득에 효과적이다. 일상생활에서 보면 매일 많은 행동들이 연속강화계획에 의해 강화된다. 스위치를 올릴 때마다 불이 들어오고, 열쇠를 넣어 돌릴 때마다 현관문이 열려 안으로 들어가고, 수도꼭지를 돌릴 때마다 물이 나오는 것 등이 예이다. 이러한 연속강화의 반대개념이 소거(extinction)이다.
- 간헐강화(intermittent reinforcement): 어떤 때는 강화하지만 어떤 때는 강화하지 않는 것이다. 한번 높은 비율로 확립된 행동을 유지하는 데 효과적이며 소거에 대한 저항이 커서 소거시키기 어렵다. 일상에서도 많은 경우 연속적으로 강화되지 않는다. 공부를 했다고 해서 항상 좋은 점수를 받는 것이 아니고, 시급을 받기 위해서는 한 시간 이상 일을 해야 하지만 주말에나 돈을 받을 수 있다. 이렇게 특정한 행동을 가끔씩 강화하는 절차를 구체적으로 계획하고 정하는 것을 간헐강화계획이라 한다.
  - 고정비율 계획(fixed ratio schedule: FR): 고정비율 계획에서는 반응이 정해진 수만큼 일어난 뒤에 강화가 주어진다. 쥐에게 먹이를 얻기 위해 레버를 누르도록 훈련시킨다고 하자. 반응이 확립된 후, 실험자는 이제부터 쥐가 세 번 반응, 즉 레버를 세 번 눌렀을 때 한 번씩 강화하는 계획으로 바꾼다. 고정비율 계획을 적용하면 동물들이 높은 비율로 반응하며, 흔히 강화 바로 다음에는 짧게 쉬곤 한다. 즉, 이 예에서 쥐들은 먹이가 떨어질 때까지 레버를 빠르고 꾸준하게 누르다가 먹이를 먹고 잠깐 멈춘 후에 다시 또 레버를 누르는 것이다. 이같이 강화 이후에 나타나는 쉬는 시간을 강화 후 휴지(postreinforcement pauses)라고 부른다. 강화 후 휴지에 영향을 미치는 변인에는 강화에 대한 반응의 비율이다. 각각의 강화에 대해

요구되는 일이 많을수록 강화 후 휴지가 그만큼 더 길다. 그 외에도 실행 속도(run rate), 강화물의 크기 등이 영향을 미친다.

[그 밖의 예] 봉급으로 따지면 일한 양에 따라 임금을 받는 식이다. 스웨터 하나당 얼마, 배달 물건 하나당 얼마씩을 받는 것이다.

– 변동비율 계획(variable ratio schedule: VR): 변동비율 계획에서는 강화를 위해 요구되는 반응의 수가 어떤 평균을 중심으로 변화한다. 예를 들어 사자의 사냥 성공률을 보도록 하자. 흔히 <동물의 왕국> 같은 프로그램을 보면 사자가 매번 사냥에서 성공해 잔인하게 먹이를 먹는 듯하지만, 실제로는 사자가 아무리 강하다고 해도 그렇게 항상 그렇지는 않다. 첫 번째 사냥에서 실패했다면 두 번째, 세 번째 시도에서도 꼭 성공하리라는 보장은 없다. 두 번 다 연달아 성공할 수도 있고, 다음 다섯 번은 모두 실패할 수도 있다. 유일하게 할 수 있는 말은 사자가 평균적으로 몇 번의 시도 중 한 번 강화를 받는다는 것밖에 없다. VR 계획의 또 다른 사례로는 도박(특히 카지노)이 있다. 일반적으로 변동비율 계획은 그와 동등한 수준의 고정비율 계획에서와 유사한 실행속도로 꾸준한 수행을 낳는다. 강화 후 휴지가 일어날 경우라도 동등한 수준의 FR 계획에서보다 대개 더 뜸하게 나타나고 그 기간도 더 짧다. VR 계획에서는 강화 후 휴지가 평균비율과 최저비율에 크게 영향을 받는다.

– 고정간격 계획(fixed interval schedule: FI): 고정간격 계획에서는 정해진 기간이 지난 후 처음으로 일어나는 학습된 행동에 대해 강화가 주어진다. 학생들의 공부하기가 예가 될 수 있을 것이다. 학기 초에는 별로 공부하지 않다가 중간고사 날짜가 다가올수록 공부하는 시간이 더 많아진다. 그러다가 중간고사가 끝나면 공부 시간이 뚝 떨어지고, 다시 기말고사가 다가오게 되면 공부하는 시간이 더 많아지는 것이다. 지하철을 기다리는 것도 이와 비슷하다. 지하철을 이제 막 떠난 것을 보고 기다리기 시작했을 때에는 지하철이 오는 방향을 쳐다보는 행동이 별로 일어나지 않는다. 그러나 지하철이 오는 시간이 가까이 올수록 훨씬 더 자주 지하철이 오는

방향을 쳐다보게 된다. 이 같은 FI 계획은 부채꼴 모양의 반응 곡선을 만들어 낸다. 그리고 고정비율 계획처럼 고정간격 계획도 강화 후 휴지를 낳는다. 대개 FI 계획상의 비둘기들은 강화 후 얼마간은 반응을 적게 하거나 거의 하지 않다가 서서히 원반을 쪼는 비율을 증가시킨다. 고정된 시간 간격이 끝나갈 때쯤이면 반응률이 매우 높아진다.

–변동간격 계획(variable interval schedule: VI): 변동간격 계획에서는 반응이 강화를 받지 못하는 시간 간격의 길이가 어떤 평균을 중심으로 변화한다. 예를 들어 5초라는 고정간격 후에 원반쪼기를 강화하는 대신에 우리는 반응을 2초 후에 강화했다가, 8초 후에, 6초 후에, 다시 4초 후에 강화할 수 있다. VI는 자연환경에서도 쉽게 찾아볼 수 있다. 표범은 흔히 먹이를 쫓아다니지 않고 매복하여 기다린다. 때로는 그 기다림이 짧을 수도 있고 때로는 길 수도 있다. 하지만 이같이 먹이를 조용히 기다리는 일은 결국 먹이가 나타나는 일로 강화된다. 야생 동물의 사진을 찍는 사진가도, 극장표를 사려고 줄을 서서 기다리는 사람들도 다 VI 계획상에 있는 것이다.

4) 행동주의 학습이론의 특성

행동주의 상담이론은 파블로프(Pavlov) 및 왓슨(Watson)의 고전적 조건화 모델에서부터 스키너(Skinner)의 조작적 조건화의 원리와 반두라(Bandura)의 사회학습이론으로 발전되어 왔다. 사회학습이론은 최근에 인지과정을 강조하고 있으며, 학습에서 강화의 역할에 의문을 제기하고 있다. 행동주의 상담의 특징으로 ① 기본개념, ② 기본가정, ③ 목표와 과정, 방법에 대한 내용을 살펴본다.

(1) 행동주의의 기본개념

행동주의 상담이란 인간의 행동을 보다 바람직한 방향으로 조정하거나 바람직하지 못한 행동을 상담적으로 변화시키기 위하여 특히 학습심리학적 원리를 응용하는 특수한 절차와 기법을 의미한다. 따라서 행동주의 상담은 정상적인 행동이나 이상행동은 모두 학습된 것으로 보고, 그렇게 행동하는 것을 어떻게 학습하였으며, 왜 학습하였는가보다는 더욱 만족스런 방식으로 행동하는 것을 가르치는 것으로 새로운 습관을 형성시키는 기법을 사용한다. 행동주의 상담의 주요 특징은 ① 행동적 접근은 행동 자체의 변화에 초점을 두고 있다. ② 행동을 변화시키기 위한 절차와 기법은 학습심리학적 원리에 바탕을 두고 있다.

❶ 행동주의 상담에서의 인간관

행동주의에서는 인간을 동물의 특성과 같이 반응하는 유기체적 존재로 보면서 환경론을 강조한다. 행동주의자들은 인간의 행동이 자연현상과 마찬가지로 일정한 법칙성을 지니고 있다고 가정한다. 인간의 행동은 여러 가지 변인들에 의해 결정되므로 이 변인들과 행동을 지배하는 법칙을 밝혀낼 수 있다면 인간의 행동을 예언하고 수정할 수 있다고 본다. 따라서 행동주의자들은 대부분 인간의 행동을 학습된 것으로 보며, 학습원리를 통해 인간의 행동을 파악하려 한다.

❷ 행동주의 상담의 특징

행동주의 상담의 특징은 겉으로 드러난 구체적인 문제행동을 변화시키는 것이다. 행동주의 상담은 상담목표와 상담기법이 명확하기 때문에 상담결과를 객관적으로 평가할 수 있다. 행동주의 상담의 두 가지 기본 원리는 파블로프의 고전적 조건형성과 스키너의 조작적 조건형성이다. 고전적 조건형성의 원리를 응용한 기법으로는 체계적 둔감법과 혐오치료가 있고, 조작적 조건형성의 원리를 응용한 기법으로는 긍정적 강화, 행동조성, 자기표현훈련, 모방학습 및 대리경제체제 등이 있다.

(2) 행동주의 상담의 기본가정

행동주의 상담에서 강조하는 기본가정은 ① 어떤 가정적인 원인보다 행동자체를 더 강조한다. ② 부적응적 행동도 학습과정을 통하여 획득된다고 가정한다. ③ 학습심리학적 원리가 부적응 행동의 상담에 효과적일 것이라고 가정한다. ④ 상담목표를 구체적이고 분명하게 설정한다. ⑤ 전통적인 특성이론을 거부한다. ⑥ 내담자의 문제에 따라 적절한 치료방법을 선정한다. ⑦ 생활사적 사상이나 경험에 대한 통찰이 상담적이라는 주장을 거부한다. ⑧ 다양한 치료기법에 대한 경험적 증거에 큰 비중을 두고 있다.

(3) 행동주의 상담의 목표와 과정

❶ 행동주의 상담의 목표

행동주의 상담의 핵심적 목표는 학습된 구체적인 부적응 행동을 소거시키고, 보다 효과적이고 바람직한 행동을 새롭게 학습시키는 것이다. 구체적인 상담목표는 다음과 같은 세 가지로 크게 나누어 볼 수 있다. 첫째, 자신의 감정이나 생각 및 희망을 필요한 일상장면에서 자유롭게 표현할 수 있도록 훈련하는 것 둘째, 사회적인 활동을 저해하는 비현실적인 공포를 제거하는 일 셋째, 내담자가 중요한 의사결정을 내리는 데 방해가 되는 내면의 갈등을 해소하도록 도와주는 것이다.

❷ 행동주의 상담의 진행과정

행동주의 상담자들도 그 진행과정은 어떤 면에서는 다른 상담자들과 거의 같다. 그들은 내담자가 주는 단서에 주목하고, 그들의 임상적 예감을 따르려고 한다. 그들은 반영, 명료화, 요약화, 개방적 질문과 같은 기법을 사용한다. 그러나 행동주의 상담자는 다른 상담자들과는 다른 두 가지 특징이 있다. 그것은 내담자의 구체적인 부적응 행동에 초점을 두고, 체계적으로 문제행동이 일어난 상황, 문제행동, 문제의 결과에 대한 정보를 얻는 데 주안점을 둔다는 것이다. 행동주의 상담의 과정에서 내담자는 대개 어떤 행동을 변화시킬지를 결정하고, 상담자는 그 행동을 어떻게 변화시킬지를 결정한다.

❸ 행동주의 상담에서 상담자의 기능과 역할

행동주의 상담은 과학적 연구결과를 상담에 응용한 것으로 상담자는 적극적이고 지시적인 역할을 한다. 행동주의 상담에서 상담자의 역할은 내담자의 행동을 수정하고 통제하는 기능을 가지고 있으므로 의도적이든 비의도적이든 내담자의 행동에 커다란 영향을 미친다.

❹ 행동주의 상담에서 내담자가 겪는 경험

행동주의 상담에서 내담자는 상담을 받겠다는 각오를 단단히 하고 상담자와 함께 상담목표의 선택이나 결정에 적극적으로 참여한다. 그리고 상담자의 지시 아래 일상생활에까지 확대시킬 수 있는 적극적이고 바람직한 행동반응을 상담 장면에서 연습한다.

❺ 행동주의 상담에서 상담자와 내담자의 관계

어떤 상담이론이라도 상담자와 내담자 간의 상호 신뢰적인 관계는 상담의 가장 중요한 기초이다. 따라서 행동주의 상담에서도 상담자와 내담자의 관계는 이해와 수용의 관계가 중요하다. 또한 행동주의 상담에서도 상담관계가 서로 협력하는 관계이며 상담자가 내담자에게 유익한 행동학습 수단을 제공해 주는 존재이다.

① 자기가 가진 두려움에 직면하게 하는 것은 심한 불안을 주는 행위이다. 개 공포증이 있는 사람에게 개를 한 번 차고 오라고 하거나 광장공포증이 있는 사람에게 대형매장에 한번 다녀오라고 쉽게 말하는 것과 같다. 치료자들은 치료의 범위를 내담자가 받아들일 수 있는 범위 내에서 두려운 상황에 직면할 수 있도록 정해야 한다.

② 치료가 필요한 사람의 대부분은 자신이 문제행동에 직면했을 경우 어떤 문제가 있는지 인식하지 못한다. 사회불안을 가진 사람이 모임에서 불안을 느꼈다는 것을 인식하고 있을 수 있으나, 다른 사람들이 주의를 기울이고 있는 문제나 상대방의 요구를 인식하지 못하거나 시선처리 등과 같은 문제를 인식하

지 못 할 수도 있다. 따라서 행동분석을 통해 세부적인 사정 행위를 해야 한다.

③ 새로운 행동이 오랜 기간 동안 지속적으로 나타나지 않는다면 그 치료는 보통 실패한 것이다. 내담자는 흔히 변화된 행동을 지속적으로 유지하기 힘들기 때문에 치료자는 내담자의 동기유발을 촉진하고 어려움에 직면했을 때 행동을 지속하게 하기 위한 치료상의 관계형성에 힘써야 한다. 동기유발은 세부적인 단계에서 내담자가 목표달성을 할 수 있도록 촉진시키며 과거에 문제극복 상황에서 시도했던 실패와는 다르게, 목적을 위한 과정을 내담자와 함께 논의하는 것도 포함된다. 내담자는 역할 과업을 수행할수록 '과학자'가 되어 자신을 통찰할 수 있도록 이끄는 것이 치료자의 과업이다. 내담자가 과업을 수행하지 못할 경우도 있지만 이것은 실패라기보다는 자신의 문제에 대한 새로운 정보로 작용할 수 있으며 이러한 접근은 내담자의 지속적인 동기유발에 도움이 된다.

(4) 행동주의 상담의 기법과 절차

❶ 체계적 둔감법

공포, 긴장, 악몽, 신경성 식욕 부진증, 강박관념, 충동적 행동, 말더듬, 자기상 왜곡, 우울증불안 반응에 유쾌한 감정을 넣어 이완시키는 자율 훈련법으로 상상과 실행의 반복을 사용한다. 이완훈련과 불안위계표를 이용한다.

① 불안위계표 작성: 경험되는 불안강도의 순서에 따라 자극 장면 및 조건의 순서를 정한다. 가장 불안한 상태를 100, 가장 이완된 상태를 0으로 하여 불안위계표를 순차적으로 작성한다.

② 이완훈련: 불안과 공포를 극복하기 위해서 내담자 자신이 먼저 익혀야 한다. 이 경우 벤슨(Benson)의 이완훈련이나 제이콥슨(Jacobson)의 근육(긴장) 이완훈련 등을 활용할 수 있다.

③ 불안위계표에 따른 이완훈련: 먼저, 이완상태에서 각 불안반응위계의 장면을 상상하며, 그런 다음 불안이 낮은 장면에서부터 시작하여 불안이 높은 장면으로 올라가면서 이완을 실시한다. 불안이 낮은 장면(불안위계표 0: 가장 이완된 상태)에서부터 시작하여 불안이 높은 장면(불안위계표 100: 가장 불안한 상태)으로 점차적으로 올라가면서 이완훈련을 함께 실시한다. 불안위계표 작성 후 이완훈련을 실시하여, 불안의 위계 중 가장 낮은 것을 상상토록 하여, 불안이 약해지도록 한다. 그 다음 단계는 그보다 조금 더 불안한 것을 상상하도록 하면서, 이완을 통하여 불안을 감소시키는 것이다.

❷ 자기 표현훈련

자기의 이익대로 행동하고 부당한 불안을 느끼지 않으면서 자기를 내세우며, 편안하게 자기의 솔직한 감정을 표현하고, 타인의 권리를 방해함 없이 자기의 권리를 행사하는 행동을 할 수 있는 능력을 증가시킬 것을 목적으로 하는 상담기법이다. 간단히 말해, 자기주장을 표현하는 방법으로 대인관계의 문제를 해결하는 데 사용한다. 불쾌한 감정이나 분노를 제대로 표현하지 못하는 사람, 거절을 잘하지 못하는 사람, 애정이나 호감을 잘 표현하지 못하는 사람들에게 아주 효과가 있다.

❸ 혐오요법

혐오요법은 성도착증과 같은 각종 성장애, 야뇨증, 끽연과 알코올 및 약물중독증, 비만증, 강박증 등을 치료하는 데 효과적이다. 증상이 나타날 때마다 고통스런 혐오자극을 가하여 문제행동을 소거시키는 치료법이다. 혐오자극으로는 문제행동을 처벌하면서, 문제행동을 대치할 수 있는 바람직한 다른 행동을 강화해 줄 때 효과가 더욱 크다.

내담자가 부적응 행동을 보일 때마다 치료자는 가벼운 전기충격, 커다란 부자소리, 구토제, 시각적 혐오자극 등을 내담자에게 제시한다. 그리하여 부적응반응을 해탈조건화 또는 해제조건화시켜 그 반응이 소멸되게 하는 것이다.

❹ 긍정적 강화법

바람직한 행동을 할 때마다 보상을 주어 그 행동을 강화시키는 방법이다. 상담 절차는 먼저 바람직한 행동을 세부적으로 조사하고 내담자 개인에게 보상이 될 수 있는 것을 찾아낸다. 그런 후에 내담자가 바람직한 행동을 할 때마다 체계적으로 보상을 준다.

강화물에는 음식, 수면 등 생리적 욕구를 충족시켜주는 것과 미소, 인정, 칭찬, 돈, 선물 등 사회적 욕구를 충족시켜주는 것이 있다.

❺ 행동조성

바람직한 행동을 여러 단계로 나누어 강화시킴으로써 점진적으로 바람직한 행동에 접근하도록 유도하는 방법이다.

보상받는 수준을 낮게 시작해서 점진적으로 높인다.

엄마 소리 내기

아무 소리라도 소리만 내도 보상주기 → '어' 소리만 내도 보상주기 → '엄'과 비슷한 소리를 내면 보상주기 → '엄므' 소리를 내면 보상주기 → '엄마' 소리를 정확히 내야 보상주기

❻ 모방학습

모방학습은 다양한 행동들을 수행하는 어떤 사람을 관찰함으로써 학습하는 과정으로 다양한 공포나 회피행동을 극복케 하고 새로운 것에 더 적응할 수 있도록 하는 방법이다. 사회기술 훈련은 정신적인 문제들은 정상 행동을 벗어난 비정상적인 행동이 학습되어서 결과적으로 신체의 기능 변화를 동반한 사고, 감정, 언어 및 행동의 장애가 발생한 것으로 본다. 그러므로 장애가 되는 비정상적인 행동들을 체계적으로 교정하여 건설적인 행동으로 바꾸고 증상을 해소시키는 것이 사회기술 훈련이다. 사회적 행동기술(언어적, 비언어적 의사소통), 사회적 인지기술, 문제 상황

에 대한 대처기술 등을 다른 구성원들의 피드백과 강화(목소리 크기, 고저, 시선처리, 제스처 등), 모델링에 의해 새롭게 학습시켜 자연스러운 사회기술을 형성한다.

❼ 대리경제체제

토큰경제라고도 하는 대리경제체제는 내담자에게 바람직한 행동을 인정해 주는 사항만으로 별 효과가 없을 때 토큰을 주어 나중에 내담자가 원하는 물건이나 권리와 교환할 수 있게 하여 보상을 받도록 하는 상담방법이다. 어린이 및 정박아의 행동수정에 유용한 방법이다.

> 목표행동(약속을 안 지키면 토큰 빼앗기) 1개 정하기 → 토큰을 쉽게 벌 수 있는 과제/행동 목록 10개 내외 작성하기 → 토큰으로 교환할 수 있는 간식, 놀이, 특정 항목 6~8개 만들기 → 약속을 지키면(의무이행) 토큰을 벌고, 번 토큰으로 원하는 것 교환할 수 있으나(권리행사), 약속을 지키지 않으면(의무불이행) 토큰 빼앗김

5) 행동주의 학습이론 실천기술론

(1) 사정

❶ 문제 확인과 평가

행동치료자의 초기과제는 내담자가 제시하는 문제들을 확인하고 이해하는 것이다. 문제의 처음 발생, 심각도, 빈도, 부정적 사고, 느낌, 행동을 유지시키는 환경적 변인, 인적 변인들을 확인해야 한다. 행동치료에 있어서 과거경험은 내담자의 현재 고통에 직접적 영향이 되는 요인들만 영향력의 정도만큼 중요하다.

- 치료자가 내담자에게 문제의 본성에 있어, 문제적 근원을 찾는 직접적인 질문을 하는 예
  - 당신이 가지고 있는 문제에 대해 말씀해 주시겠습니까?
  - 그 문제가 처음 발생한 것은 언제인가요?

–저에게 그 문제에 대한 최근의 예를 말씀해 주시겠습니까?

–당신이 말씀하신 예에서 그 문제가 발생하기 바로 전에 어떤 일이 있었습니까?

–그 문제가 지속적으로 일어납니까? 아니면 간헐적으로 일어납니까?

–그 문제가 가장 심각할 때는 언제였나요?

–그 문제가 가장 적게 영향을 끼쳤을 때는 언제였나요?

–그 문제를 진정시킬 수 있는 요소가 있나요?

–그 문제를 악화시키는 요소가 있나요?

–당신이 지금 도움이 필요하다고 생각하게 된 이유가 무엇입니까?

–어떤 식으로 당신의 생활에서 그 문제들이 발생하지 않게 하고 싶으십니까?

–당신이 그것을 피하도록 하는 다른 문제가 있습니까?

–만약 당신이 그 문제를 더 이상 가지고 있지 않다면, 당신의 생활은 어떤 식으로 달라질까요?

이러한 유형의 질문들은 기계적으로 묻는 것도 아니고 특정한 순서대로 묻는 것도 아니지만, 문제의 범위를 한정시킨다. 내담자가 상황을 직면하게 하고, 직면했을 경우 일반적으로 행하는 바람직한 행동과 바람직하지 않은 행동을 알아보기 위한 것이므로 세부적인 서술을 만족스럽게 이끌어내도록 한다.

대체적으로 이렇게 접근하여 문제를 기술하게 했다면 문제의 특수한 유형을 알아내야 한다. 세분화되고 개별적으로 목록화되어 있는 질문지를 통해 세부적 문제와 문제 범위를 알아낼 수 있다.

❷ 평가방법

치료자는 내담자가 말한 것을 그대로 받아들일 필요는 없지만 비일관성, 애매성, 분명한 왜곡은 없는지 잘 살펴야 한다. 어떻게, 언제, 어디서, 무엇을에 대한 질문을 받아낸다. 치료자는 전반적인 주관적 인상에 대한 특정한 행동적 관계성을 발견하도록 내담자를 도울 수 있을 것이다. 특정 상황에 내담자의 반응을 평가하는 유용한 방법은 내담자에게 문제가 있는 생활환경을 상징적으로 재창조하는 것이 좋다. 이는 유도된 심상으로 특별한 사건과 연관된 구체적인 생각을 발견하는 데 유용한 방법이다. 또 다른 대안은 상황을 역할 연기하도록 내담자에게 요청하는 것이다. 이는 대인관계 문제를 해결하는 데 유용한 방법으로 문제행동의 표본을 제공한다. 또한 내담자에게 특정 사건이나 심리적 반응에 대해 매일 상세하게 기록하도록 지시한다. 이상적으로 외형적 문제행동을 평가할 때는 자연 상황에서 내담자의 행동을 실제로 관찰하는 것도 좋다. 부모님, 교사, 간호사들처럼 중요 타인들은 행동 관찰자로서 훈련을 받아왔다.

① 체크리스트와 질문지: 행동치료자는 체크리스트와 질문지를 사용한다. 평가도구들이 문제의 결정인자들을 기능적으로 분석하는 데 충분하지 못하지만 초기심도를 알아보고 치료하는 동안의 치료효율성을 점검하는 데 유용하다.

② 편람에 기초한 자료들: 표준화된 편람을 기초로 치료하는 것은 논쟁을 불러일으키는 임상훈련에 제한된 기법들을 기술하여 대략 정해진 치료회기 동안 같은 순서로 진행하게 한다. 문제가 되는 장애로 진단된 모든 환자는 같은 편람에 기초하여 치료를 받는다. 편람이 가지는 장점은 통제된 임상상황에서 평가되어 온 치료 프로그램들을 기술하므로 그 형태가 어떻든지 심리치료를 일관되고 폭넓게 이용할 수 있도록 해 주며 치료자가 구체적인 치료전략을 세우고 기술을 쉽게 습득하도록 해 준다. 그럼에도 불구하고 편람을 기초로 한 치료는 내담자의 요구에 맞추어 구체적인 개입을 할 수 있는 치료자의 임상적 판단의 역할을 제한하기 때문에 전문가들에게 비판을 받고 있다. 임상적 판단 대 편람에 기초한 진단은 임상적 연구의 주제이다.

4 프릿츠 펄스(Fritz Perls)의 게슈탈트 이론

1) 개요

프릿츠 펄스는 게슈탈트 상담이론의 선구자로 게슈탈트 치료는 독일출생의 유대계 정신과 의사 프릿츠 펄스에 의해 창안된 심리치료이다. 펄스는 1893년 베를린에서 태어나 그곳에서 성장하였으며, 28세에 의학박사 학위를 받았고, 1925년부터 7년간 정신분석 수련을 받았다. 이때 그는 자신이 바보처럼 느껴졌고 매우 혼란스러웠으나, 나중에 라이히(Wilhelm Reich)와 호나이(Karen Horney)에게 분석을 받으면서 다소 기분이 나아졌다고 술회했다.

그는 심리학에도 관심을 가졌으나 분트(Wundt)의 실험심리학에 만족할 수 없었다고 한다. 그러던 중 1926년 프랑크푸르트에서 당시 유행했던 신경정신의학자 골드슈타인(Kurt Goldstein)을 만나서 전체로서 통합된 유기체 이론을 접하고 매우 깊은 감명을 받았다고 한다. 이후 프랑크푸르트와 비엔나, 베를린을 전전하며 페니켈, 도이취, 히트슈반, 하펠 등으로부터 지도 감독을 받았다. 1934년 그는 히틀러의 탄압을 피해 남아프리카로 갔는데 여기에서 정신분석학회를 창립하기도 했다. 이때까지만 해도 그는 아직 정신분석에 깊이 관여하고 있었다.

1936년 그는 마리엔바드에서 개최된 세계정신분석학회에 참석하여 '구강적 저항'이라는 이론을 발표했는데, 이때 그의 이론은 프로이드에게 받아들여지지 않았다. 그는 프로이드의 이런 보수적인 태도에 실망하여 정신분석으로부터 멀어지기 시작했고 골드슈타인의 유기체 이론과 스마트의 생태학 이론을 토대로 개체와 환경을 하나의 전체적인 통합체로 보는 새로운 시각을 확립하기 시작했다. 1950년에는 '알아차림(awareness)'에 관한 이론을 정립하는 한편, 처음으로 "게슈탈트 치료"라는 용어를 만들었다. 그리고 1951년에는 헤퍼린, 굳맨 등과 공저로 『게슈탈트 치료』라는 책을 펴냈다.

1960년대에 들어서면서부터 정신분석이 점차 퇴조하기 시작했으며, 때를 맞추어 유럽으로부터 실존주의 정신의학 사조가 들어오기 시작했다. 이때 게슈탈트 치료도 점차 인정을 받기 시작했다. 게슈탈트 치료는 많은 관심을 끌면서 소위 제3 세력 운동이라고 불리는 인본주의 심리학의 흐름을 주도하게 되었다. 펄스가 1970년 77세의 나이로 죽었을 때 게슈탈트는 구미에서 가장 인기 있는 치료법의 하나로 발전해 있었다.

2) 게슈탈트 치료 이론

게슈탈트 치료는 호나이의 정신분석 치료이론을 위시하여 골드슈타인의 유기체 이론과 레빈의 장(field)이론, 라이히의 신체 이론, 베르트하이머의 게슈탈트 심리학, 하이데거와 마르틴 부버, 폴 틸리히 등의 실존철학 그리고 동양사상, 그 중에서도 특히 도가와 선 사상 등의 광범위한 영향을 받으면서 탄생한 치료기법이다.

게슈탈트 치료는 이렇게 많은 치료기법과 사상의 영향을 받아 생겨났고 아직도 그러한 영향의 흔적을 찾아볼 수 있지만, 결코 그것들을 단순히 혼합해서 만든 것은 아니다. 게슈탈트 치료는 외부로부터의 영향들을 독자적인 관점에서 통합함으로써 하나의 새로운 정체성을 확립하였다. 또한 게슈탈트 치료는 항상 새로운 경험과 이론에 개방되어 있어 끊임없이 그 폭과 깊이를 넓혀나가고 있다.

게슈탈트 치료는 어떤 다른 치료이론이나 사상 혹은 치료기법과의 접촉을 통해 항상 발전해왔으며 현재도 발전하고 있다.

게슈탈트 치료는 정신분석을 포함한 요소주의 심리학에 반대하여 게슈탈트 심리학의 영향 하에 과정적이고 종합적인 심리학 운동으로 나타났다. 그래서 개체를 여러 개의 심리적인 요소로 분석하는 대신에, 전체 장(field)의 관점에서 통합적으로 이해하려고 시도했다.

게슈탈트 심리학이 지각연구에만 국한한데 반해 게슈탈트 치료는 그 적용범위를 사고, 감정, 욕구, 신체감각, 행동 등 모든 유기체 영역으로 확장시켰다. 게슈탈트 치료는 게슈탈트 심리학 이론 중 특히 다음의 관점을 치료이론에 도입하였다.

첫째, 개체는 장을 전경과 배경으로 구조화하여 지각한다. 즉 관심을 끄는 부분을 전경으로 하고, 나머지는 배경으로 지각한다.

둘째, 개체는 장을 능동적으로 조직하여 의미 있는 전체로 지각하는 경향을 지니고 있다. 즉, 게슈탈트를 형성하여 지각한다.

셋째, 개체는 자신의 현재 욕구를 바탕으로 게슈탈트를 형성하여 지각한다.

넷째, 개체는 미해결된 상황을 완결 지으려는 경향이 있다.

다섯째, 개체의 행동은 개체가 처한 상황의 전체 맥락을 통하여 이해된다.

게슈탈트 치료는 신체와 감각, 감정, 욕구, 사고 그리고 행동 등을 서로 분리된 현상이 아닌 하나의 의미 있는 전체로 본다. 즉, 인간의 행동은 이러한 부분들의 기계적인 연합이 아니라 이들을 통합하는 의미 있는 전체라는 것이다. 또한 환경과의 관계에 있어서도 개체를 환경과 분리된 존재가 아니라 개체와 환경을 포함하는 전체 장의 부분으로 봤다. 즉, 개체는 환경과 함께 하나의 새로운 통합적인 전체를 이루고 있으며, 따라서 개체의 행동은 전체 장의 맥락 속에서 이해되어야지 따로 떼어서는 안 된다고 했다.

그는 개체를 따로 연구하는 것은 해부학이나 생리학의 영역이고 환경만을 연구하는 것은 물리학이나 지리학의 영역인데, 이들 학문은 개체와 환경을 전체 장(field)으로부터 분리시켜 연구하는 것이 특징이라고 했다. 그러나 심리학은 개체와 환경을 따로 떼어서 연구해서는 안 되며, 둘을 통합적으로 봐야 한다고 했다. 그는 그럼에도 과거의 심리학은 개체를 환경과의 관계에서 분리시켜버림으로써 전체 장(field)의 통합성을 깨뜨리고, 개체를 환경으로부터 소외시켜버리고 말았다고 비판했다.

3) 게슈탈트 치료의 방법

(1) 게슈탈트

게슈탈트 치료에서의 게슈탈트는 '개체에 의해 지각된 자신의 행동동기'를 뜻한다. 즉 개체가 자신의 유기체 욕구나 감정을 하나의 의미 있는 행동동기로 조직화하여 지각한 것을 뜻한다. 개체는 모든 유기체 활동을 게슈탈트를 형성함으로써 조정 해결하는데, 게슈탈트를 형성하려고 인위적으로 노력할 필요는 없다. 다만 문제는 개체가 자연스러운 유기체 활동을 인위적으로 차단하고 방해함으로써 발생하는데, 이러한 차단행위를 접촉경계 혼란이라고 한다.

(2) 전경과 배경

우리는 대상을 인식할 때 우리에게 관심 있는 부분은 지각의 중심부분으로 떠올리지만 나머지는 배경으로 보낸다. 게슈탈트 치료에서는 개체가 게슈탈트를 형성하여 지각하는 것도 전경과 배경의 관계로 설명한다. 예컨대, 갈증을 느낀다는 것은 그 순간에 갈증이 전경으로 떠오르고 다른 것은 잠시 배경으로 사라지는 것이다. 따라서 게슈탈트를 형성한다는 말은 개체가 어느 한순간에 가장 중요한 욕구나 감정을 전경으로 떠올린다는 말과 같은 뜻이다.

건강한 개체는 매순간 자신에게 중요한 게슈탈트를 선명하고 강하게 형성하여 전경으로 떠올릴 수 있는데 반해, 그렇지 못한 개체는 전경을 배경으로부터 명확히 구분하지 못한다. 즉, 특정한 욕구나 감정을 다른 것과 구분하여 강하게 게슈탈트로 형성하지 못한다. 이런 사람들은 흔히 자신이 진정으로 하고 싶은 일이 무엇인지 잘 모르며, 따라서 행동목표가 불분명하고 매사에 의사결정을 잘하지 못하고 혼란스러워한다.

(3) 미해결 과제(unfinished business)

개체가 게슈탈트를 형성하지 못했거나 혹은 게슈탈트를 형성하긴 했으나 이의 해소를 방해받았을 때 그것은 사라지지 않고 중간층에 남아서 계속 전경으로 떠오르려고 노력한다. 이렇게 완결되지 못한 혹은 해소되지 않은 게슈탈트를 '미해결 게슈탈트' 혹은 '미해결 과제'라고 한다. 이러한 미해결 과제는 계속 이의 해결을 요구하면서 전경으로 떠오르려고 하면서, 전경과 배경의 자연스런 교체를 방해하여 개체의 적응에 장애가 된다. 이처럼 미해결 과제가 많을수록 개체는 자신의 유기체적 욕구를 효과적으로 해소하는 데 실패하고 마침내 심리적·신체적 장애를 일으키게 된다. 미해결 과제는 계속 해결을 요구하며, 전경으로 떠오르려 하기 때문에 다른 게슈탈트가 선명하게 형성되는 것을 방해한다. 미해결 과제를 해결할 수 있는 방법은 '지금-여기(here and now)'를 알아차리는 것이다.

(4) 알아차림-접촉 주기(cycle): 게슈탈트의 형성과 해소

개체는 배경으로부터 분명한 게슈탈트를 형성해내어 전경으로 떠올리고 이를 환경과의 상호작용을 통해 해결하여 배경으로 사라지게 하고, 다시 새로운 게슈탈트를 형성하여 전경으로 떠올리는 순환과정을 되풀이한다. 이러한 현상을 '게슈탈트 형성과 해소의 반복 순환'이라고 하며 개체는 알아차림(awareness)과 접촉을 통해 전경과 배경을 교체한다. 이때 알아차림은 자신의 유기체 욕구나 감정을 지각한 다음 게슈탈트로 형성하여 전경으로 떠올리는 행위를 말하며, 접촉은 전경으로 떠오른 게슈탈트를 해소하기 위해 환경과 상호작용하는 행위를 뜻한다. 즉, 에너지를 동원하여 실제로 환경과 만나는 행동인 것이다. 알아차림과 접촉은 함께 서로 보완적으로 작용하여 '게슈탈트 형성-해소'의 순환과정을 도와주어 유기체의 성장에 이바지한다.

징커(Zinker)는 '알아차림-접촉 주기'를 [그림 2-1]과 같이 여섯 단계로 나누어 설명했다. ① 먼저 배경에서, ② 어떤 유기체의 욕구나 감정이 신체감각의 형태로 나타나고, ③ 이를 개체가 알아차려 게슈탈트로 형성하여 전경으로 떠올리고, ④ 이를 해소하기 위하여 에너지(흥분)를 동원하여, ⑤ 행동으로 옮기고, ⑥ 마침내 환경과의 접촉을 통해 게슈탈트를 해소한다. 그러면 그 게슈탈트는 배경으로 물러나 사라지고 개체는 휴식을 취한다. 그런데 잠시 후 다시 새로운 욕구나 감정이 배경으로부터 떠올라 이 과정을 반복하는 것이다.

'알아차림-접촉 주기'는 앞에서 기술한 여섯 단계의 어느 곳에서나 단절될 수 있으며, 어느 단계에서든 차단이 되면 유기체는 게슈탈트를 건강하게 완결 지을 수가 없고, 따라서 미해결 과제가 쌓이게 되어 그 결과 현실적응에 실패하게 된다. 각 단계의 단점은 다음과 같다. 배경으로부터 감각이 나타나는 과정의 장애, 감각과 알아차림 사이의 장애, 알아차림과 에너지 동원 사이의 장애, 에너지 동원과 행동 사이의 장애, 행동과 접촉 사이의 장애, 접촉과 물러남 사이의 장애(리듬장애)로 나타난다.

① 배경 ⇨ ② 감각 ⇨ ③ 알아차림
⇧ ⇩
⑥ 접촉 ⇦ ⑤ 행동 ⇦ ④ 에너지 동원

[그림 2-1]

(5) 접촉경계 혼란: 정신 병리 이론

개체의 모든 활동은 항상 환경과의 관계 속에서 일어나며, 게슈탈트의 형성과 해소도 환경과의 교류를 통해서만 가능하다. 개체와 환경의 교류접촉은 접촉경계에서 이루어지는데, 여기서 접촉경계란 개체와 환경간의 경계를 의미한다.

게슈탈트 치료에서는 정신병리를 게슈탈트의 자연스러운 형성과 해소가 이루어지지 못하는 '접촉경계 장애'라고 한다. '접촉경계'란 개체와 환경 간의 경계로, 개체와 환경과의 교류를 의미한다.

'접촉경계 혼란'은 개체와 환경 간의 경계에 문제가 생겨 개체와 환경의 유기적인 접촉을 방해하는 것으로, 개체는 이로 인해 미해결 과제를 쌓게 되고 마침내 환경에 적응하는 데 실패하게 된다. 경계에 문제가 생기면 개체는 환경과의 유기적인 교류접촉이 차단되고 심리적·신체적으로 혼란이 생긴다.

펄스(Perls)는 접촉경계 혼란을 개체와 환경 사이에 중간층 같은 것이 끼어 있는 현상이라 말했다. 이러한 중간층을 '마야(maya)'라고 불렀는데, 이는 개인과 환경의 접촉을 방해하는 환상을 의미한다. 우리는 일상생활에서 수많은 마야에게 에너지를 빼앗기기 때문에 효과적으로 힘을 쓰지 못하고 무의미한 활동들에 에너지를 분산시켜 버리는 것이다. 접촉경계 혼란은 마치 우리의 의식에 안개가 낀 것과 같은 것이다. 우리는 이 안개 때문에 자신과 세계를 바로 접촉하지 못하고 오리무중에서 헤매고 있다고 하겠다. 접촉경계 혼란으로 말미암아 개체는 자신의 유기체 에너지를 환경과 효과적으로 교류하고 접촉하는 데 쓰지 못하고 공상이나 환상 같은 무의미한 활동들에 분산시켜버린다.

이러한 개체는 자신의 경계가 불명확하여 자신의 정체성을 확립하지 못한다. 이런 사람들이 자신이 과연 누구인지, 진정으로 무엇을 원하는지, 어디까지가 자기이고 어디서부터 타인인지 구분을 잘 못한다. 접촉경계 혼란이 심해지면 경계가 매우 불투명해져 마침내 신체경계까지 흐려져 심리적인 불안을 허기로 잘못 지각하여 음식을 먹는 행위로 대치하는 사람들도 있다.

'접촉경계 혼란'이 일어나게 되는 원인으로 펄스는 내사, 투사, 융합, 반전, 자의식을 들었고, 폴스터(Polster)는 펄스의 분류에서 자의식을 빼는 대신 편향을 추가시켰다. 이러한 장애들은 어디까지 내담자의 행동현상을 이해하기 위해 기술적으로 사용하는 개념으로서 그 자체가 진단 체계이다. 그러면 '접촉경계 혼란'을 일으키는 여러 가지 심리적 현상은 다음과 같다.

❶ 내사(Introjection)

개체는 환경과의 접촉을 통하여 자신에게 필요한 것을 외부로부터 받아들여 소화하고 동화시킴으로써 성장한다. 이때 개체는 공격성을 사용하여 외부에서 들어온 것들의 구조를 파괴시켜 자신이 흡수할 수 있는 형태로 바꾸어 놓는데, 펄스는 이를 '치아 공격성'이라고 불렀다.

개체가 자신의 공격성을 사용하는 것을 제지당하게 되면 권위자의 행동이나 가치관을 무비판적으로 받아들이게 된다. 이때 무비판적으로 받아들임으로써 자기 것으로 동화되지 못한 채 남아 있으면서 개체의 행동이나 사고방식에 악영향을 미치는 타인의 행동방식이나 가치관을 내사(introjection)라고 한다.

펄스는 내사는 마치 음식물을 씹지 않고 삼킴으로써 복통이나 설사를 일으키게 되는 것처럼 사회와 부모의 가치관을 비판을 통하여 자기 것으로 동화시키지 못하고, 그냥 무비판적으로 받아들임으로써 내면적인 갈등을 일으키는 현상이라고 말한다.

❷ 투사(Projection)

투사는 자신의 생각이나 욕구, 감정을 타인의 것으로 지각하는 것을 말한다. 예를 들어, 자신이 타인에 대해 애정이나 적대감을 갖고 있으면서 오히려 타인이 자신에게 그런 감정을 갖고 있는 것으로 지각하는 것이다. 쉽게 말해, 자신이 내면에서 받아들일 수 없는 부분들을 자신의 것으로 인정하기보다 자신 밖에 있는 것으로 보는 것이 편하기 때문에 타인을 사악한 존재로 규정하며 갈등을 일으키는 것이다. 투사 그 자체가 병적인 것은 아니다. 인간은 자신의 심리를 근거로 소위 입장을 바꿔, 타인을 이해하기 때문에 어느 정도의 투사 능력이 없으면 타인을 이해할 수가 없다. 하지만 문제는 자신의 투사행위를 모르고 있을 때 타인과의 진정한 만남이 이루어지지 못하게 하기 때문에 발생한다.

인종차별주의자를 싫어하는 사람은 자신이 인종차별주의자라는 것을 위장하고 있는 것일 수 있으며, 독재자를 타도하자고 외치는 사람의 내면에는 독재자의 성향이 꿈틀거리고 있을 수도 있다. 조카의 응석부리는 행동에 대해 갖는 지나친 불쾌감은 그녀 스스로의 억압된 응석부리고 싶은 욕구가 조카에게 투사되어 나타나는 것에 대한 불쾌감이다.

❸ 융합(Confluence)

융합은 밀접한 관계에 있는 두 사람이 서로의 독자성을 무시하고 동일한 가치와 태도를 지닌 것처럼 여기는 것이다. 융합관계에 있는 사람들은 대부분 외로움이나 공허감을 피하기 위한 경우로, 독립적으로 행동하지 못하고 외로움과 공허감을 직면하는 것보다는 주체성을 포기하고 의존관계에 빠져 있는 경우가 많다.

융합관계는 흔히 공허감이나 고독감을 피하기 위한 목적으로 시작되고 또한 유지되는 측면이 있다. 즉, 융합관계에 있는 사람들은 자신감이 없어서 다른 사람의 힘을 빌리지 않으면 자기 혼자서는 어떤 일도 할 수 없다고 생각한다. 그들에게 혼자 있는 것은 큰 공포감을 가져다준다. 그래서 그들은 차라리 자신의 개성과 주체성을 포기하고 타인과 합치는 것이 낫다고 생각한다.

❹ 반전(Retroflection)

반전은 개체가 다른 사람이나 환경에 대하여 하고 싶은 행동을 자기 자신에게 하는 것, 혹은 타인이 자기에게 해 주기를 바라는 행동을 스스로 자기 자신에게 하는 것을 뜻한다. 즉, 반전은 타인이나 환경과 상호작용하는 대신에 자기 자신을 행동의 대상으로 삼는 것을 뜻한다.

이러한 행동은 개체가 성장한 환경이 억압적이거나 비우호적이어서 자연스런 접촉행동을 할 수 없을 때 나타난다. 흥미로운 사실은 원래 개체의 욕구를 억압한 것은 환경이었지만 지금은 개체 자신이 환경을 대신하여 자신의 욕구를 억압한다는 사실이다.

개체가 어떤 상황에서 자신의 욕구를 억제함으로써 환경에 적응하는 것은 성장과정에서는 지극히 정상적인 행동으로 간주할 수 있지만 불필요한 상황에서조차 반전행동을 계속하는 것은 유기체의 성장에 방해가 된다.

어떤 어린이가 태어난 가정이 매우 냉정한 분위기여서 어린이가 울어도 잘 안아주지도 않는 등 그가 필요한 욕구를 부모나 다른 사람들이 잘 충족시켜주지 않는다면 어린이는 이러한 환경에서 자신이 해야 할 행동을 하는데, 즉 스스로 자기가 자신을 돌보아야 한다는 것을 학습한다. 그래서 그는 자기가 필요한 것을 타인으로부터 요구하는 대신 스스로 필요한 것을 찾아 해결하는 데 익숙해진다.

❺ 자의식(Egotism)

자의식은 개체가 자신에 대해 지나치게 의식하고 관찰하는 현상을 말하는데, 이것은 자신의 행동에 대한 타인의 반응을 지나치게 의식하기 때문에 생긴다. 이런 사람들은 자신의 행동 하나하나를 지나치게 세심하게 관찰하며, 타인의 반응에 매우 민감하게 반응한다. 이러한 행동은 환경과의 교류와 접촉을 방해하고 또한 유기체의 자연스러운 활동을 제지하여 마침내 개체는 자기 내부에 갇히게 되며 '접촉경계 혼란'을 일으키게 된다. 자의식을 통하여 모든 것이 지나치게 계산되고 의식화될 때 개체의 행동은 자연스러움이 없어지고 인위적이 된다.

⑥ 편향(Deflction)

편향이란 환경과의 접촉이 개체 자신이 감당하기 힘든 심리적 결과를 초래할 것이라 예상할 때 이러한 경험으로부터 압도당하지 않기 위해 환경과의 접촉을 피해버리거나 혹은 자신의 감각을 둔화시켜버림으로써 환경과의 접촉을 약화시키는 것을 말한다. 이때 개체는 환경과의 접촉에서 사용되어야 할 에너지를 철회함으로써 접촉을 피한다.

편향은 흔히 혼자 있을 때도 나타날 수 있지만, 대개 환경과 상호작용을 하는 상황 특히, 부담스러운 사람과의 대화관계 상황에서 많이 나타난다. 말하는 사람은 자신의 감정을 직접 표현하지 않고 빙빙 돌려 말함으로써 초점을 흐리거나 말할 때 상대편의 눈길을 피하거나 직접 상대편에게 말하는 대신에 간접적인 개념적 묘사를 함으로써 편향할 수 있다.

1) 내사 ○ ← ●	4) 반전 ○ ⇄ ●
2) 투사 ○ → ●	5) 자의식 ♡ ← ●
3) 융합 ○ = ●	6) 편향 ○ ‖ ●

[그림 2-2] 개념의 이해를 돕기 위한 그림(○: 개체, ●: 환경, 타인)

4) 게슈탈트 치료의 적용

(1) 치료자의 태도

① 관심과 감동능력: 치료자는 내담자의 존재와 그의 삶의 이야기에 대해 진지한 흥미와 관심을 보일 수 있어야 하며, 내담자의 이야기에 심취하고 감동할 수 있는 능력이 있어야 한다. 내담자의 이야기를 들어준다는 것은 바로 그들의 삶을 긍정해 주고 그들을 받아들여주는 일이 된다. 따라서 치료자는 끈기 있게 내담자의 존재에 대해 진지한 관심과 흥미를 보일 수 있어야 한다.

② 존재 허용적 태도: 치료자는 내담자 스스로 자신의 삶을 살도록 허용해 주어야 한다. 치료자의 가치관이나 계획에 따라서가 아니라 내담자 스스로의 본

성에 따라 자신의 존재를 실현해 나가도록 허용해 주어야 한다. 아무리 치료자의 가치관과 계획이 훌륭하더라도 치료자의 생각에 따라 내담자의 행동을 조정하려 한다면, 그것은 치료자가 정한 목표를 달성하는 것이지 내담자의 존재를 실현시켜주는 것은 아닐 것이다. 치료자가 진심으로 내담자를 사랑하고 그의 존재를 있는 그대로 받아들인다면, 그는 내담자 스스로 가고 싶어 하는 길을 가도록 허용해 줄 것이다.

③ 현상학적 태도: 치료자는 모든 치료행위를 내담자에게서 나타나는 생명현상의 흐름을 따라가면서 진행되어야 한다. 즉, 치료자는 항상 내담자로 하여금 스스로 문제를 발견하고, 탐색과 실험을 통하여 그것을 스스로 해결해 나가도록 도와주어야 한다. 치료자는 내담자가 원하는 바를 수용하고, 그것을 따라가는 태도가 필요하다. 그것은 내담자가 어디로 가기를 원하든, 거기에는 항상 충분한 이유가 있기 때문이다. 만일 치료시간에 내담자가 갑자기 치료자와 함께 놀고 싶다고 말한다면, 그때는 함께 놀아주는 것이 치료적이다.

④ 창조적 대응: 내담자를 따라가는 것은 내담자의 생명현상을 따라가라는 뜻이지, 치료자가 내담자의 생각이나 시각을 그대로 받아들이라는 뜻은 아니다. 만약 치료자가 내담자의 생각이나 시각을 그대로 채택한다면, 치료자도 내담자와 함께 그의 문제에 빠져 헤어 나오지 못하게 될 가능성이 높다.
내담자가 치료자를 찾아오게 된 데는 스스로의 고정된 시각에서 벗어나지 못하고, 전형적인 행동방식을 고수해왔기 때문이라고 볼 수 있다. 따라서 치료자는 내담자가 갖고 있는 고정된 시각에 대하여 대안을 제시해 주고, 치료자는 내담자를 내담자 자신과는 다른 눈으로 볼 수 있어야 한다.

(2) 치료자의 과제

① 알아차림과 접촉의 증진: 게슈탈트 치료자의 주된 치료적 과제는 내담자로 하여금 자신의 욕구와 감정을 분명히 알아차리고 이를 환경과의 접촉을 통해 잘 해소할 수 있도록 도와주는 일이다. 그래서 치료자는 내담자의 알아차림과 접촉을 증진시키는 데 주력해야 한다. 알아차림은 개체로 하여금 자신의

미해결 과제와 더불어 현재의 욕구와 감정 그리고 앞으로의 소망을 자각하게 해 주며, 접촉은 이러한 자각된 미해결 과제, 욕구와 감정, 소망들을 환경과의 만남을 통해 해소해 주는 동시에 이들을 창조적인 활동 에너지로 바꾸어 줌으로써 개체의 성장을 도모한다.

② 좌절과 지지: 치료자는 내담자의 자립적인 태도나 행동은 격려하고 지지해 주되, 의존적인 태도나 회피행동은 좌절시켜야 한다. 여기서의 좌절이란 치료자가 내담자의 의존적이거나 회피적인 태도를 강화시켜주지 않음으로써 결과적으로 내담자가 좌절을 느낀다는 것이지, 결코 치료자가 내담자에게 상처되는 말을 하거나 꾸중을 하라는 뜻은 아니다. 펄스는 내담자의 진정한 성장은 좌절을 통해서 가능하다고 하여 좌절에 특별한 의미를 부여했다.
그러나 최근 게슈탈트 치료에서는 지지에 대해 더 많이 강조하는 경향을 보인다. 대부분의 내담자들은 자신의 행동에 대해 부정적으로 생각하는 경향이 있기 때문에, 좌절은 내담자의 부정적인 시각을 강화시키고 치료자와의 신뢰관계를 해칠 수 있기 때문이다.

③ 저항의 수용: 내담자의 저항행동은 대부분 치료자에 대한 불신 때문에 나타난다. 즉, 치료자가 자신의 문제를 잘 이해하지 못한다고 느끼거나 혹은 자신을 비난하거나 질책하는 것으로 느끼기 때문에, 혹은 치료자가 자신의 세계를 침입하거나 위협하려 한다고 느끼기 때문에 저항행동이 나타난다. 어떤 경우든 내담자가 치료자에게 신뢰감을 느끼지 못하면 스스로 자신을 보호하려 하고 그것이 저항행동으로 나타난다. 따라서 내담자의 저항은 상당 부분 정당한 것이라고 말할 수 있다. 저항의 문제를 해결하는 방법은 치료자가 이해심과 인내심을 갖고서 내담자를 따뜻하게 하는 동시에, 저항행동을 계기로 치료자 자신의 행동을 다시 검토해 보는 것이다.

(3) 치료기법

게슈탈트 치료에서는 여러 가지 다양한 기법을 개발하여 치료에 사용한다. 하지만 이는 어디까지나 치료를 위한 부수적인 도구이지 기법 그 자체만으로 치료를 할 수 있다고 생각해서는 안 된다. 오히려 정말 좋은 치료란 인위적인 기법을 사용하지 않고 자연스러운 대화와 만남으로써 진행되는 것이다. 따라서 다음의 여러 가지 기법들은 어디까지나 치료를 돕기 위한 보조수단 정도로 생각해야 할 것이다. 진정으로 게슈탈트 치료를 이해하기 위해서는 기법 자체보다도 기법들이 사용되는 배경이나 목적을 잘 이해해야 한다.

① 욕구와 감정자각: 게슈탈트 치료에서 가장 중시하는 것 중에 하나는 '지금-여기(here and now)'에서 체험되는 욕구와 감정을 자각하는 것이다. 그것은 개체가 지금-여기의 욕구와 감정을 자각함으로써 자기 자신 및 환경과 잘 접촉하고 교류할 수 있게 되어 성장과 변화가 가능하게 되기 때문이다. 많은 종류의 게슈탈트 치료기법이 있지만 사실 대부분의 기법들은 내담자로 하여금 자신의 욕구와 감정을 좀 더 잘 자각하도록 도와주는 기법들이라고 할 수 있다. 개체에게 미해결 과제가 있는 경우 이는 대개 억압된 감정이나 욕구의 형태로 존재하므로 이들 감정이나 욕구를 자각하고 전경으로 떠올림으로써 미해결 과제를 해결할 수 있으며, 미해결 과제가 없는 경우 '지금-여기'의 중요한 욕구와 감정을 자각함으로써 현재 순간의 유기체 현실을 실현시킬 수 있게 된다. "지금 어떤 느낌이시죠? 생각을 멈추고 현재 느낌에 집중해 보세요. 지금 그 말씀을 왜 하시는지 자각해 보세요. 지금 당신이 원하시는 것이 무엇입니까?"라는 질문을 통해 지금-여기에서의 감정을 충분히 나눌 수 있고, 표현할 수 있도록 도와야 한다.

② 신체자각: 우리의 정신작용과 신체작용은 서로 불가분의 관계에 있기 때문에, 내담자로 하여금 자신의 신체감각에 대해 자각하도록 함으로써 자신의 감정이나 욕구, 무의식적인 생각을 자각하게 할 수 있다. "당신의 호흡을 자각해 보세요. 당신의 신체감각을 한번 느껴 보세요. 당신의 신체가 무엇을 표현하

려고 하는지 알아차려 보세요."라고 말함으로써 자신의 신체감각을 자각하도록 도와야 한다.

③ 환경자각: 내담자로 하여금 주위 사물과 환경에 대해 자각하도록 해 줌으로써 환경과의 접촉을 증진시킬 수 있다. 이러한 환경자각은 내담자들의 공상과 현실에 대한 분별 자각력을 높여준다. "지금 무엇이 보입니까? 방 안에 전에 없던 새로운 것들이 있습니까?"라는 질문을 통해 현재의 환경을 자각하도록 도와야 한다.

④ 언어자각: 내담자가 사용하는 언어에서 행동의 책임소재가 불명확한 경우, 내담자로 하여금 자신의 감정과 동기에 대해 책임을 지는 형식의 문장으로 바꾸어 말하도록 시킴으로써 내담자의 책임의식을 높여줄 수 있다.

'나는'이라는 말 대신 '우리', '당신', '그것' 등의 대명사를 사용하는 경우, '나는'이라고 바꾸어 말하도록 요구한다. '하지만'이라는 말 대신 '그리고'로 바꾸어 모순된 행동을 자각하게 한다.

⑤ 과장하기: 내담자가 어떤 상황에서 자신의 감정을 체험하지만 아직 그 정도와 깊이가 미약하여 그 감정을 명확히 자각하지 못하고 있을 때, 치료자는 내담자의 행동이나 언어를 과장하여 표현하게 함으로써 내담자의 감정자각을 도와줄 수 있다.

⑥ 반대로 하기: 내담자가 보이는 행동은 근저에 있는 억압된 충동의 반대적 표현에 불과하기 때문에, 평소행동과 반대되는 행동을 해 보도록 요구함으로써 내담자가 억압하고 통제해온 자신의 다른 측면을 접촉하고 통합할 수 있도록 도와줄 수 있다.

⑦ 직면: 내담자가 자신의 미해결 욕구나 감정을 직면하기를 두려워하는 이유는 그것을 직면하면 큰 일이 벌어질 것이라는 잘못된 상상을 하기 때문이다. 문제에 대한 진정한 해결책은 문제 상황을 회피하지 않고 직면하는 것이다. 내담자가 회피하는 것은 어떤 감정이나 욕구일 수도 있고 혹은 어떤 상황이나 특정한 행동일 수도 있다. 하지만 어떤 경우든 이들을 회피하지 않고 직면함으로 해결이 가능한 것이다.

내담자가 자신의 미해결 과제들에 직면하면 오히려 유기체적 변화가 일어난다. 즉 억압되었던 에너지들이 전경으로 떠올라 접촉되고, 그 결과 미해결 과제는 해소되어 개체를 자유롭게 해 주며, 유기체는 성장변화하게 된다. 이러한 변화는 통찰에 의해서 이루어진다기보다는 체험에 의해 가능해진다. 통찰은 단지 체험을 다져주는 시멘트와 같은 역할을 할 뿐이다.

⑧ 머물러 있기(staying with): 머물러 있기는 내담자로 하여금 자신의 미해결 감정들을 회피하지 않고 직면하여 견뎌냄으로써 이를 해소하도록 도와주는 기법이다. 이 기법의 장점은 내담자로 하여금 끊임없이 늘어놓는 자신의 말 속에 스스로 매몰되는 것을 막아 현재로 돌아오게 해 주며, 또한 인지적인 해석이나 설명 대신에 현재의 존재 체험으로 이끌어주는 데 있다.

어떤 감정이 있지만 이를 표현하지 않고 누르고 있으면 마치 수도관이 막힌 것처럼 감정이 해소되지 못할 뿐 아니라, 다른 정서까지도 형성되지 못하도록 막아버린다. 따라서 내담자의 막힌 에너지가 발견되면 그것이 어떤 종류이든 내담자로 하여금 거기에 머무름으로써 그 에너지와 접촉하도록 해 주어야 한다. 이때 개념적 차원이 아니라 직접적으로 그 감정과 접촉하도록 해주는 것이 필요하다. 감정의 흐름은 연속적이다. 감정의 흐름을 중간에 차단하고 방해하면 깊은 차원으로 진전하지 못하고 만다. 반대로 어떤 고통스런 감정도 이를 차단시키지 않고 그대로 현재 의식을 따라 머물러 있으면, 마침내 끝이 보이고 새로운 감정이 떠오르게 된다.

⑨ 빈 의자 기법: 치료 장면에 없는 사람과 상호작용할 필요가 있을 때, 내담자로 하여금 그 인물이 맞은 편 빈 의자에 앉아 있다고 상상하고 대화하는 방법이다. 경우에 따라서 이러한 대화는 그 인물에 대해서(about) 말하는 것보다 훨씬 효과적이다. 빈 의자 기법을 통해서 내담자는 다른 사람에 대한 자신의 감정을 명료화시킬 수 있고, 또 새로운 행동을 시도해 볼 수 있다.

⑩ 자기 부분들 간의 대화: 내담자의 인격에서 분열된 부분들을 찾아내어 그것들 간에 서로 대화를 시킴으로써 분열된 자기부분들을 통합시킬 수 있다. 내담자의 대표적인 내적 분열은 상전과 하인의 대립이다. 전자는 정신분석이론의

초자아와 비슷한데, 주로 하인에게 명령과 도덕적인 요구를 한다. 치료자는 이러한 내담자의 분열된 자기들을 빈 의자에 바꾸어가며 앉히고, 서로 간에 대화를 시킴으로써 갈등을 줄일 수 있다.

⑪ 꿈 작업(dream work): 게슈탈트 치료에서는 꿈을 내담자의 욕구나 충동 혹은 감정이 외부로 투사된 것으로 본다. 즉, 꿈에 등장하는 사람은 물론이고 나무나 집, 산이나 들, 모든 것들이 다 우리 자신의 투사물이라고 본다. 따라서 게슈탈트 치료에서는 꿈을 우리의 투사를 되찾아오는 데 도움을 주는 좋은 소재로 취급한다. 이때 이러한 투사된 것들을 다시 찾는 방법은 꿈의 각 부분들과 동일시 해 보는 것이다. 즉, 내담자로 하여금 자신의 꿈에 등장하는 각 부분들을 차례로 동일시하여 그것들이 되어 보도록 요구하는 것이다.

꿈 작업을 할 때 주의할 점은 꿈 내용들이 마치 지금-여기에서 일어나는 것처럼 상상하며 작업해야 한다는 것이다. 그것은 그렇게 함으로써 내담자는 그냥 자신의 꿈에 대해 이야기하는 것보다 훨씬 더 깊이 몰입할 수 있고, 감정들을 더 생동감 있게 체험할 수 있기 때문이다.

⑫ 실험: 넓은 의미에서 실험이란 게슈탈트 치료에서 사용하는 모든 기법을 총칭한다. 즉, 실험은 치료자와 내담자가 함께 행하는 모든 탐색적 활동을 지칭한다. 그러나 여기서는 실험을 다른 기법과 동등한 하나의 기법으로서 좁은 의미로 사용한다. 즉, 실험이란 내담자의 문제를 밝히고 이해하여 해결하는 데 있어 치료자가 창의적인 아이디어를 구상하여, 내담자와 함께 하나의 상황을 연출해냄으로써 문제해결을 돕는 기법을 뜻한다.

실험이란 어떤 현상을 관념적으로 분석하지 않고, 실제 행위를 통하여 전개하고 탐색해 봄으로써, 문제를 명확히 드러내고 나아가 문제에 대한 새로운 해결책을 모색해 보는 창의적인 노력을 뜻한다. 실험은 많은 다른 기법들과 함께 사용될 수 있다. 예컨대, 실험의 테두리 내에서 빈 의자 기법, 양극성의 통합, 반대로 하기, 과장하기 등을 응용할 수 있다. 따라서 실험기법은 특정한 기법이라기보다는 창의적인 치료 작업을 해나가는 하나의 독특한 양식이라고 보는 것이 타당하다.

이 외에도 책임자각, 현재화 기법, 실현, 현실검증, 알아차림 연속, 양극성의 통합, 창조적 투사, 통찰과 의미 발견, 숙제 등의 기법이 있다.

(4) 성격변화 단계: 심리치료를 통한 변화과정

펄스는 심리치료를 통한 성격변화의 단계를 다섯 개의 심리층 개념으로 설명하였다. 심리층은 실제로 존재하는 것이 아니라, 단지 심리치료를 통해 성격이 변화하고 성숙되어가는 과정을 비유적으로 설명한 개념이다.

① 피상층(cliché or phony layer): 사람들이 서로 형식적이고 의례적인 규범에 따라 피상적으로 만나는 단계이다. 치료의 초기에 내담자는 표면적으로 세련된 행동을 보이고 적응적인 행동을 보이지만 자신을 노출시키지 않는다.

② 공포층(phobic layer) 혹은 연기층(role playing layer): 내담자가 자신의 고유한 모습으로 살아가지 않고 부모나 주위의 환경의 기대에 따라 살아가는 단계이다. 이 단계의 내담자는 자신의 욕구를 억압하고 주위에서 바라는 역할행동을 연기하며 사는데, 그들은 자신이 하는 행동이 연기라는 것을 망각하고 그것이 진정한 자신인 줄 착각하고 산다.

③ 교착층 혹은 막다른 골목(impasse): 내담자는 이제껏 해왔던 역할연기를 그만두고 자립을 시도하지만 동시에 심한 공포를 체험한다. 내담자는 지금까지 환경으로부터 도움을 받기 위해 역할연기는 포기했지만, 다른 한편으로는 아직 스스로 자립할 수 있는 능력은 생기지 않은 상태이므로 오도 가도 못하는 실존적인 딜레마에 빠지게 되어 심한 허탈감과 공포감을 체험하게 된다.

④ 내파층(implosive layer): 내담자는 자신이 억압하고 차단해왔던 욕구와 감정을 알아차리게 된다. 그런데 이러한 욕구와 감정은 오랫동안 차단되어 왔던 것들이기 때문에 상당한 파괴력을 갖고 있다. 내담자는 이러한 파괴적 에너지를 외부로 발산하면 타인과의 관계가 악화될 것이라는 두려움을 갖고 있다. 따라서 이것을 내부에서 폭발시키는데, 이는 파괴적으로 작용한다. 죽음에 대한 공포로 체험되기도 한다. 이때 신체근육이 긴장되고 온몸이 경직되는

현상이 나타난다. 이렇게 외부로 발산되지 못하고 내부에서 맴도는 에너지들은 마침내 그 안에서 동결되어 얼어붙은 것 같은 상태가 된다.

⑤ 폭발층(explosive layer): 내담자는 더 이상 자신의 감정과 욕구를 억압하거나 차단하지 않고 직접 표현하며, 자신의 욕구와 감정을 분명하게 알아차려 강한 게슈탈트를 형성하여 환경과의 접촉을 통해 완결 짓는다. 또한 이전에 억압하고 차단했던 미해결 과제들을 전경으로 떠올려 완결 짓는다.

5 윌리암 글라서(William Glasser)의 현실치료

1) 개요 및 발달과정

글라서(Glasser)는 1950년대에 현실요법적 상담을 창시하였으며, 이 치료는 내담자의 문제를 해결하고 사회의 현실적 요구에 대처하도록 돕는 데 초점을 두고 있다. 따라서 상담전문가들은 내담자로 하여금 자신의 욕구를 충족시키는 데 사용하는 행동을 실제로 변화시키는 것에 중점을 둔다. 이 접근에서는 사람들이 그들 자신의 바람(Want)이나 욕구(Need)를 정직하게 검토해 봄으로써 삶의 질을 향상시킬 수 있다고 본다.

글라서는 1925년 오하이오 주의 클리블랜드에서 태어나 고교 졸업 후 공업전문학교를 나온 뒤 19세에 화학기사가 되었고, 그 뒤 심리학을 공부하여 23세에 임상심리학자가 되었다. 그리고 다시 웨스턴리저브 대학교에서 의학을 공부하여 28세에 정신과 의사가 되었으며, 웨스턴로스앤젤레스 재향군인 병원과 U.C.L.A에서 정신과 수련의 과정을 마쳤다. 이때 글라서는 웨스턴로스앤젤레스 재향군인 병원에서 정신과 중환자들이 입원해 있던 206동에 배치되어 해링턴(Harrington) 교수로부터 교육지도를 받았으며, 두 사람은 전통적인 정신분석적 상담의 비효율성을 토론하고 그 가치에 대해 의심을 가지고 함께 연구하였다. 글라서는 자기 나름대로의 새로운 이론 및 치료절차를 개발하기 위한 노력을 기울였으며 그 결과가 현실요법적 상담이라 할 수 있다.

1956년에 글라서는 심각한 비행소녀들의 교정기관인 벤투라 여자학교의 정신과 자문의사가 되었고, L.A 병원에서 개발한 개념들을 소녀들에게 프로그램을 통해 적용하기 시작했다. 소녀들은 교정시설의 프로그램을 좋아하기 시작했고, 흥미와 열의를 나타냈으며 특히 상습범의 재범률이 크게 떨어졌다. 이러한 성공적인 경험으로 글라서는 현실요법에 대한 이론과 개념을 계속 발전시키게 된 것이다.

L.A 병원으로 돌아온 글라서는 해링턴 교수를 도와 206동 환자들에게 새로운 치료를 시도한 결과, 큰 효과를 보았으며, 1961년에는 현실요법에 대한 기본적인 개념을 규명하고 1965년에는 현실요법에 대한 그때까지의 개념을 발전시켜 『현실요법(Reality therapy: A new approach to Psychiatry)』를 저술하였다. 현실요법의 효과가 여러 사람들에게 알려지기 시작하자 1966년에 글라서는 캘리포니아 주의 공립학교 조직에서 자문위원으로 일하게 되면서 학교 장면에 맞게 수정하여 사용했다. 적용 결과는 긍정적이었으며, 여기서 얻은 여러 가지 아이디어를 토대로 『낙오자 없는 학교(Schools Without failure)』(1969)를 저술하였다. 같은 해에 글라서는 주닌(Zunin)과 협력하여 L.A에 현실요법연구소를 창설하였다. 1985년까지 글라서의 이러한 연구활동들은 교도소, 학교, 사립상담소, 부부치료와 가족치료, 집단상담, 지역사회의 내담자와 상담 작업을 하면서 현실요법에 대한 몇 개의 기초적 개념을 세우는 데 목적을 두고 있었다. 최근 현실요법적 상담의 실제는 주로 통제이론에서 비롯된 개념에 기초를 두고 있다. 통제이론의 개념은 파워(William T. Power)의 『행동과 지각인식의 통제(Behavior: The control of perception)』라는 책에 그 기초를 두고 있으며, 글라서(1992)는 파워의 이론을 확장하고 명료화하여 이를 현실요법의 필수부분으로 하고 있다.

우볼딩(Robert Wubbolding, 1988)은 현실요법을 다음과 같이 설명한다. 현실요법은 사람들이 그들의 삶을 보다 잘 통제하도록 돕는 방법이며, 바라고 원하는 것을 확인하고 분명히 하도록 하고 나서 현실적으로 얻을 수 있는지의 여부를 평가하도록 돕는다. 현실요법은 사람들이 자신의 행동을 검토하고 분명한 기준을 가지고 통제하는 것을 돕기 위해 고안된 긍정적인 계획을 수립하며, 그 결과로 자신감과 보다 나은 자기 확인, 인간관계, 보다 효율적인 삶을 위한 계획 등이 이루어진다. 그러므로 현실요법은 사람들에게 역경에 대처하고, 개인적으로 성장하고 그리고 그들의 삶을 더 효과적으로 통제하는 데 사용할 수 있는 자조적 도구(Self-help tool)를 제공해 준다(이현림, 2000).

2) 현실요법이론

(1) 선택이론

일반적으로 통제라 하면, 정치, 경제, 사회적 힘을 가진 소수가 상대적으로 힘이 없는 대다수의 사람들을 지배하는 부정적인 개념으로 인식한다. 그러나 글라서가 설명하는 통제의 의미는 인간 개인이라는 생명체가 하나의 통제체계(Control system)로서 어떻게 뇌의 작용에 의해, 자신의 행동을 통제할 수 있는가를 설명해 주는 이론이다.

즉, 글라서의 선택이론은 자신의 삶에 성취감을 북돋워주고 또한 자신의 삶을 통제하는 (I'm in control of my life) 긍정적인 개념으로 작용한다. 이 이론에 의하면 인간은 생존, 사랑, 성취, 즐거움과 자유에 대한 생태적인 기본 욕구들 중 하나 혹은 그 이상의 욕구를 만족시키려고 행동하며, 모든 인간은 자기를 통제하고자 하고 또 자기 환경세계를 통제하려 한다는 것이다. 글라서는 그의 독특한 선택이론을 이용하여 인간이 왜, 어떻게 행동하는가를 설명한다(김인자, 1996).

> 현실세계와 인식되는 세계
>
> 인간이 경험하는 현실세계는, 시각, 청각, 미각적, 그리고 또 촉각적인 감각체계(Sensory system)와 지식여과기(Knowledge Filter)와 가치여과기(Value Filter)로 구성된 지각체계(Perceptual system)를 거치면서 특별한 사진기로 찍혀서 지각세계(Percieved World)에 전달된다. 이때에 지각현실은 긍정적으로, 부정적으로 혹은 무의미하게 인식한다. 그렇게 분류한 것 중에서 자신이 원하는 것 모두가 실현되기를 원하면서, 개인에게 맞는 최상의 사진으로 좋은 세계(Quality World)에 늘 간직한다.

(2) 전행동(全行動, Total Behavior)

글라서는 우리들의 욕구는 자동차의 엔진에 해당되고 원함은 행동이 되어 전행동(全行動, Total Behavior)이라는 자동차가 되어, 가고 싶은 방향으로 가게 되어 있다. 전행동(全行動)은 자동차의 앞바퀴에 해당되는 활동하기(Doing), 생각하기(Thinking)와 뒷바퀴에 해당되는 느끼기(Feeling)와 신체반응(Physiology) 등의 네 가지 요소로 구성되어 있으며, 이 요소들이 모여 하나의 행동(Total Behavior)으로 나타나기 때문에 모든 행동에는 이 네 요소가 반드시 포함되어 있다고 본다.

이 이론의 전개과정에서 주장하는 것은 전행동(全行動)의 요소 중 활동하기는 거의 완전한 통제력을 개인이 가지고 있으므로 우리가 앞바퀴인 활동하기 부분을 구체적으로 변화시킨다면 나머지 세 바퀴에 해당되는 생각하기, 느끼기, 그리고 신체반응까지도 자동적으로 변화가 따라오게 된다는 것이다. 즉, 적극적인 활동에 많이 관여할수록 좋은 감정과 유쾌한 생각, 그리고 더 좋은 생리적인 편안함이 수반될 것이라는 것이다. 인간은 그들이 원하는 것을 얻고 싶을 때 전행동(활동하기, 생각하기, 느끼기, 신체반응)을 통해 자신이 원하는 것을 얻으려고 노력하며, 예술가가 작품을 마음에 구상한대로 완성하듯이 내면적인 상(像)에 맞추어 자신의 세상이라는 작품을 만들려고 노력하며 특정한 활동을 한다는 것이다.

(3) 인간의 기본욕구

현실요법의 이론적 배경은, 글라서가 인간의 뇌의 기능과 인간의 욕구를 연관시켜 설명하는 것에서 시작된다(선택이론, 1985 재인용). 인간의 뇌는 두 개의 부분으로 구성되었는데, 하나는 크기도 작고 의식 기능이 없는 구뇌(Old Brain, 구뇌)이고 다른 하나는 크고 의식 기능이 활발한 신뇌(New Brain)이다. 신뇌는 우리가 의식하는 것들의 중심부이며 모든 자발적 행동의 원천이 된다(Glasser, 1985 재인용). 신뇌는 대뇌 피질로서 구뇌보다 훨씬 뒤에 발달되었으며, 구뇌와 신뇌는 서로 끊임없이 상호교류작용한다.

기본적인 인간의 욕구는 신뇌에 자리한 네 개의 심리적이고 정신적인 욕구, 즉 소속욕구(Belonging Need), 힘에 대한 욕구(Power Need), 자유에 대한 욕구(Freedom Need), 즐거움에 대한 욕구(Pleasure Need)와 구뇌에 자리한 생존에 대한 욕구(Survival Need) 등 다섯 개로 구성되어 있으며, 그 욕구들이 개인의 행동을 유발시키는 근원이 된다. 이런 욕구들 중에서 구뇌는 우리가 무의식적으로 하는 행동, 즉 생존하기 위해 숨을 쉬는 것과 같은 가장 기본적이고 절박한 것을 포함한다.

인간들은 다섯 가지의 기본 욕구에 의해 끊임없이 행동해야만 한다. 순간순간 최선이라고 판단되는(그 판단이 정확했든지 혹은 잘못 되었든지 간에), 즉 주관적이기는 하나 자기 나름대로 창의적인 방법을 찾아 자신의 개인욕구를 충족시킨다. 때문에, 인간은 자기욕구 충족을 위한 다양한 방법과 수단을 지각세계의 부분인 자기 내면세계 안 혹은 좋은 세계에 심리적인 사진으로 저장했다가 필요할 때마다 꺼내 쓴다.

글라서는 인간의 바람(Want)을 내면세계 혹은 사진첩(Picture Album)이라 지칭했던 것을 1990년 초부터 '좋은 세계'(Quality World)라고 개칭했다. 개인의 욕구와 바람 간의 관계를 보면 개인의 욕구는 유전적 속성이기 때문에 모든 사람이 공통적으로 가지고 태어나지만 그 욕구를 채우는 방법으로서의 바람은 개인마다 특이하고 차이가 있다. 인간의 유전적인 속성 안에 내재해 있는 앞서 설명한 다섯 개의 기본적인 욕구들을 살펴보면 다음과 같다.

① 소속욕구: 사랑하고, 나누고 협력하고자 하는 인간의 속성을 말한다. 이는 자기 자신의 가족을 형성하기를 원하여 결혼하고 싶어 하거나 친구를 사귀고 싶어 하는 것, 학생이나 청년들이 또래 집단에 들고 싶어 하거나 가정주부들이 계모임에 가담하고 싶어 하거나, 중년 남자들이 로타리클럽에 가입하고 상징적인 뺏지를 달고 자랑하고 싶어 하는 행동 생존욕구와 같이 절박한 욕구는 아니지만 인간이 살아가는 데 원동력이 되는 기본욕구이다.

② 힘에 대한 욕구: 경쟁하고 성취하고 중요한 존재이고 싶어 하는 속성을 의미한다. 즉, 힘에 대한 욕구에 매력을 느끼게 되면 종종 소속에 대한 욕구 등

다른 욕구와 직접적인 갈등을 겪게 된다. 즉 사람들은 사랑과 소속에 대한 욕구를 얻으려고 결혼을 하지만, 가끔 부부 사이에서 힘에 대한 욕구를 채우고 싶어 서로 통제하려고 하다가 결과적으로 부부관계를 파괴시키기도 한다. 또 다른 예로, 사회적인 직위와 부의 축적, 혹은 직장에서의 승진 등과 같이 힘과 인정을 더 중요시하여 가족과 약속한 휴가를 반납하고 일을 더 하는 등, 힘에 대한 욕구를 채우려고 개인의 소속 욕구를 포기할까말까 하는 갈등 경험을 하는 간부를 볼 수 있다.

③ 자유에 대한 욕구: 이동하고 선택하는 것을 마음대로 하고 싶어 하는 속성으로 자유란, 각자가 원하는 곳에서 살고 대인관계와 종교 활동 등을 포함한 삶의 모든 영역에서 어떠한 방법으로 삶을 영위해 나갈지를 선택하고 자신의 의사를 마음대로 표현하고 싶어 하는 욕구를 말한다.

④ 즐거움에 대한 욕구: 많은 새로운 것을 배우고 놀이를 통해 즐기고자 하는 속성을 말한다. 글라서는 인간의 즐거움에 대한 욕구는 기본적이고 유전적인 지시(instruction)라고 확신한다. 이 즐거움의 욕구를 충족시키기 위해 때로는 생명의 위험도 감수하면서 자신의 생활방식을 과감히 바꾸어 나가는 예를 볼 수 있다(예: 암벽을 타고 에베레스트 등산을 하거나, 자동차 경주를 하려는 것). 글라서는 즐거움에 대한 욕구 충족 활동의 유형에는 앞서 제시한 단순한 놀이(playing)도 있지만 학습(learning)도 매우 중요한, 즐거움을 추구하는 욕구 충족 활동이라고 했다. 즐거움은 인간생활에 있어 절대 필요한 활력소이므로 우리는 늘 즐거움이 더한 삶을 원한다. 그러나 즐거움을 추구하는 욕구와 다른 욕구들 간에도 갈등이 있을 수 있다.

[예] 명예를 안겨주는 학위를 얻고자, 공부가 재미있어서 결혼을 지연시키는 사람. 등산하기, 낚시가기, 골프 치기에 빠져서 휴일에도 가족들과 지내기를 거부하는 가장

⑤ 생존에 대한 욕구: 살고자 하고 생식을 통한 자기 확장을 하고자 하는 속성을 의미한다. 이 욕구는 우리 뇌의 가장 오래된 부분으로서 척추 바로 위에 위치한 구뇌(Old Brain)로부터 생성된 것으로서 호흡, 소화, 땀 흘리는 것, 혈압조

절 등 신체구조를 움직이고 건강하게 유지하도록 하는 중요한 과업을 수행하고 있다. 대부분의 경우 구뇌 단독으로는 효과적으로 작동할 수 없기 때문에 뇌의 다른 부분, 즉 거대하고 복잡한 대뇌피질(신뇌) 부분의 도움이 필요하다.
[예] 체내에 수분이 없어져 갈 때(김인자, 1996) 물을 찾아 마시는 것

(4) 현실요법 이론

현실요법은 내담자들이 그들의 삶을 좀 더 효과적으로 통제할 수 있도록 도와주는 것을 목적으로 하는 계속적인 도움의 과정이기 때문에 선택이론에 바탕을 둔 상담방법이다. 이 방법은 개인 생활의 효율적인 통제를 향상시키기 위해서도 이용될 수 있으며 교육현장에서, 부모역할에서, 지도나 인사관리 방법 등 인간들이 책임을 지고 자신의 욕구들을 만족시킬 수 있는 방법을 배우는 것이 필요한 모든 사람에게 유용하다. 그 현실요법에서는 개인이 책임을 지고 인간의 욕구를 만족시키는 행동을 어떻게 선택하는지 배우는 동시에, 다른 사람이 그들의 욕구를 만족시킬 수 있는 기회를 방해하지 않고 존중해 주어야 한다는 것을 배울 수 있도록 상담자가 촉진자가 된다(Glasser, 1992 재인용).

(5) 현실요법의 특징

현실요법은 정신분석적 상담과 달리 인간을 결정론적인 존재로 보지 않는다. 이러한 인간관에 기초하여 글라서는 현실요법적 상담을 정의하는 데 있어 여덟 가지 특징을 전제로 하고 있다.

① 현실요법적 상담은 정신질환의 개념을 부정하고 있다. 즉, 특별한 형태의 행동적 결함이라는 것은 무책임감의 결과라고 본다. 그래서 현실요법에서는 심리적인 진단을 배제하고, 무책임한 행동을 정신질환과 동일한 것으로 보며, 정신건강은 곧 책임감 있는 행동으로 간주된다.

② 현실요법적 상담은 감정과 태도보다는 오히려 현재의 행동에 초점을 둔다. 감정과 태도가 중요하지 않다고 보는 것이 아니라 그에 비해 현재 행동을 지

각하는 것이 더 중요하다는 것이다. 현실요법은 태도를 변화시키기 위해 통찰력에 의존하는 것이 아니라, 행동변화에 따른 태도 변화를 주장하고 있다.

③ 현실요법은 상담의 초점을 과거에 두는 것이 아니라 현재에 역점을 둔다. 그렇다고 해서 과거가 무시되는 것은 아니어서 내담자의 현재 행동과 과거사가 관련될 때는 충분히 토의될 수 있다.

④ 현실요법적 상담은 가치관을 강조한다. 그리고 내담자의 생활에 실패를 가져온 것이 무엇인가를 파악하기 위하여 자신의 행동의 질을 판단할 수 있는 내담자의 역할에 중점을 둔다. 변화는 행동을 관찰하지 않고서는 일어나기 어려우므로 내담자가 자신이 원하고 있는 것을 깨닫게 된다면 현재의 비현실적인 행동 양식보다 더 나은 것을 결정할 수 있게 되어 긍정적인 변화가 일어날 가능성이 생긴다.

⑤ 현실요법적 상담은 전이를 강조하지 않으며, 전통적인 전이개념을 중요한 것으로 보지 않는다. 즉, 상담자는 내담자와 전이 인물이 아닌 있는 그대로의 자신으로 관계를 맺는다는 것이다. 내담자와 인격적이고 진지한 관계를 구축함으로써 내담자의 현재 욕구를 성취시키는 데 조력자가 될 수 있다.

⑥ 현실요법적 상담은 무의식적 갈등이나 그 원인들에 관심을 두지 않고 의식적인 면을 강조한다. 현재 내담자가 무엇을 잘못하고 있는가? 책임 있고 실제적인 행동을 기초로 한 성공적인 정체감을 위해 무엇을 할 것인가?를 강조한다. 즉, 무의식을 강조하는 것은 내담자가 책임을 회피하고, 현실을 도피하기 위한 수단일 뿐이라는 것이다.

⑦ 현실요법적 상담은 처벌을 배제한다. 행동변화를 목표로 하는 처벌은 비효율적인 것이며, 계획한 것을 완수하지 못한 것에 대한 처벌은 내담자에게 패배적인 정체감을 강화시켜주는 것으로 상담관계를 악화시키는 결과를 낳을 수 있다는 것이다. 글라서는 처벌을 사용하는 대신에 그 행동의 자연스러운 결과를 내담자 스스로 경험할 수 있도록 하는 것이 효과적이라고 주장한다.

⑧ 현실요법적 상담은 책임감의 개념을 강조한다. 책임감은 타인의 욕구충족을 방해하지 않는 방법으로 자기 자신의 욕구를 충족시키는 방법이며, 책임감

있는 사람은 자기 자신뿐만 아니라 다른 사람에게도 자기 가치감을 느끼게 해 준다. 글라서는 책임감을 가르치는 것을 현실요법 상담의 핵심개념으로 본다(이현림, 2000).

〈표 2-2〉 **전통적인 정신분석과 현실요법의 차이점**

전통적인 정신분석	현실요법
정신질환은 존재한다. 정신질환은 의미있게 분류될 수 있으며 이러한 진단적인 분류에 기초해서 치료가 이루어진다.	내담자는 정신질환을 앓고 있다는 개념을 용납하지 않는다. 내담자는 자신의 행동에 대해 책임을 질 수 없는 정신질환자로 취급하면 치료할 수 없다.
환자의 과거사를 탐색하는 것은 필수불가결한 요소이다.	내담자의 과거가 아닌 현재에 초점을 둔다. 상담자가 내담자에게 이미 일어났던 것을 변화시킬 수 없다. 그래서 내담자가 과거에 의해 제한을 받는다는 사실도 받아들이지 않는다.
환자는 그의 과거에 중요한 인물에 대해 가졌던 태도를 치료자에게 전이 시킬 수 있다. 따라서 치료자는 이러한 전이를 설명해야 한다.	상담자는 초연한 전이적 대상인물이 아니라 따뜻한 인간적인 위치에서 내담자와 친밀한 관계를 맺는다.
환자가 그의 무의식 세계에 대해 이해하고 통찰해야 변화가 일어날 수 있다.	상담자는 무의식적 갈등이나 그 원인을 중요시하지 않는다. 내담자는 그의 행동을 무의식적인 동기로 변명할 수 없다.
환자의 행동이 옳건 그르건 간에 도덕성의 문제를 피한다. 이탈된 행동은 정신질환자의 "부산물이며, 그렇기 때문에 책임이 없다."	행동의 도덕성과 책임을 강조한다.
좀 더 나은 행동을 가르치는 것은 중요하지 않다.	적절한 개입과 더 나은 행동을 가르치는 것을 통해서 더 나아질 수 있다.

(6) 인간행동관

글라서의 현실요법에서 보는 인간은 자신과 주위 사람들이 자신을 사랑하고 가치 있게 여기면 성공적인 정체감이 발달하고 그렇지 못할 경우에는 패배적인 정체감이 발달한다는 것이다. 즉, 개인의 바람 또는 좋은 세계와 지각세계가 불일치하는 경우에 갈등이 생기면서 문제행동을 선택한다고 보고 있다. 내담자의 성공적인 정체감을 강조하는 이 접근법은, 전통적인 접근과는 달리 내담자 자신이 선택한 행동과 그 결과에 대해 책임을 지도록 한다. 내담자가 자신의 욕구를 충족할 수 있는 더욱 합리적인 행동을 배우거나 계획함으로써 성공적으로 현실을 살아나갈 수 있는 방법 탐구에 치료 초점을 두고, 궁극적으로 내담자로 하여금 자기 통제력을 키워 가도록 도와주는 것이 상담의 목표다. 상담은 주로 적극적 지지, 자기 욕구와 바람 탐색, 자기 선택 행동 점검, 자기 행동 평가, 자기계획과 교육 등을 사용한다(김인자, 1996).

3) 핵심: 치료방법과 절차

(1) 현실요법의 원리

인간이 원하는 것과 현실세계에서 지각되는 것 사이에 차이를 느끼게 되면, 갈등이 생기면서 어떤 행동을 선택하려는 동기가 생기게 된다.

따라서 자신이 원하는 것을 얻을 때까지 계속해서 어떤 활동을 하게 된다. 우볼딩(1986)은 현실요법의 전개에 적용되는 글라서의 선택이론의 원리를 다섯 가지로 요약하여 설명한다.

① 첫째 원리: 인간은 자신의 욕구(Need)와 바람(Want)을 충족하기 위하여 행동을 하게 된다. 욕구는 인간의 유전적인 속성으로 생태적이고 보편적인 것이고 유전인자 속에 지시된 것이나 바람은 특이하고 개인적인 것이다. 인간은 자신이 원하는 것을 얻으면 만족해하며 자신이 원하는 것을 때까지 계속해서 어떤 활동을 반드시 하게 된다.

② 둘째 원리: 개인이 경험하는 환경으로부터 얻어진 지각현상과 자신이 원하는 것과의 차이(좌절)는 행동유발의 원인이 된다.

③ 셋째 원리: 활동하기, 생각하기, 느끼기와 신체반응으로 이루어진 인간의 전행동(全行動)은 목적이 있다. 즉, 인간의 행동은 사람이 원하는 것과 지각한 것 사이의 간격을 줄이고자 고안된 것이다. 현실요법은 우리가 우리의 행동을 선택한다는 사실에 의거한다. 그리고 각자가 자신의 운명을 선택한다고 믿기 때문에 행동이 형성된다는 사실을 현재 진행형을 사용하여 강조하고 있다.

[예] 우울해 하고 있다. 혼란해하고 있다. 기뻐하고 있다.

④ 넷째 원리: 활동하기, 생각하기, 느끼기와 신체반응은 분리될 수 없는 행동요인들로서 개인의 내부로부터 생성되며 대부분 선택이다.

⑤ 다섯째 원리: 인간은 감각체계와 지각체계를 통해 세상을 본다는 것이다. 지각 체계에는 두 가지 보편적인 수준이 있는데, 1차 수준의 지각은 사건이나 상황에 대한 지식 정보를 내포하고, 2차 수준의 지각은 그러한 사건이나 상황에 대하여 가치를 부여한다.

우볼딩은 상담을 하기 위해 내담자들이 안고 오는 모든 불행한 이야기들은, 실제로는 내담자 자신의 선택이라는 것이다. 그러나 내담자는 자신이 고통을 선택했다는 사실을 모르고 있기 때문에 내담자가 문제를 직시할 수 있도록 상담자는 포기하지 않고 같은 질문을 반복해야 한다고 말한다. 내담자가 활동요소에 집중함으로써 바람직하고 덜 고통스러운 선택을 할 수 있도록 상담자는 도와주는 것이다 (현실요법의 적용, 1986 재인용).

(2) 현실요법의 진행절차

현실요법은 크게 두 과정, 즉 상담환경 가꾸기와 내담자를 방향 변화로 인도하는 과정으로 구성되어 있다. 상담은 이 두 과정을 조화롭게 엮어내어 내담자로 하여금 그들의 삶을 스스로 평가하고 바람직하게 방향 선택을 결심하도록 함께 작업하는 것을 의미한다.

첫째, 상담 환경 바꾸기로 상담 환경 바꾸기 하는 데서의 요령은 다음과 같다. 내담자와 친구 되기를 위해 해야 할 것.

① 주의를 기울이는 행동하기(Use Attending Behaviors): 눈맞춤, 수용적 자세, 언어적 행동, 비언어적 행동, 바꾸어 말하기(내담자의 의견을 다른 말로 표현하기)

② AB법칙 실시하기(Practice the AB-CDEFG): 내담자와의 지속적인 우호관계를 형성해 나아가는 데 도움을 준다.

- 항상 침착하고 예의 바른 것(Always Be Calm & Courteous)
- 항상 신념을 가질 것(Always Be Determined)
- 항상 열성적일 것(Always Be Enthusiastic)
- 항상 확고할 것(Always Be Firm)

- 항상 진실하기(Always Be Genuine)

③ 판단을 보류하기(Suspend Judgement): 내담자의 어떠한 행동도 일단 내담자 자신의 욕구를 충족시키려는 최선의 선택으로서 보아야 한다는 것을 의미한다. 즉, 판단하거나 비난하지 않고 1차 수준의 지각을 통하여 내담자의 행동을 이해해야 한다는 것이다.

④ 예상하지 않은 행동을 하기(Do the Unexpected): 내담자가 그의 또 다른 내적 바람을 보게 하여 잠시나마 고통을 제쳐 두도록 도와준다.

⑤ 가능한 한 건전한 유우머를 사용하기(Use Humor): 웃음은 인간의 고통을 치유하는 최상의 묘약임을 믿기 때문에 유머를 적극적으로 권장한다.

⑥ 자기스럽게 상담하기(Be Yourself): 가식적이지 않은 진솔한 모습으로 상담해야 한다.

⑦ 자기 자신을 개방하기(Share Yourself): 상담자의 진지하고 자기 개방적인 태도는 내담자의 자기 개방을 촉진시킬 수 있으나 지나친 개방은 삼가도록 한다.

⑧ 은유적 표현에 귀 기울이기(Listen for Metaphors): 내담자의 표면적인 표현 이면에 그의 진심이 무엇인지 살펴야 한다.

⑨ 주제에 귀 기울이기(Listen for Themes): 내담자들의 주제를 경청한 후 그 이야기를 확인하고 다시 반영한다.

⑩ 요약하기와 초점 맞추기(Use Summarize and Focus): 내담자의 하는 말을 경청하여 주제에 초점을 맞춰 요약해 반영한다.

⑪ 결과를 허용하거나 떠맡기기(Allow or Impose Consequences): 유능한 현실요법 상담자는 내담자가 하는 이야기 등을 요약하여 진실로 원하는 것에 초점을 맞출 수 있도록 도와준다.

⑫ 침묵을 허용하기(Allow Silence): 침묵의 의미를 파악하고 침묵도 하나의 의사표현 방법임을 인정하고 기다려 준다.

⑬ 윤리적이기(Be Ehtical): 상담자는 항상 상담자의 윤리에서 벗어나는 언행을 삼가야 한다.

(3) 금지사항

① 상담자는 내담자의 변명을 받아들이지 않도록 조심할 것(Don't Accept Excuse): 사람들은 어떠한 행동을 취하든 그 순간에는 그 행동이 최선이라고 생각했기 때문에 택한다는 현실요법에서 사용하는 가정을 이해한다면 상담자는 '왜'라는 질문을 하지 않아야 한다.

② 상담자는 내담자를 비판하거나 처벌하지 말고 논쟁하지 말 것: 내담자가 자신이 저지른 행동결과에 대한 책임을 지도록 해야 한다(Don't Punish, Criticize, or Argue: Allow Consequences). 처벌은 처벌자의 화난 감정이 개입되며 비교육적이고 내담자의 분개와 복수심을 야기시켜 내담자가 좌절하는 원인이 되기도 하므로 비생산적이다. 논쟁은 '나의 지각이 네 것보다 더 낫다'라는 것을 전제로 하고 있기 때문에 논쟁도 비판의 일종이다.

③ 내담자를 쉽게 포기하지 말라(Don't Give up Easily): 내담자를 절대로 포기하지 않고 최선을 다하는 자로서의 상담자 이미지를 내담자의 좋은 세계 안에 간직하게 하여 내담자가 필요할 때마다 꺼내 쓰기 쉽게 해야 한다.

(4) 기타 권장사항

① 사후지도: 상담이 종결된 후에도 전화상담이나 재방문으로 내담자와 계속 교류하는 것이 바람직하다.

② 자문: 상담자 자신의 일에 대한 피드백을 얻기 위해 현실요법을 받은 사람의 자문을 받아야 한다.

③ 지속적인 교육: 상담자가 내담자를 돕는 데 있어 효율성을 높이기 위해 끊임없이 상담자 자신의 성장을 위해 노력해야 한다.

4) 행동변화를 위한 상담과정(W.D.E.P)

(1) 욕구, 바람, 지각의 탐색(Want)

내담자의 질적 세계를 탐색하기 위해 내담자가 주변 사람이나 자기 자신에게 원하는 것을 알아보고 자신의 심리적 욕구 중 충족된 것과 충족되지 않은 것을 구분해 준다. 또한 내담자가 주위 사람이나 세상을 어떻게 보는지를 질문을 통해 알아본다.

① '무엇을 원하는가?'라고 질문하기: 내담자가 자신의 질적인 세계를 탐색하고, 이제까지 희미하게 알았던 자신의 바람을 확실하게 알게 한다. 내담자 마음속의 사진들이 분명하면 할수록 내담자 자신이 원하는 것을 얻을 수 있는 가능성은 더욱 높아지기 때문이다.

② '진정으로 원하는 것이 무엇인가?'라고 질문하기: 내담자의 바람을 가장 원하는 바람과 별로 중요하지 않은 바람까지 수직으로 나열해 보게 한다. 내담자의 '진정한 바람'이 무엇인가를 알아낼 때 그들이 충족시키고자 하는 욕구가 들어나게 된다. 이 질문은 어려운 작업이기는 하지만, 내담자가 성취할 수 있는 현실적인 그림을 자기 자신 안에 있는 이상적인 '사진첩'에 있는 어쩌면 비현실적인 그림과 바꿀 수 있도록 도움을 주게 된다.

③ '사람들이 당신에게 원하는 것이 무엇이라고 생각하는가?'라고 질문하기: 내담자가 자신에게 영향을 끼치고 있다고 믿는 세상을 어떻게 보는가를 알 수 있다. 주위 사람들과 내담자가 원하는 것의 일치 혹은 불일치를 알아봄으로써 내담자 자신의 마음속의 사진(바람: Want)에 내포되어 있는 기본적인 욕구가 무엇인지를 더욱 확실하게 보도록 도와준다.

④ '당신은 어떤 시각으로 사물과 환경을 바라보는가?'라고 질문하기: 내담자의 지각체계를 탐색한다. 즉, 외부세계로부터 여과된 것을 점검하는 단계이다. 상담자는 내담자가 2차 수준의 지각(가치여과기)으로 현실 상황을 보는지 혹은 1차 수준의 지각(지식여과기)으로 보는지를 묘사해 보도록 하는 동시에 내담자가 자신의 삶의 방향을 바꿀 것인지에 관해 질문을 할 수 있게 된다.

⑤ '당신은 상담자에게 무엇을 바랍니까?'라고 질문하기: 내담자가 자신이 상담 상황을 어떻게 보는지를 말하게 하며 상담자도 상담에 대해 간략한 설명을 해 준다.

- 꼭 완치된다는 어떠한 보장은 없다.
- 상담의 내용은 절대 비밀이다.
- 상세한 금전 문제를 논의한다.
- 전문직 자격을 말한다.
- 현실요법에 대한 간략한 설명을 한다.

⑥ 상담에 대한 확약 얻기: '문제를 해결하기 위해 기꺼이 노력하시겠습니까?' 또는 '당신이 원하는 것을 얻고 또한 당신이 자기 행동을 변화시키기 위해 얼마나 많은 노력과 에너지를 쏟을 수 있다고 생각합니까?'라는 질문을 통해 내담자 자신이 변화하려는 의지를 갖도록 도와야 한다.

(2) 전행동(全行動)과 행동방향 탐색하기(Doing)

전행동(全行動) 탐색하기는 상담 초기에 내담자가 어디로 가고 있는가를 알 수 있도록 도와주는 절차다. 현실요법 상담자들은 내담자가 통제할 수 있는 활동을 스스로 탐색할 것을 강조하고 있는데, 왜냐하면 내담자는 활동요소를 바꿈으로써 그가 지녔던 우울, 격분, 외로움 등의 느낌요소와 생리기능까지 변화시킬 수 있기 때문이다.

'당신은 지금 무엇을 하고 있습니까?'라고 묻는다. 내담자의 삶의 방향을 알 수 있는 전반적인 질문은 내담자와 상담자의 만남이 진전됨에 따라 보다 구체적으로 되어야 하기 때문에 상담의 총체적인 방향을 결정하는 순간순간의 독특한 구체적인 행동에 초점을 맞추어야 한다. 이 질문은 네 개의 부분으로 나뉜다.

① "당신은": 내담자가 자기 행동원인을 환경 혹은 남의 탓으로 돌리거나 변명을 하려는 활동을 중단시키는 효과가 있다.

② "무엇을": 내담자가 자신의 내면세계로 들어 갈 수 있으며, 자기 행동의 효과성에 대한 가치 판단을 하거나 자기 통제가 가능한 영역과 그렇지 않은 영역에 대해 확인해 볼 수 있는 기회를 제공한다.

③ "하고"(Dong): 전행동(全行動) 중의 활동 요소를 탐색하는 이 절차는 감정요소보다는 내담자가 선택해 왔던 활동요소에 초점을 맞추는 것이다.
④ "있습니까?": 내담자가 현재의 행동에 초점을 맞출 수 있도록 도와준다.

(3) 바람, 행동, 계획에 대한 자기평가하기(Evaluation)

보통의 가치평가는 도덕적인 윤리적인 기준에 맞추어 평가하는 것을 의미하지만, 여기에서의 평가는 개인의 행동과 욕구와의 관계를 점검해 보는 것이다. 현실요법에서 가장 열심히 되는 부분은 내담자의 행동변화를 위해 그들 스스로 자기평가를 하는 단계다.

① "당신의 지금의 행동이 당신에게 도움이 됩니까?"
② "당신이 지금하고 있는 것은 당신이 진정으로 원하는 것을 얻는 데 도움이 됩니까?"
③ "당신이 행동하는 것이 규칙에 어긋납니까?"
④ "당신이 원하는 것은 현실적이거나 실현 가능한 것입니까?"
⑤ "그런 식으로 보는 것이 당신에게 도움이 됩니까?"
⑥ "상담의 진행과 당신 인생의 변화에 대해 어떻게 약속을 하시겠습니까?"
⑦ "도움이 되는 계획입니까?"

(4) 계획하기(Plan)

이 단계는 계획과 실행과정으로서 긍정적인 행동계획과, 그 계획에 대한 약속, 과정에 대한 마무리 제언으로 이루어진다.

대부분의 내담자들은 예전에 계획하기에 실패한 경험이 있기 때문에 새로운 계획을 세우고 실행하는 데 커다란 두려움을 느끼고 있을 수도 있으므로 다음과 같은 여러 가지 사항을 염두에 두고 내담자의 진정한 바람과 욕구를 충족시킬 수 있는 계획을 수행하도록 도와줘야 한다.

① 욕구가 충족되는 계획(need-fulfilling): 상담과정에서 계획은 욕구와 결합되어야 한다. 카드놀이나 축구하는 계획을 세웠는데, 내담자가 재미있어 하지 않으면 그 계획은 무의미하고 규칙적으로 실행될 수 없다. 또한 내담자가 동의하지 않는 계획을 수립하는 것은 내담자의 소속욕구를 해치기 때문에 종종 지켜지지 않는다. 매우 우울한 사람에게 보다 나은 삶이 가능하다는 희망을 줄 수 있다면 상담자의 추진력이 내담자에게 도움이 될 수 있다. 내담자의 저항은 상담의 이전 절차로 돌아감으로써 다루어진다. 예를 들면, "정말 우울증을 극복하길 바랍니까?", "침대에 누워 있는 것이 기분을 더 좋아지게 한다든가, 우울증을 벗어나는 데 도움이 됩니까?" 등이다. 즉 내담자가 계획을 성공적으로 실행함으로써 얻어지는 단기적이거나 장기적으로 충족되는 욕구는 무엇일까에 중점을 둔다.

② 단순한 계획(simple): 이해하기 쉽고 단순한 계획이 최고이다. 여기서 단순함이란 각 개인에게 적합하게 단순해야 한다는 것이다. 심한 우울상태에 있는 내담자에게 "강변이 아름답구나!"라고 집으로 오는 도중 차를 몰고 있는 딸에게 말하는 것이 좋은 계획이 될 수 있다. 이런 계획이 아주 단순하지만 오랫동안 자신을 우울하게 하는 말과 행동만을 선택했던 이 여자에게는 우울증을 벗어나게 할 수 있는 중요한 첫 걸음이다. 심한 우울증, 반발감, 노여움, 격분 등 부정적인 감정에 빠져 있는 사람들에게는 단순한 계획이 특히 중요하다. 그들은 자신의 감정에 대해서는 무척 잘 파악하고 있지만, 자신의 행위 행동에 대해서는 잘 모른다. 따라서 자신의 행위행동에 대한 인식을 하고난 후, 단순하고 이해하기 쉬운 계획을 통해서 그들의 행동을 서서히 바꾼다.

③ 현실적이고 실현 가능한 계획(realistic and attainable): 내담자가 가진 힘에 따라 실현 가능성이 달라지므로 효과적인 현실요법 치료자는 내담자의 힘에 따라 초기 평가를 내린다.

"사소한 일에서 완벽함이 생길 수 있지만 완벽함은 사소함이 아니다."

"천 리 길도 한 걸음부터"

④ 행위를 중지시키기보다는 행위를 하도록 하는 계획(something to do; not to stop doing): 우리가 할 수 있는 모든 것은 행동이다. 즉 우리는 행동하지 않을 수는 없다. 심리적 사진첩은 부정적인 것보다는 구체적인 제시를 더 잘 받아들인다. 따라서 활동에 대한 긍정적인 계획을 세울 필요가 있다.

⑤ 행위자에 기초한 계획: 내담자가 다른 사람들이 하는 것과 무관하게 할 수 있는 계획이다. 상담자는 내담자의 통제력을 넘어서는 외부세계에 초점을 맞추기보다는 내담자에게 초점을 맞추어야 한다.

⑥ 구체적인 계획(specific): 구체적인 계획은 자세하고 명확한 계획이다. "언제?, 어디서?, 누구와?, 무엇을?, 얼마나 할 것인지?"를 묻는다.

⑦ 측정 가능하고 반복적인 계획(measurable and repetitive): 매일은 아니라도 반복해서 할 수 있는 계획이 필요하다. 내담자가 자신의 인생에 대해 책임감을 가질 수 있도록 격려하고 힘을 키울 수 있도록 매일 매일 세워져야 한다.

⑧ 즉각적인 계획(immediate): 오늘 당장 곧 실행할 수 있는 계획을 세울 필요가 있다. "당신의 삶을 변화시키기 위해 오늘밤 무엇을 하시겠습니까?"

⑨ 진행(가정)중심적인 계획(process-centered): 진행중심적인 계획은 최종 결과와는 무관하게 현실적으로 실현 가능한 내담자의 활동에 중점을 둔다.

〈표 2-3〉 행동변화를 위한 계획하기

진행중심적인 계획	결과나 목표중심적인 계획
배우자에게 세 가지 찬사를 보낸다.	배우자와 더 잘 지낸다.
20분간 산책을 한다.	우울증을 극복한다.
매일 새로운 사람을 한 사람 만난다.	새로운 교우관계를 형성한다.
매주 3번 정도 볼링을 한다.	10점까지 볼링 점수를 올린다.
아침 식사에 도너츠를 먹는 대신에 곡류(콘프레이크, 오트밀 등)을 먹는다.	8kg 정도 몸무게를 줄인다.
전화를 건다.	전화로 친구와 이야기한다.
휴가를 갖는다.	휴가 받고 쉰다.

(5) 계획에 대한 약속하기

계획하기 단계의 연장으로서 상담자가 "당신은 정말 이 계획을 실천하시겠습니까?", "하겠다고 한 대로 여기 용지에 싸인 해 주시겠습니까?" 등의 질문을 함으로써 내담자 자신이 계획을 실행하겠다고 약속을 재확인하는 단계이다.

(6) 역설적인 방법을 적용하기

글라서(Glasser)나 우볼딩(Wubbolding)은 내담자가 전혀 예상치 않은 행동을 상담과정에서 사용하는 것이 효과적이라고 한다. 이 방법은 내담자가 자기 자신이나 자기 문제를 전혀 새로운 입장에서 바라볼 수 있게 해 주며, 행동 변화를 위한 가능성이 많음을 알게 해 준다.

이 같은 현실요법의 진행절차를 요약하면 다음과 같다.

첫째, 상담 환경 가꾸기(상담의 전제)

① 친근감을 가지고 내담자의 이야기를 경청함으로써 내담자로 하여금 그들의 욕구를 충족할 수 있는 바람직한 방법을 찾는 데에 도움을 줄 수 있는 사람이라고 신뢰할 수 있게 해야 한다.
② 내담자의 과거사는 그것이 현재 상황을 설명하는 데 도움이 되지 않는 한 이야기하는 것을 허용하지 않는다.
③ 내담자의 느낌이나 신체현상을 전체행동과 분리시켜 이야기하는 것을 피한다.
④ 무책임한 행동에 대한 변명을 허용하지 않는다.
⑤ 벌하거나 비판하지 않으면서 내담자의 행동 선택에 대한 필연적인 결과를 깨닫게 한다.

둘째, 권장사항(내담자와 친구 되기를 위해 해야 할 것)

① 주의를 기울이는 행동하기(Use Attending Behaviors)
② 항상 정중하기(Always be Courteous)

③ 판단을 보류하기(Suspend Judgement)

④ 예상하지 않은 행동하기(Do the Unexpected)

⑤ 효과적인 유머를 사용하기(Use Humor)

⑥ 자기답게 상담하기(Be Yourself)

⑦ 자기 자신을 개방하기(Share Yourself)

⑧ 은유적 표현에 귀 기울이기(Listen for Metaphors)

⑨ 주제에 귀 기울이기(Listen for Themes)

⑩ 요약하기와 초점 맞추기(Use Summarize and Focus)

⑪ 결과를 허용하거나 떠맡기기(Allow or Impose consequences)

⑫ 침묵을 허용하기(Allow Silence)

⑬ 윤리적이기(Be Ethical)

⑭ 항상 신념을 갖기(Always be Determined)

⑮ 항상 열정을 갖기(Always be Enthusiastic)

⑯ 항상 확고하기(Always be Firm)

(7) 금지사항

① 변명 받아들이지 않기(Don't Accept Excuse)

② 비판하거나 처벌 또는 논쟁하지 말기(Don't Punish, Criticize, or Argue)

③ 내담자를 쉽게 포기하지 않기(Don't Give up Easily)

④ 강압하거나 공포분위기, 또는 무시하지 않기

(8) 학교에서의 현실치료 사례

① 문제 상황: 모의고사 성적이 낮다.

② 원하는 것: 수리영역과 외국어영역 성적을 올리고 싶다.

③ 계획: 하루에 수학문제집에 있는 문제를 혼자 힘으로 다섯 문제를 푼다. 영어 단어 5개씩 외운다.

④ 실천소감: 정석의 문제를 하나씩 풀어갈 때마다 내가 세운 계획을 실천하고 있다는 마음에 즐거웠다. 솔직히 영어 단어를 외운다고는 하지만 기억에 오래 남지 않아서 성공 여부를 구분할 수가 없다. 이렇게 계획을 세우고 일주일간 실천하기는 처음이었다. 꾸준히 실천해간다면 성적 향상에도 도움이 될 것 같다. 이제 어떠한 계획을 세우더라도 이 방법으로 하면 좋을 것 같다.

⑤ 새로운 계획: 수학문제 5개를 풀되 책 처음부터 다섯 문제씩 풀고, 영어단어는 반복해가면서 첫날은 5개, 둘째 날은 전날의 5개와 외울 5개를 합쳐서 외운다.

⑥ 전체 과정에 대한 소감 W.D.E.P를 알게 되고 나의 내면의 문제: 상황과 원하는 것 등을 드러내고 계획을 세우고 그 계획을 지키기 위해 노력하는 내 모습을 보게 되었다. 매번 할 때마다 느꼈던 것이지만 W.D.E.P는 나뿐만 아니라 다른 사람들에게도 자신의 내면 문제를 다시 돌아보면서 자신이 했던 행동들도 점검하고 반성할 수 있는 계기를 만들어주는 것 같다. 지난 3주간 계획들을 실천하기 위해 노력했던 내 모습이 정말 좋았다.

[문] 다음과 같은 절차에 따라 상담을 실시한 김교사의 상담기법은? (06, 중등)

- 단계 1: 김교사는 내담자인 선미가 무엇을 원하는지 그리고 상담을 통하여 무엇을 기대하는지를 물었다. 이에 선미는 급우들의 따돌림에서 벗어나 좋은 관계를 맺고 싶다고 답하였다.
- 단계 2: 김교사는 선미가 급우들에게 무슨 행동을 어떻게 하고 있는지를 탐색하였다.
- 단계 3: 김교사는 선미에게 급우관계를 개선하기 위해 얼마나 노력했는지, 급우를 대하는 자신의 행동이 얼마나 적절했는지 등을 스스로 평가해 보도록 도왔다.
- 단계 4: 김교사는 선미의 급우관계를 개선하기 위해 선미가 앞으로 실천해야 할 구체적 방안과 계획을 수립하도록 도왔다.

① 현실요법 ② 행동수정요법
③ 인간중심요법 ④ 합리·정서 행동요법

6 빅터 프랭클(Viktor Frankl)의 의미요법 상담론

1) 개요

빅터 프랭클(1905~1997)은 1905년 오스트리아의 비엔나에서 출생하여 그곳에서 성장하고 교육을 받았다. 그는 어릴 때부터 남달랐다(김영철, 2006).

그는 어릴 적부터 학교에서 조숙한 질문을 해서 선생님들을 당황시켰다. 예를 들면, 프랭클이 14세 때, 과학 선생님이 생명이란 최후의 분해에서 단지 연소의 과정에 지나지 않는다고 설명하였더니, 그는 "만일 그렇다면 인생은 무슨 의미를 가졌나요?"라고 소리를 질러 급우들을 놀라게 하였다(정태형, 1985: 106).

그는 1930년에 의학박사 학위를 받은 뒤, 비엔나 대학의 신경정신과 외래환자 진료소에서 일했다. 그리고 1928~1938년까지, 대학에서 근무하면서 청소년상담센터를 설립했다. 여기서 근본적인 의미치료(로고테라피)의 공식이 형태를 잡았다. 청소년센터에 있는 많은 환자들은 경제적 불황의 시기에 직업을 찾지 못했기 때문에 절망 속에 빠져 있었다. 프랭클은 그들에게 청년회의를 구성, 참가하는 등의 수행할 의무를 주게 되면 그것이 비록 무보수의 일일지라도 절망에서 풀려난다는 걸 발견했다. 프랭클은 그의 환자가 예지를 발견하고 그들의 편협함과 이기적인 흥미를 넘어서 부상할 수 있도록 도왔으며 보수를 받든 무보수이든 그들의 활동에서 또 다른 사람과의 관계에서 의미를 찾도록 도왔다(고병학, 2000: 40).

2년 후 프랭클과 그의 가족들은 체포되었고 아우슈비츠, 다카우 등 독일의 포로수용소에서 2년 반 동안의 생활이 시작되었다. 이때의 경험을 묘사한 책이 『죽음의 수용소에서(Man's Search for Meaning)』이다. 수용소에서 프랭클은 여동생 한 명을 제외하고는 그의 부인을 포함해 모든 가족을 잃었다.

그는 죽음을 바로 앞에 둔 수용소 생활 속에서 그가 가지고 있는 정신치료철학을 실험하였고 반영하였다. 모든 사람은 가장 제한된 상황에서도 최소한 내적으로 지탱하기 위한 마지막 자유를 보유할 수 있는 유일한 존재라는 프랭클의 신념은 강제 수용소에서 더욱 확신되었다. 수용소에서 어떤 수감자들은 생존을 위해 투쟁하는 동물로 타락하였으나, 반면에 몇몇 사람들은 다른 동료 희생자들을 도움으로써 덕망 있는 성자의 기품에 이르렀다. 그가 아우슈비츠에서 배운 교훈은 가족, 친구, 명예, 지위, 재산 등 모든 것을 박탈당했더라도 우리가 되고자 하는 어떤 것을 결정하는 자유는 그 자유를 우리가 소유한 것이 아니고 존재하는 것이기 때문에 아무도 뺏을 수 없다는 확신 안에 요약되어 있다(고병학, 1999: 45).

프랭클에게 있어서 전쟁 후 몇 년 동안은 가장 창조적이었다. 그는 비엔나 대학으로 돌아왔고 그곳에서 철학박사 학위를 받았으며, 14년 동안에 14권의 책을 출판했다. 그는 비엔나 폴리클리닉병원 신경정신과 과장이 되었고, 비엔나대학에서 정신의학 교수가 되었다. 의미치료의 창시자로서 그는 오스트리아 대령으로부터 최고의 명예 훈장을 받았고 비엔나 시장으로부터 비엔나 시 자연과학상을 수상했다. 그는 미국에서 150개의 대학교와 단과대학에서 강연하면서 50차례의 강연 여행을 떠났다. 그는 하버드, 사우스 메소디스트, 스텐포드, 그리고 두퀘슨 대학교에서 초청교수로 있었고, 로욜라 대학교, 에쥐클리프 대학(신시내티), 그리고 록포드 대학(일리노이)에서 명예박사 학위를 받았으며 프랭클은 1997년 죽었다(고병학, 1999: 46-47).

2) 빅터 프랭클의 의미요법상담이론

(1) 차원적 존재이론

프랭클은 의미추구를 지향하는 자신의 인간이해를 차원적 존재론이라고 부르는데 생물학주의, 심리학주의, 사회학주의 등의 일원론적 견해를 배제한 것이다. 이것은 인간의 영적인 차원을 규명하는 방법론에 기초한 것으로서 인간의 전체성을 강조한다. 인간은 세 가지 차원을 가지고 있는데 신체적, 심리적, 영적인 차원이 그것이다. 이것들은 서로 구별되는 특징이 있음에도 불구하고 그것들은 한 개인으로서의 인간의 단순한 차원적인 기능이며 보다 구별되는 차원을 강조한다는 것이나, 어느 요소로 집중되어 있다는 견해를 반대한다(이봉우, 1986: 22-29).

의미요법은 셋째 차원, 즉 영적 차원을 강조한다. 이것은 인간과 동물을 구별하는 인간존재의 세 가지 특징 중의 첫째이다. 프랭클은 구조의 통일성을 파괴하지 않는 질적 차이에 대한 유비로서의 기학학적 차원개념을 사용하는데 여기에서 그는 차원적 존재론의 두 가지 법칙을 제시한다(이봉우, 1986: 20-31).

첫째 법칙은 동일한 물체를 그 자체의 차원에서 그보다 더 낮은 차원으로 투영하면 그 현상은 개개의 영상들이 서로 모순되는 것처럼 나타난다.

둘째 법칙은 서로 다른 현상들을 그들 자체의 차원에서부터 그보다 낮은 차원으로 투영하면 그 영상들은 애매하게 나타난다는 것이다. 우리는 인간을 생물학적, 심리학적 차원으로 투영하면 역시 우리는 모순된 결과를 얻게 된다. 왜냐하면 그 결과가 한 경우에는 생물학적 유기체이지만 다른 경우에는 심리학적 메커니즘이기 때문이다. 그러나 인간존재의 신적, 정신적 외관들이 제 아무리 서로 모순된다고 하더라도 차원적 인간학의 견지에서 보면 이것은 인간의 통일성과 모순되지 않는다(이봉우, 1986: 31).

(2) 자유의 존재

자유는 결단하는 존재로서의 인간의 본질을 의미한다. 어떠한 상황에서도 인간은 선택할 자유가 주어져 있다. 인간의 자유는 세 가지 면에서 자유를 의미하는데 본능과 유전적 기질, 그리고 환경이다. 인간은 본능적 충동으로부터 자유로운 존재로서 이러한 심적 충동들을 긍정할 능력도 가지고 있으나 역시 부인할 능력도 가지고 있다. 또 인간은 유전적 특징에 의해 제약을 받는다 할지라도 역시 일정한 한계 내에서 자유롭다. 뿐만 아니라 인간은 어떠한 환경 속에서도 환경의 억압을 받지 않고 오히려 그 환경을 지배하며 개선할 수도 있다. 다시 말해 인간은 이러한 요인들에 의해 영향을 받지만 그는 아직 결정, 허용, 거부하는 자유가 있다. 그가 조건에서 자유롭지 못한 반면 그는 이런 조건에 대하여 어떤 입장을 취하는데 자유롭다는 것이다. 그러므로 인간은 단순히 존재하지 않으며 그의 존재가 무엇이 될 것인지 결정한다.

(3) 책임의 존재

인간의 자유는 책임성을 가지고 수행하는 한도 내에서 자유롭다. 자유 안에 인간의 존엄성이 나타나고 책임성 안에서 인간의 초월성이 나타난다. 인간은 객관적 세계 안에 주어진 기회들을 포착하고 과업을 수행함으로써 의미와 가치를 실현하고 구현할 책임이 있다. 이러한 책임성의 바탕은 양심의 현상 속에서 보며, 이 양심의 소리는 영적 무의식의 심층으로부터 인간의식의 자발적으로 나타나는 냉혹한 당위라고 선언한다. 인간은 자신의 양심과 신에게 책임이 있으며 의미요법은 환자가 충분히 이러한 자신의 책임감을 자각하도록 도우는 것이며 그 책임성을 통해 실존의 참된 본질을 보게 하는 것이다. 따라서 환자로 하여금 자신의 책임감을 충분히 깨닫게 하는 것이다. 그러나 무엇에, 누구에게 책임이 있다고 생각하느냐의 선택의 자유는 그에게 맡긴다(이봉우, 2000: 23).

3) '의미요법'의 특징과 방법

개념들에 기초를 두고 있다. 첫째, 의지의 자유이다. 의지의 자유는 결정론 대 범결정론의 문제를 포함한다. 둘째, 의미에의 의지이다. 권력에의 의지나 쾌락에의 의지 개념은 아들러나 프로이드의 심리학에 의해 이미 소개된 바 있지만 의미에의 의, 의지는 그들과는 달리 논의된다. 프랭클은 권력에의 의지와 쾌락에의 의지를 환원론 규정하고 비판하면서 로고테라피의 동기론을 설명한다. 셋째, 생명의 의미이다. 생명의 의미는 상대론과 주관론의 문제와 깊은 관계가 있다(이봉우, 1986: 5-6).

(1) 의지의 자유

의지의 자유는 인간의지의 자유를 의미하며, 인간의지는 유한한 존재의 의지이다. 인간의 자유는 어떤 상태로부터의 자유가 아니라, 어떠한 상태가 자기에게 다가오든지 간에 그것에 대해 어떤 태도를 취할 수 있는 자유이다. 인간은 놀라울 정도로 어떤 최악의 상태에서도 저항하고 용기를 가질 수 있다.

최악의 상태에서도 자신을 분리시킬 수 있는 것은 인간에게만 있는 특별한 능력이다. 인간의 이러한 독특한 능력은 최악의 상황(강제수용소)에서 영웅적 행위를 통해서만 증명되는 것이 아니라, 유머를 통해서도 증명된다. 유머(비극 vs 희극) 역시 인간의 독특한 능력이다. 유머와 영웅적 행위는 자기이탈이라는 독특한 인간능력이 있다는 것을 설명해 준다. 이러한 능력으로 인간은 자기 자신에 대한 자기의 태도를 선택할 수 있다. 인간은 자유롭게 자기 자신의 성격을 형성하며, 그래서 자신을 어떤 인간으로 만드는가에 대한 책임이 자신에게 있다(이봉우, 1986: 21-24).

(2) 의미에의 의지

사람에게 있어 의미를 찾으려는 욕구는 그의 삶에 있어서 본능적인 충동의 이차적인 합리화 작용이 아니고 근본적인 힘이 되는 것이다. 이 의미는 자기 혼자의 힘으로만 성취할 수 있다는 점에서 독특하고 특수한 것이다. 사랑과 양심은 인간의 독특한 능력이며, 자기초월 능력의 가장 두드러진 표현이다. 인간은 다른 인간을 향해서 혹은 의미를 향해서 자기를 초월한다. 의미에의 의지는 인간됨의 증거이며 오직 인간만이 의미를 추구하기도 하고 의심하기도 하며 그것들을 발견하지 못해 절망하기도 하는 것이다. 다시 말해, 의미에의 의지는 인간의 기본적인 특성이며, 또한 독특한 특성이기도 하다. 이 의미는 우주를 지배하는 원리가 되며, 그것은 우리 모두가 지향하는 삶의 중심에 있는 것이며, 삶에 대한 기본적 동기는 쾌락이나 권력 또는 물질적인 부를 발견하는 것이 아니라, 의미를 발견하는 것이라고 프랭클은 주장한다(고병학, 1999: 16-18).

프랭클은 아우슈비츠 수용소에 수감되어 있을 때 출판할 준비가 다 되어 있던 원고를 몰수당했는데, 이 원고를 다시 써야 되겠다는 염원(의미에의 의지)이 혹독한 수용소 생활을 견디게 했다고 고백한다. 의미는 존재에 앞서고 자기 초월적인 것이기 때문에 주어지는 것이 아니라 탐색되는 것이며 발명되는 것이 아니라 발견되는 것이다(이봉우, 1986: 65).

(3) 생명의 의미

의미요법은 의미를 규정하지는 못하지만 의미를 '기술'할 수는 있다. 여기서 그가 말하는 것은 인간이 어떤 것을 의미 있는 것으로 체험할 때 이러한 체험에 어떤 기성양식을 적용하지 않고 그 사람의 마음속에 일어나고 있는 바를 기술함을 의미한다. 사람은 자기의 행위나 작업 또는 창조를 통해서만이 아니라 자신의 체험, 즉 이 세상의 진·선·미와의 만남을 통해서, 그리고 타인과의 만남, 즉 자기와 똑같은 인간과 그 독자적인 성질과의 만남을 통해서 삶의 의미를 발견한다는 사실에 기인하는 것이다. 타인을 독자적인 존재로서 이해하는 것은 그 상대를 사랑한다는 뜻이다. 그러나 창조성과 수용성이 다 박탈된 상황에 있어서도 역시 인간은 삶의 의미를 성취할 수 있다. 이러한 운명에 직면할 때, 즉 절망상태에 직면할 때 바로 사람은 의미를 성취할 마지막 기회가 주어진다. 즉 가장 높은 가치도 실현하고 가장 깊은 의미도 성취한다. 그리고 그것은 고통의 의미이다(이봉우, 2000: 23-26).

생명의 의미는 주어진 상황에 있어서의 개인의 생명이라는 특수한 의미에 의해서 이해되어야 한다. 각 사람은 유일한 존재이며, 각 사람의 생명은 독자적인 것이다. 즉 아무도 대신할 수 없고, 또한 자기의 삶을 반복할 수도 없다. 이 독자성은 사람에게 책임성을 더한다. 결국 이 책임성은 삶이란 사람이 이 삶에 대한 태도에 의해 대답해야 할 물음의 연속이며 이 물음에 대해 책임을 지고 결단하고 개인에게 던져진 물음에 어떻게 대답해야 할 것인지를 결단함으로써 응답해야 한다는 실존적 사실에서 유래한다.

(4) 실존적 공허

정신과 의사들은 삶이 어떤 의미가 있느냐는 의문을 가진 환자들을 많이 만나게 되고, 이전보다 더욱 관심의 상실과 주체성의 결여라는 특징을 지닌 새로운 유형의 노이로제 환자를 대하게 되는데 환자들의 이러한 상태를 프랭클은 "실존적 공허"라 한다. 흔히 이것은 인간이 두 가지를 상실한 경우에 나타나는데, 그 하나는 인간의 동물적 생명을 둘러싼 본능적 안정감이 상실되는 경우이고, 또 하나는 예전에 인간의 생활을 지배하고 있던 전통이 상실된 경우가 그것이다. 현대에 있어 본능은 인간에게 무엇을 마땅히 해야 할 것인지 방향을 가르쳐 주지 않으며 따라서 인간은 자기가 실제로 무엇을 하고 싶은지조차 모르게 되었고, 그래서 타인이 자기에게 원하는 것에 따라 행동하게 되며 결국 자기 주체성을 잃고 동조주의에 굴복하게 되므로 심연경험을 갖게 되는데 이것이 실존적 공허의 원인이 된다(이봉우, 2000: 29-30). 이러한 실존적 공허의 대처 방안으로서 교육은 전통과 지식을 전하는 데만 전념하거나 그것으로 만족해서는 안 되며 오히려 보편적 가치의 쇠퇴에 의해서 영향을 받지 않는 독특한 의미들을 발견하기 위한 인간의 능력을 계발해야 한다. 그러므로 실존적 공허를 극복하는 방법은 가공적인 자기 관찰이나, 돈, 권력, 약물이나 쾌락으로 그것이 채워지는 것이 아니며, 의미로 그 공백을 채울 때만이 가능하다.

그러나 이것 자체가 병은 아니며 다른 원인과 더불어 신경증의 원인이 되기도 하는데 이것을 정신성 노이로제라고 부른다.

4) '의미요법'의 치료적 요소와 적용

의미요법은 정신성 노이로제의 경우에 특효가 있는 요법이며 그것의 임상적 응용은 로고테라피의 인간학적 의미에 바탕을 둔 것이다. 신경증의 최대의 소지는 예기불안인데 이것은 전에 있었던 문제가 다시 재현되지 않을까 하는 불안이다. 이러한 예기불안에서 야기되는 신경증에 대하여 프랭클은 두 가지의 기법을 제시한다.

(1) 역설지향 의미요법

이것은 인간실존의 본질적인 특성인 자기초월과 자기이탈의 능력에 기초를 두고 있다. 이것은 인간학적 원리에서 나온 것으로, 프랭클은 '정신의 반발력'이라고 불리는 힘을 통하여 심리 신체적인 평면을 초월해서 존재코자 하는 인간의 능력을 치료의 기본으로 삼는 것이다. 따라서 역설적 지향은 정신의 요법이라 말할 수 있다. 이것에 의하여 환자는 자기의 불안을 객관시하여 그것을 비웃을 수 있게 됨으로서 이때까지의 악순환을 타파하고, 신경증의 징후를 소멸시킬 수 있게 되는 것이다. 악순환을 제거하기 위해서는 신체적 측면에서만이 아니라 동시에 심리적 측면의 공격이 바로 역설지향의 임무이다(이봉우, 1986: 106). 그러나 역설지향이 단순히 신경증의 표면을 자극하는 절차는 아니며, 설득방법이나 논리적 기술도 아니다. "그것은 일어나지 않는다."가 아니라 "자기에게 그것이 일어난다."는 것을 강하게 긍정하고 오히려 그것을 바랄만큼 전투적인 자세를 가지게 권하는 것이다. 역설지향은 자기증상에 대한 환자의 태도를 변경시키고 환자로 하여금 자기 노이로제에서 자기 자신을 분리할 수 있게 하는데, 이것은 단기요법과 특별히 그 바탕에 예기불안 메커니즘을 가진 환자에게 적합하다(이봉우, 2000: 168).

(2) 반성제거 의미요법

반성제거 의미요법은 또한 심리요법의 보조수단으로서 반성제거의 기법을 사용한다. 역설지향과 함께 이것도 인간의 자기초월과 자기이탈의 능력에 기초를 두고 있는 것으로서, 과도한 반성을 제거하여 중화시키는 것인데 이것은 지나친 주의를 뜻하는 것이다. 자발성과 활동은 그것이 지나친 주의를 보이는 표적이 되면 방해를 받는다. 역설적 지향은 예기불안을 없애려고 하는 곳에, 반성제거는 기능장애를 가진 신경증적 반응에 부수되어 있는 극도의 강박적인 자기관찰이나 반성을 중화시키기 위하여 사용된다. 반성제거 기술의 목적은 환자의 주의를 그 자신으로부터 유리시킴으로써, 그의 일과 그 동료에게 향하도록 하는 것이다. 그러므로 반성제거는 본래의 징후로부터 도피가 아니고, 도리어 긍정적인 활동에의 적극적 지향을 하는 것이다(이봉우, 1986: 102-107).

결국 프랭클의 치료방법과 목표는 인간 속에 내재하는 책임과 자유를 일깨워서 삶의 의미와 연결시키는 것이다. 역설지향은 올바른 수동성과 그릇된 수동성을 일깨우는 것이고 반성제거는 올바른 능동성과 그릇된 능동성을 일깨우는 것이다.

7 에릭 번(Eric Burne)의 교류 분석 상담론

1) 개요

교류분석(Transactional Analysis, TA)이란 하나의 성격이론인 동시, 개인의 성장과 변화를 위한 체계적인 심리치료이다. 이것은 국제교류분석협회가 제안한 교류분석에 관한 정의로서 1950년대 중반 의사소통이론이 정서문제에 응용되고 집단치료가 중요한 치료방법으로 등장하면서 이에 영향을 받은 미국의 정신과 의사였던 에릭 번(Eric Burne, 1910～1970)에 의하여 개발되었다(Stewart & Joines, 1987: 1-14).

교류분석은 인간관계의 교류를 분석하는 것이다. 이런 점에서 교류분석은 인간관계가 존재하는 모든 장면에 적용할 수 있는 이론이자 기법이고, 임상심리학에 기초를 둔 인간행동에 관한 분석체계 또는 이론체계로서 '정신분석학의 안티테제(Anti-these)' 혹은 '정신분석학의 구어 판'이라고도 불려진다. 교류분석은 또 한 개인의 성장과 변화를 위한 체계적 심리치료법으로서 성격이론, 의사소통이론, 아동발달이론, 병리학이론을 포함하고 있다(우재현, 1995: 23).

교류분석의 시작은 에릭 번이 발표한 '교류분석-새로운 효과적 집단치료법'(Transactional Analysis: A New and Effective Method of Group Therapy, 168)이라는 논문을 1967년 11월 미국 집단심리치료학회 서부지회 세미나에 발표하고, 1958년 미국 심리치료학회지 12년(American Journal of Psychotherapy)에 게재함으로써 집단심리치료의 한 방법으로서 학계에 알려지게 되었다. 교류분석은 프로이드(Freud)의 사고방식과 무의식을 연구대상에서 제외하고 관찰 가능한 행동들을 연구의 출발점으로 하고 있다(Berne, 1958: 735-743).

2) 교류분석의 발달과정

교류분석의 창시자 번(Berne)이 교류분석이론을 정립하게 된 과정을 살펴보면 다음과 같다. 번은 1940년대에 정신분석가가 되기 위해 피던(Paul Federn)과 에릭슨(Eric Erikson)에게 피정신분석자가 되어 훈련을 받았는데, 특히 이 두 사람은 번의 교류분석이론 형성에 큰 영향을 주었다.

1941년 뉴욕 정신분석연구소(New York Psychoanalytic Institute)에서 번의 분석가였던 피던은 '자아상태'라는 용어를 사용하여 번으로 하여금 자아심리학과 성격의 구조에 대해 관심을 가지게 하였다. 번은 '자아상태'는 일정한 시기에 명백해지는 독특한 상태라는 피던의 주장을 받아들임으로써, 프로이드의 성격구조모델을 변화시키게 되었고, 이 후 교류분석 성격이론인 구조분석이론을 창시하는 데 영향을 주었다. 또한 번은 제2차 세계대전 기간 중 정신과 군의관으로 복무(1943~1946)하면서 경험한 집단상담을 통하여 통찰(Insight)에 대해 관심을 가졌고, 자아상(Egoimage)에 대한 개념을 발전시켰다. 특히 정신분석의 성격구조가 가설적인 구성개념(Constructs)인데 반하여 자아상은 행동의 관찰과 말의 내용을 통해 파악할 수 있음을 알게 되었다. 그 후 번은 1947년 샌프란시스코 정신분석연구소(San Francisco Psychoanallytic Institute)에서 에릭슨에게 정신분석훈련을 받던 중 성격형성과정에 있어서의 사회적 측면과 발달적 중요성을 인식하게 되었다. 이러한 에릭슨의 영향을 받아 번은 인간의 행동을 결정하는 성격구조인 세 가지 자아상태는 아동기의 경험을 통한 인식과 발달과정에서 형성된다는 이론을 정립하게 되었다.

그의 연구는 1954년에서 1958년까지 계속해서 이어지면서 자아상태의 진단 또는 구조분석, 개인 의사교류분석, 게임분석, 각본분석이라는 이론들로 발전시켰다. 번은 1956년 샌프란시스코 정신분석연구소의 회원가입이 세 번째로 거절되면서 이에 자극을 받아 정신치료의 새로운 접근법을 구축하게 된다. 그는 그해 말에 발표한 직관(Intuition)에 대한 논문에서 처음으로 세 가지 자아상태(P, A, C)에 대한 개념들을 기술하여 '구조분석'이라는 용어를 사용하였다.

그 후 1964년 『심리적 게임(Game People Play)』이라는 책이 국제적인 베스트셀러가 되었고, 정신분석과 결별한 그의 새로운 치료기법이 주목을 받기 시작하면서 ITAA를 결정하는 등 1960년대 말에 번의 이론은 완성되었다. 1970년 번의 사망 이후 교류분석은 그의 후학들에 의하여 거듭 발전되어왔다.

3) 교류분석의 발달단계

드세이 부부(Dusay & Dusay, 1984)는 이러한 교류분석의 발달과정을 4단계로 나누어서 구분하고 있다.

① 제1단계(1955~1962): 번이 인간의 성격이 세 가지 자아상태(Ego-states), 즉 P(Parent), A(Adult), C(Child)의 자아상태로 구성되어 있다는 사실을 발견한 시기이다. 이 세 가지 자아상태는 인간의 사고, 감정, 행동을 설명하는 단서로서 말과 목소리, 동작, 표정과 같은 '지금-여기에서(Here and Now)'의 현상을 통해 성격을 관찰할 수 있는 길을 열어놓았다. 이는 한 사람의 과거와 미래 문제를 예측할 수 있는 토대를 제공하였다.

② 제2단계(1962~1966): TA가 널리 주목을 받기 시작한 시기로서 두 사람 사이에서의 교류에는 세 가지 유형으로 구분할 수 있다는 것을 발견한 시기이다. 즉, 의사소통에는 세 가지의 자아 중 1개의 자아가 서로 자극과 반응을 하게 된다는 것이다. 이 시기에는 특히 표면상의 대화내용보다 이면에 숨겨진 동시가 있는 심리적 메시지도 있다는 것을 발견하게 됨으로써 심리적 게임도 분류하기 시작하였다.

③ 제3단계(1966~1970): 인생각본(Life Script)과 각본에 대한 분석이 주로 발달하는 시기이다. 인생각본은 어린 시절에 쓰이고 주 양육자로부터 강화되며 이후 겪게 되는 경험들에 의해 정당화됨으로써 결정되는 인생계획을 말한다(Berne, 1970: 120-121).

④ 제4단계(1970~현재): 1970년 번의 사망을 기점으로 한 시기로서 이 시기에는 1971년 교류분석저널이 출간되고 에릭 번 기념과학상이 제정되는 등 오늘에 이르기까지 활발한 활동이 이루어지고 있다. 특히 이 시기에 있어서 드세이

(Dusay)는 1977년 자신이 개발한 에고그램(Egogram)으로 에릭 번 기념과학상을 수상하면서 자아상태의 측정에 대한 높은 관심을 불러 일으켰다.

드세이는 에고그램에서 심리적 에너지의 양이 균형을 이루었을 때를 건강인으로 보고 각 자아상태의 에너지 수준을 높이는 자아상태 활성화기법을 개발하였다. 현재 에고그램은 임상적 진단이나 교육 및 경영조직 등의 다양한 현장에서 중요한 도구로 활용되고 있다.

4) 교류분석 이론

교류분석은 세 가지 자아상태의 구조와 기능을 중심개념으로 하는 성격이론과 이를 근간으로 하는 네 가지 분석과정에 기초를 둔 상담 및 심리치료 이론이다.
TA의 창시자 번의 사망이후 그와 그의 동료들인 Steiner(1966), Karpman (1968), English(1971), James와 Jongeward(1971), Goulding(1972), Schiff(1975), Dusay(1977) 등이 TA의 이론과 실제를 더욱 발전시켜 온 결과, 오늘날 TA는 개인의 성장과 변화를 도와주는 데 활용할 수 있는 성격이론 및 심리치료의 체계적인 이론과 방법을 제공해 주고 있으며(Ian Stewart & Vann Joines, 1987) 집단치료로서 뿐만 아니라 개인치료 및 상담의 방법으로서도 그 효과와 유용성을 인정받고 있다(Elson, 1979; Patterson, 1980).
TA의 이론체계는 크게 구조분석, 교류패턴분석, 게임분석, 각본분석의 네 가지 분석이론으로 나뉜다. TA의 성격이론인 구조분석(Structural Analysis)은 자아상태인 성격과 관련된 부분을 다룬다. 교류패턴분석(Transactional Analysis)은 자아상태를 활용하여 사람과 사람 간의 언어적·비언어적인 교류나 대화가 어떤 형태의 패턴인가를 분석한다. 게임분석(Game Analysis)은 인간의 언동이 숨은 동기를 내재하고 이중적 의사소통인 심리적인 게임을 통해서 청산에 이르는 과정을 분석하는 것이며, 각본분석(Script Analysis)은 타인과의 관계와 경험에 의하여 내리게 되는 인생초기의 결단인 인생계획을 분석하는 이론이다.

이러한 분석들의 과정에는 한 개인이 자신과 타인에 대한 기본적인 인식의 형태인 인생태도와 자신에게 주어진 시간을 어떠한 범주에서 어떻게 사용하고 있는가를 분석해 주는 시간의 구조화, 그리고 자신의 욕구와 그 욕구에 따른 상호교류에서 나타나는 긍정성과 부정성인 스트로크(Stroke)에 대한 분석도 포함하고 있다. TA는 이러한 이론들을 토대로 하여 인간관계의 교류를 분석하는 상담 및 심리치료기법이다.

교류분석은 다음과 같은 네 가지 치료원리를 가지고 있다.

첫째, 교류분석의 특징은 치료의 비신비적 내지는 사용 언어의 평화에 있다. 번은 모든 사람이 다같이 참여하여 정신과 의사가 되며 문학적인 치료사가 되기를 바랐다. 그렇게 되는 데 있어서 문제는 사용하는 언어에 있었다. 번은 다른 정신요법의 체계가 세 가지 언어를 사용한다고 보았다. 치료자가 환자에게 건네는 언어와 치료가 다른 치료자에게 건네어 주는 언어, 그리고 환자가 다른 환자에게 하는 언어가 그것이다. 그러나 교류분석은 오직 한 가지 언어만을 쓰면서 치료자가 알고 있는 바를 그대로 환자가 알기를 바란다. 이러한 한 가지 언어는 간단하고 생생한 사용하기 쉬운 일상의 언어이어야 한다고 생각하였다(김규수·류태보, 2001: 14).

둘째, 교류분석은 인간의 존엄성을 긍정하는 가치체계 위에 기초하고 있다. 인간은 변화될 수 있고 환경을 극복할 수 있다고 믿는 것이다. 그래서 인간의 기본 입장을 표시하는 네 번째 명제인 '나도 옳고 너도 옳다'는 단순한 전이적 감정이 아닌 인간의 실존에 대한 존재론적 서술이라고 한다. 이러한 과정을 교류분석은 비유적인 언어로 개구리로 변신된 왕자와 공주를 원형으로 회복시킨다고 한다. 이는 곧 인간 존재의 본래성 회복을 의미한다.

셋째, 교류분석은 본질적으로 결단적 치료라는 것이다. 모든 인간은 자신의 생활, 감정, 행동 등에 대해 책임져야 하며 또 질 수 있다는 것이다. 다시 말하면 각 개인이 지니고 있는 긍정성이 과거로부터 물려받은 부정성을 극복하고 각본으로 고착된 삶을 자유와 책임으로 재결단할 수 있다고 보는 것이다.

넷째, 교류분석의 특징은 사고와 감정과 행동의 세 차원을 조화 있게 통합하는 것이다. 즉 이러한 인간적인 본질을 유열의 개념으로 분리시키거나 중심과 주변의 관계처럼 취급하지 않고 이를 유기적인 현상학적 실제로 파악함으로써 전인치료 세계로서의 효율성을 최대한 포용한다(이기춘, 1998: 96-97).

5) 교류분석 상담방법

교류분석에서 자아론은 병리적 측면을 발견하는 데 매우 중요한 역할을 한다. 자아론이 정상적으로 기능하지 않을 때 인격의 통합의 문제가 유발되는 점에서다. 그런 점에서 자아론은 교류분석의 치료에서 기초가 되는 점이라고 해야 한다. 다음은 교류분석에서 자아론을 보이는 기본구조로 볼 수 있다.

(1) 자아상태의 기능적 체계

에릭 번(Eric Berne)에 의하면 자아상태란 '사고, 감정 그리고 이것과 관련된 일련의 행동양식을 통합한 하나의 체계'라고 한다. 개인성격구조에는 완전한 세 부분의 체계가 있다고 보고 있다. 이것은 독특하고, 독자적이며 독립적 성격으로 표현된다. 각각의 자아상태의 역할은 다른 자아상태와 별개로 분리된 영역에서 각 특성을 가지고 있다(이영심, 1999: 100).

인간의 마음은 어버이(The parent), 어른(The adult), 어린이(The child)의 세 가지 자아상태로 되어 있는데, 이것을 간결하게 표현하기 위해서 영어의 머리글자를 따서 P, A, C로 요약하여 기호화하고 있다.

인간이 이 세 가지 자아상태를 의식하지 못한다든지 그것들 사이의 균형이 무너졌을 때에는 여러 가지 문제나 갈등이 생기거나 인간관계의 문제를 일으켜 병의 발병이나 결과에도 영향을 미치게 된다.

❶ 어린이 자아상태(The Child: C)

어린이 자아상태는 독창적·직관적·반항적·유순적이며, 상대방이 부모처럼 행사할 때나 혹은 자기가 의존적이 되거나 즐거운 생각을 하고 있을 때 작용하는 것으로서 개인의 생물학적 연령에 상관없이 진짜 어린아이처럼 행동하고 말하는 것이다. 이 기능을 자유로운 어린이(Free Child)와 순응하는 어린이(Adapted Child)의 두 가지 기능적 체계로 나뉜다.

① 자유로운 어린이(Free Child): 이것은 누구에게나 구속받지 않고 자연스럽게 행동하는 부분으로 양친의 행동에 영향을 받고 있지 않다.

FC는 감정적, 본능적, 자기중심적, 적극적, 호기심, 창조성의 원천, 현실을 생각하는 일없이 즉석에서 쾌감을 구하고 고통을 피하려고 한다. 좋은 면으로는 명랑하고 사양함이 없으며 천진난만하고 화를 내더라도 오래가지 않으며 그 자리에 맞는 감정표현을 한다. 이런 점에서 C를 적절히 잘 활용하면 주위 사람에게 즐거움과 매력을 느끼게 하며 성격 중에 기쁨에 찬 가장 훌륭한 부분이기도 하다.

그러나 FC가 너무 강하면 자기 자신에 대해서 제동을 걸지 못하고 경솔한 언동을 취하는 경우가 있다. 보통 FC의 표현 형태를 보면 첫째는 '와와! 좋아! 싫어! 멋있어!' 등과 같은 여러 가지의 감탄사가 있으며, 둘째는 있는 그대로 욕구를 솔직하게 표현하기도 한다. 즉 '와! 과자가 있다. 제일 맛있는 것을 먹어 보자!' 등이 있고, 셋째는 놀이나 섹스에 있어서 자유분방한 협동이 있으며, 넷째는 공상적, 창조적인 사고나 행동을 자유로이하며 그리고 마지막으로 자기긍정 등이 있다(김규수·류태보, 2001: 56-57).

② 순응하는 어린이(Adapted Child): 이것은 자기를 예절 바르게 교육시키려고 노력하는 부모에게 순종하고 있는 부분이다. 어린이는 성장과정에서 양육자의 애정을 잃어버리지 않기 위해 자연적인 자기를 억제하고 상대방 영역 안으로 들어가겠다는 여러 가지 반응을 보이게 된다. 보통 순응하는 어린이는 순종형이고 참을성이 있어 '말을 잘 듣는 아이'에 속하며 대인관계를 원만히 끌고 나가고 있는 것같이 보이나 내부적으로는 여러 가지 문제를 가지고 있다. 감정을 억제하고, 비뚤어진다던가, 앙심을 품는다든지, 나아가서는 갑자기 화를 낸다든지 하는 것 등이다. 이와 같이 AC는 자연스러운 감정을 표현하기 어려우므로 명량성이 부족하고 어딘가 우울한 면이 있어 보인다.

순응하는 어린이의 언행을 예로 들어보면 다음과 같다. '선생님, 원하시는 대로 따르겠습니다', '여기서 특별히 저의 의견을 말하여도 아무런 도움이 안 되므로 여러 사람의 의견을 따르겠습니다', '교수님! 제출기간 안에 과제물을 제출 못해 죄송합니다', '어차피 나 같은 것은 쓸모없습니다.' 등이다. 이런 점에서 순응하는 어린이가 너무 높으면 간단히 타협이나 동의를 하지만 거기서 나타난 호의는 대부분 가짜 감정으로 그 이면에는 굴절된 공격성이 숨어 있다.

❷ 어른 자아상태(The Adult: A)

어른 자아상태는 사람들 가운데 있는 컴퓨터에 비유되는 부분으로서 A의 작용은 사실중심으로서 관찰하고 자료를 수집하고 정리하고 통합하려는 것으로 본다. 무슨 문제가 일어났을 때 적절한 해결책을 찾으려고 하려는 것으로 본다. 이를 위해서는 행동으로 옮기는 냉정한 계산에 의해서 가능하다. 교류분석에서는 가끔 어른 자아상태에 의해서 인격적 통합이 나타나기도 하며 지적으로는 적용 능력이 풍부해서 현실검증(reality testing)을 할 수 있는 능력을 갖고 있다. 그러나 어른 자아가 너무 강하면 감정을 나타내지 않는 인간미 없는 타산적인 사람으로 여겨진다.

어른 자아상태를 구별하기 위한 실마리를 기술해 보면 다음과 같다. 다각적으로 사물을 관찰하고 평등하고 공평하게 평가해 보려는 태도를 가진다. 예를 들면 찬반의 양론을 듣는 것이다. '반대자나 결석자의 행동이나 의견을 잘 조사하고 나서 결정하도록 하자', '상대방의 의도는 어디에 있을까에 대해 좀 더 자세히 확인해 보자.' 등이다. 또한 정보의 수집, 원인의 추궁을 목적으로 하는 질문을 던진다. 그리고 일하는 중에 올 수 있는 냉정하고 능률적인 상태를 견지한다. 예를 들면, 민첩하게 진행되고 있는 수술 중에 있는 의사와 간호사 등의 진료팀에서 볼 수 있다.

❸ 어버이 자아상태(The Parent: P)

어버이 자아상태는 양친과 자기를 길러 준 양육자들의 생각, 행동, 느낌을 채택한 부분으로 아직도 자기에게 영향을 주는 말이나 동작이 내포되어 있다. P의 기능에는 징벌과 제한을 가하는 비판적 어버이(Critical Parent)의 부분과 남을 보살펴 주는 양육의 어버이(Nurturing Parent) 부분이 있다.

① 비판적 어버이(Critical Parent: CP): 이것은 주로 비판, 비난, 정책, 양심 등 모든 어린이들이 살아가기 위한 규칙을 가르쳐주며 엄격한 면을 나타낸다. 그리고 비판적 어버이가 너무 강한 사람은 명령, 지시 등 자기와 가치관을 강요하고 지배적 언행, 책망하는 일이 많으며 상대방의 아동자아에 위협을 가하여 창조적인 작용에 제한을 가한다. 그리고 비판적 어버이는 자기의 신념에 의하여 '아니다'라고 말할 수 있는 장점도 있으며 일반적으로 이 비판적 어버이가 강한 사람과 접하게 되는 사람은 위압적이고 자신 과잉형의 불쾌한 성격의 사람으로 보게 되며 관계를 멀리하고 싶어 한다.

이상과 같이 비판적 어버이는 사실 중심의 성인 자아의 평가를 받지 않는 것이 특색이며 종교, 정치, 전통, 성별 등에 의해서 자기생각에 의거한 판단을 설정하게 된다. 비판적 어버이가 작용하고 있는 예를 들면 다음과 같다. '손님 전송을 앉아서 하다니 말도 안 된다', '새로운 간호사는 아주 엄격히 훈련시키지 않으면 안 된다', '이렇게 제멋대로 한 것은 틀림없이 S양이 한 걸 거야', '의사가 지시한 대로 지켜주지 않으면 병이 낫지 않습니다.' 등이다.

② 양육적 어버이(Nurturing Parent: NP): 양육적 어버이는 어린이의 성장을 도와주는 어머니 같은 부분으로써 동정적, 보호적, 양육적이며 상대방이 도움을 필요로 할 때 부모처럼 보살펴주고, 따뜻한 말을 해 준다. 그러나 그 정도가 지나치면 상대방으로부터 자신감을 빼앗는 결과를 초래할 뿐만 아니라 수다스러운 사람으로 업신여김을 당할지도 모른다. 또한 NP는 가정, 직장에서의 원만한 인간관계를 맺기 위한 촉진자의 역할을 하며 상대방의 자립, 성장에 깊이 관여하고 있어서 타인의 감정을 깊이 공감할 수 있는 능력이 있다.

양육적 어버이의 예를 보면 다음과 같다. '피곤하지? 중환자 간호하느라고 수고 많았다. 차나 마시면서 좀 쉬었다가 하도록 해', '계속 일이 잘 되기 위해 주의를 환기시켰을 뿐이야. 달리 생각하지 말아라', '기분이 좀 어떻습니까? 오늘은 기운이 있어 보여 참 좋아 보이는군요.' 등이다. 양육적 어버이는 치료자에게 있어서 요구되는 가장 기본적인 요소이다.

(2) 자아상태의 특성

각 자아상태의 특성을 기능별로 나누어서 다음의 <표 2-4>와 같이 그 성질을 정리, 요약하면 같다.

〈표 2-4〉 **자아상태의 기능별 특성**

P의 성질	
CP(비판적 어버이)	NP(양육적 어버이)
이상	동정
양심	위로
정의감	공감
권위	보호
도덕감	관용
(비난, 질책)(강제)(권력)	(과보호)(응석부림)(묵인)(참견)
A의 성질	
지성, 이성	
잘 살아가기 위한 적응수준	
컴퓨터, 정보수집	
냉정한 계산, 현상분석	
사실에 의거한 판단, 분석적 사고	
(과학에 대한 맹신)(자연무시)(자기중심적)(물질만능주의)	
C의 성질	
FC(자유로운 어린이)	AC(순응하는 어린이)
천진난만	인내
자연스럽게 대함	감정의 억제
자유로운 감정의 표현	감정의 억제
직관적	실종
적극적	타인의 기대에 따르려고 함
창조의 근원	착한 아이
(충동적)(방종)(방약무인)(무책임)	(주체성 결여)(소극적)(자기속박)(적개심보존)

(3) 자아상태의 자각 포인트

다음 <표 2-5>는 각각의 자아상태를 말, 소리(소리의 상태), 자세(동작, 표정, 제스처), 대인반응(태도, 준비태세)으로 나누어 자아상태의 자각 요점을 정리한 것이다.

〈표 2-5〉 **자아상태의 자각 포인트**

	말	소리 (소리의 상태)	자세 (동작, 표정, 제스처)	대인반응 (태도, 준비태세)
CP	안돼, 바보야 당연히...해야지 하지 않으면 안돼 속담, 격언 인용	설교조 비판적, 단정적,위압적, 권위적, 강요적	시비조, 실수를 지적, 걱정한다 존대, 무시한다	나는 OK이다 너는 OK가 아니다 무시, 경시
NP	...해줄게 맡겨 놓으십시오 잘되었군 알았어요	동정적, 부드럽다, 염려없어요, 순하다	껴안아 준다 어깨를 두드린다 스킨십	남을 잘 도와줌 수용력, 이해력 풍부, 유순, 포용력
A	무엇이... 어디서 누가...언제 왜? 얼마나... 구체적으로 말하면	침착한 목소리 냉정, 기계적 일정한 음조	대화간격이 알맞다 주의깊게 듣는다	사실 중심주의 이론적, 합리적, 객관적, 설명적, 타산적
FC	와아. 아아.... 좋다, 싫다 ...을 갖고싶다 ...을 하고싶다	유희적 감정적 개방적, 자유	자유로운 감정표현, 자발적, 활발	나도 OK 당신도 OK 본능적, 직관적 순하게 응석
AC	...해도 좋습니다 어차피 나같은 것은 ...할 작정이다 아니 괜찮습니다	힘없이 중얼거리는 우물쩡거리는	안색을 살핀다 착한아이, 불안, 공포, 증오	나는 OK가 아니다 타율적, 의존적, 굴절된 응석, 자학적, 자기 애착

6) 교류분석 상담이론의 적용

에릭 번(Eric Berne)에 의하면 인간은 5세 또는 6세가 되면 P-A-C의 상태가 형성되고, 이 상태가 일생동안 결정적인 영향을 준다. 삶의 입장도 이 시기에 형성된다. 어린 시절의 신체적 욕구와 심리적 차질을 경험하면서 고정된 결단이 곧 삶의 입장과 내용이 되는 것이다.

교류분석에는 빈도와 가능성이 높은 네 개의 삶의 입장이 있다. 삶의 입장에 대한 형성 및 발전 단계에 대해서는 학자마다 이견이 있으나 해리스(Thomas Harris)는 그 순서를 다음과 같이 배열하고 있다.

- 나는 틀렸고 너는 옳다(I'm Not OK-You're OK).
- 나도 틀렸고 너도 틀렸다(I'm Not OK-You're Not OK).
- 나는 옳고 너는 틀렸다(I'm OK-You're Not OK).
- 나도 옳고 너도 옳다(I'm OK-You're OK).

해리스에 따르면 어린아이는 생후 2년 말에서 3년 사이에 첫 번째부터 세 번째까지의 삶의 입장 중 어느 하나로 결정지어진다. 어린아이는 생후 첫 1년 동안의 경험에 기초하여 잠정적으로 '나는 틀렸고 너는 옳다.'의 입장을 결정한다. 그 후 2년째 말까지 이런 입장이 더욱 확고하게 굳어지거나 두 번째 혹은 세 번째의 입장으로 변경되든지 한다. 후에 본인이 의식적으로 그 입장을 네 번째의 입장으로 변화시키지 않으면 그 입장은 일생동안 머물러 있게 된다.

(1) 〈나는 틀렸고 너는 옳다〉의 입장

"나는 틀렸고 너는 옳다"고 하는 자세는 모든 사람들의 생애에 있어서 가장 중요한 결단이다. 태어나서 최초로 내린 이 결정은 어떤 새로운 결단에 의하여 변화할 수 있지만 그것이 이해되지 않으면 평생토록 변화되지 않기 때문이다. 갓 태어난 어린아이는 전적으로 부모에게 의존되어 자라면서 연약한 자신에 대해서는 "나는 옳지 않다"라고 단정하는 반면에 옳음과 배고픔 등 일체의 문제를 해결해 주는 그의 부모에 대해서는 "네가 옳다"라고 단정한다.

눈치꾼(AC)이 발전된 이 같은 입장은 내향적이다. 다른 사람과 비교해서 무력감(열등감)을 느끼는 사람들이 공통적으로 취하는 입장이다. 퇴행, 의기소침, 자살충동 등은 이러한 입장에서 유도된다.

(2) 〈나도 틀렸고 너도 틀렸다〉의 입장

이것은 무용론적 입장이다. 삶의 의미를 상실하고 정신분열 증세를 보이거나 자살 및 타살의 충동을 느끼게 하는 삶의 입장이다. 어린아이가 생후 1년 말쯤 되면 걷기 시작한다. 이렇게 유아시절을 벗어나면서 어린아이는 점차 육체적인 격리감을 경험하게 된다. 동시에 부모의 일방적이고 긍정적인 보살핌도 사라진다. 부모는 무조건적인 스트로크보다는 비판적이고 부정적인 스트로크를 주게 된다. 이렇게 어려운 상태가 생후 1년째의 생활동안 아무런 위안 없이 계속될 때 그 어린아이는 "나도 틀렸고 너도 틀렸다"는 입장이 된다. 이런 경우에 A(Adult)의 발달은 중단된다. 이런 입장에서 어떤 사람은 자포자기한다. 거기에는 희망이 없다. 단지 살아갈 뿐이다. 극단적인 퇴행적 상태에서 정신병원에서 일생을 마치게 될지도 모른다.

한편 "나도 틀렸고 너도 틀렸다"는 입장이, 생성된 입장으로서가 아닌 주도적인 입장으로 기능 작용을 하게 되는 경우에 자폐적 어린이가 된다. 자폐적 어린이는 심리적으로 아직 태어나지 못했다고 할 수 있는 상태로 남아 있는 것이다.

(3) 〈나는 옳고 너는 틀렸다〉의 입장

이것은 투사적 입장이다. 자신의 실수를 남에게 전가시키고 희생이나 박해를 당했다는 기분으로 삶을 산다. 비행자와 범죄자들은 주로 이런 입장에서 산다.

이 세 번째 입장은 첫 번째와 두 번째 입장에 대해 역설적인 관계를 맺고 있다. "나는 틀렸다"가 어떻게 "나는 옳다"로 변할 수 있는가? 해리스는 자극 스트로크에 의해서 이것이 가능하다고 본다. 예를 들어 어린아이가 심한 상처나 질병으로부터 회복이 되거나 "차라리 죽어 버려라"와 같은 저주를 견디어 냈을 때 일종의 저항력이 형성된다.

이렇게 되면 스트로크 없이도 생존할 수 있는 자신감이 생겨 다른 사람들이 주는 스트로크를 거부하게 된다. 이것이 바로 자극 스트로크의 원인이 된다. 다른 사람들이 주는 스트로크를 거부하게 되면 자신을 성취할 수 있는 기회가 차단되고 양심 부재의 현상이 일어난다. 이런 입장에 있는 사람들은 자신들이 무슨 일을 해도 자기들이 옳다고 확신하며 어떤 상황에서도 전체적인 잘못을 타인에게 그 원인이 있다고 생각한다. 이런 현상이 심화되면 살인까지도 정당화하게 되고 살인의 이유를 사회나 환경의 요인에 전가시킨다. "가까이 오라, 그러면 내가 그것을 갖도록 해 줄 수 있다"고 하는 라포게임은 이런 입장의 소산이다.

(4) 〈나도 옳고 너도 옳다〉의 입장

이것은 발전적 입장이다. 여기에는 희망이 있다. 앞의 세 가지 입장들이 생의 초기에 형성된 것으로 무의식적인데 비해 이 네 번째 입장은 의식적이고 언어적인 결정이다. 이런 점에서 여기에는 그 자신과 타인들에 관한 보다 광대한 양의 정보를 포함하고 있을 뿐만 아니라 종교나 철학의 추상적인 개념 속에 있는 미경험의 가능성들의 복합된 내용들을 포함하고 있다. 다시 말하면 앞의 세 입장은 감정(feeling)에 기초되어 있고, 이 네 번째 입장은 사상, 신앙 그리고 모험적인 행동에 근거하고 있다. 세 번째까지의 입장은 '왜'와 관계가 있으나 이 네 번째 입장은 '왜 그렇지 않은가?'와 관계가 있다.

이런 의미에서 "나도 옳고 너도 옳다"의 입장은 기분의 축적인 감정이 아니고 반성에 의한 하나의 자세이다. 그렇다고 이 입장이 P(Parent)나 C(Child)에 의해 형성된 결단을 말살시키는 것은 아니다. A(Adult)의 작동에 의해 교류상의 OK 결과들을 수집하고 평가하고 통합한 행동으로 과거의 경험을 재해석함으로써 입장의 변화를 가져오는 것이다.

"나도 옳고 너도 옳다"는 입장은 정신적으로나 육체적으로나 건전하고, 사물을 건설적으로 대하는 타 존재의 의미를 충분히 인정하는 입장이다.

자체적으로 치료에서 인간이해는 매우 중요한 의미를 가지고 있다. 인간이해는 단순히 인간의 바람직한 상을 원하는 것이지만, 이는 다시 그렇게 되지 못하는 상태에서는 병리관을 가능하게 만들고, 이어서 그것을 바람직하게 만들려는 노력에서는 치료관을 만들어낸다는 점에서다.

인간은 사회적 존재이며, 인간관계적 존재이다. 인간은 태어나서 죽을 때까지 끊을 수 없는 복잡한 인간관계의 망 속에서 생활한다. 가정, 사회, 학교, 교회, 직장 등 모든 생활 현장에서 여러 형태의 인간관계를 맺는다. 만족스럽고 효과적인 인간관계의 경험은 개인에게 건전한 인격적 발달과 정체감 형성에 긍정적인 영향을 주지만 불만스럽고 비효과적인 인간관계는 정신질환 발생의 근원이 되며 우리의 성장과 발달에 부정적인 영향을 미친다. 인간행동의 대부분이 개인의 상호작용을 바탕으로 한 대인관계적 행동이라는 측면에서 볼 때, 대인관계에 초점을 두고 인간을 이해할 필요성이 있다.

대인관계에서 빼놓을 수 없는 부분이 바로 성격이라고 할 수 있는데, 다른 사람의 성격을 이해하고자 하는 노력의 일환으로 성격에 대한 연구가 발달해 왔다고 해도 과언이 아니다. 인간관계에서 중요한 것은 자신을 정확하게 파악하는 것이다. 다시 말해 자신에 대한 정확한 이해를 토대로 타인과의 상호작용을 수행하고, 나아가 자신을 바람직한 방향으로 변화시켜 나갈 때 효율적인 인간관계가 이루어질 수 있을 것이다. 상담심리학에서는 내담자의 의사결정을 돕고, 심리치료에 관한 유용한 정보를 끌어내기 위한 목적으로 다양한 심리검사를 활용한다. 그 중 성격검사는 치료적 목적뿐만 아니라 대인관계 능력향상과 경력개발을 위한 교육적 목적에도 사용되고 있다.

인간관계란 두 사람 혹은 그 이상의 사람들 상호 간에 일어나는 역동적이고 상호 복합적인 과정이라고 볼 수 있다. 인간은 태어나면서부터 인간관계 속에 던져지며 인간의 삶은 인간관계 속에서 펼쳐진다는 점에서다. 삶 속에서 우리가 해결해야 할 주요한 과제는 함께 살아가야 할 여러 영역의 사람들과 불필요한 갈등 없이 친밀하고 협동적인 인간관계를 형성함으로써 우리의 삶을 풍요롭게 행복하게 만들어 나가는 일이다.

인간관계라는 용어가 하나의 학술 용어로 대두된 것은 1930년대 미국의 전화기 제조회사인 호손(Hawthorne)공장에서 이루어진 소위 호손실험에서 시작됐다. 이 실험은 1924년에 시작되어 1932년까지 4차례에 걸친 실험을 통해 인간의 형태가 외적 여건보다도 내적 요소에 의해 작용된다는 인간관계론의 실험적 기초를 마련해 주었다. 이러한 인간관계에 대한 학자들의 정의를 살펴보면 다음과 같다.

- 인간관계는 개인이 조직의 구성원으로서 상호 생산적이고 협동적 관계로 유지될 수 있도록 경제적, 심리적, 사회적 욕구를 만족시키면서, 조직 전체의 상황에 통합시키는 작용이다.
- 인간관계는 다른 사람과의 상호작용이며 그것은 서로의 수용과 성장을 촉진하면서 자신과 다른 사람을 보다 잘 이해하게 한다.
- 인간관계는 사회에 적응하는 기술이나 능력이다.
- 인간관계는 일정한 집단 내에서 진실한 휴머니즘에 기초를 두고 집단의 협동관계를 구축하는 방법, 기술, 관점이다.

이상에서와 같이 인간관계는 인간적 요인에 역점을 두는 관리기술과 관리방법, 적응능력과 기술, 인간 간의 상호작용 등 다양한 의미를 내포하고 있다.

인간관계란 상호 간의 관계를 의미하는 것으로서, 서로에 대한 관심과 정보에 기초하여 타인과의 관계에서 이루어지는 사회적 상호교섭의 과정을 말한다. 즉, 사회적 상호교섭과정은 개인의 욕구를 충족시킬 수 있는 통로이며, 이러한 과정을 교류분석에서는 의사거래의 과정으로 보고 있다.

교류분석은 인간관계의 기본수단인 대인 간 의사소통의 과정을 설명함에 있어서 일련의 의사거래들을 통하여 성립되는 것으로 분석하고 의사거래자극과 반응의 연쇄적 상호작용의 과정으로 본다. 또한 교류분석에서는 의사거래자극이 어떠한 것이며 그것을 어떻게 지각하고 반응하느냐에 따라 인간관계의 문제, 즉 의사소통의 성질이 좌우된다(이성태, 1996).

HAPTER 03

상담의 과정별 방법

1 상담의 과정

상담의 과정을 상담이론적 기반과 기법에 따라 적용하는 단계는 각각 차이가 있다. 클라라 힐과 카렌 브라이언(Clara Hill & Karen Brien)은 탐색과 통찰, 실행의 3단계로 나누었다. 내담자가 그들의 사고와 감정 그리고 활동을 탐색하는 것을 돕는 탐색 단계, 내담자들이 사고, 감정, 행동을 이해할 수 있도록 돕는 통찰 단계, 내담자들이 탐색과 통찰의 기초 위에 어떠한 행동을 할 것인지 결정하도록 돕는 실행 단계가 그것이다(박준섭, 2014 재인용).

이 같은 단계별 상담과정에 대한 각 연구자 관점마다 다소 차이가 있는데 천성문 외(2009)는 상담의 과정을 초기, 중기, 종결의 세 단계로 구분하였다. 상담의 초기 단계에는 내담자가 가지고 온 문제를 이해하고 평가한 후에 상담목표를 세워 구체적으로 개입을 시작할 때까지로 보았다. 중기 단계는 내담자 자신의 문제에 대한 심층적 탐색과 통찰이 이루어지면서 문제가 해결되는 단계로 심층적 공감, 감정의 반영, 재진술, 직면, 즉시성의 활용, 해석 등의 상담기법이 많이 사용됨을 강조하였다. 종결 단계는 통찰을 바탕으로 현실생활에 적용할 수 있는 새로운 행동을 시험하고 평가하는 단계로 보았다.

홍경자(2001)는 상담과정을 상담관계를 수립하고 이끌어가기, 내담자의 현재 상태와 미래의 꿈을 밝혀주기, 내담자의 문제점을 풀어나가기, 내담자를 발전과 변화로 인도하기, 상담관계 마무리하기로 보았다.

강신덕 외(1998)는 관계 맺기, 변화전략 세우기, 변화 촉진, 변화의 유지, 종결기로 상담의 과정을 보았다. 바메르(Barmmer, 1973)는 상담의 전 과정을 통하여 서열성을 갖는 8단계를 제시하였다. 준비의 시작, 명료화, 구조화, 관계심화, 탐색, 견고화, 계획, 종료의 8단계이다.

이장호(1998)는 상담의 과정을 7단계로 보았다. 문제의 제시 및 상담의 필요성에 대한 인식, 촉진적 관계의 형성, 목표설정과 구조화, 문제해결의 노력, 자각과 합리적 사고의 촉진, 실천행동의 계획, 실천 결과의 평가와 종결이다.

골란(Golan, 1978)은 위기개입의 상담 단계를 초기 단계, 중기 단계, 종결 단계로 나누었는데 이를 보면 다음과 같다.

2 초기 단계

상담의 초기 단계는 내담자 및 내담자가 호소하는 문제를 이해하고 상담목표를 수립하는 단계다(천성문 외, 2015: 332-345).

① 접촉을 한다.
② 위기가 있는지 없는지 확인한다.
③ 현재상태가 어떤지 파악한다.
④ 상담자와 내담자가 이행할 작업계약을 세운다.

이 같은 단계별 상담 내용을 바탕으로 탐색 단계, 통찰 단계, 실행 단계별 내용을 살펴보면 첫째, 탐색 단계에 있어 상담자들은 내담자들과 소통이 원활하도록 하고 상담관계를 발전시킨다. 그리고 상담자들은 내담자들이 자신의 이야기를 하도록 용기를 북돋아주며 상담자들은 내담자들이 사고와 감정을 탐색할 수 있도록 격려한다. 또한 상담자들은 내담자들과 감정의 각성을 촉진시키고 상담자들은 내담자들의 관점에서 내담자들을 더 잘 알 수 있도록 알려준다.

둘째, 통찰 단계로 상담자들은 내담자들과 함께 새로운 통찰과 이해를 구축할 수 있도록 노력한다. 또한 상담자들은 내담자들이 그들의 생각과 감정을 행동 속에서 규칙과 규범을 결정할 수 있도록 용기를 북돋아 준다. 그리고 상담자들은 상담관계에 있어서 발생하는 문제에 대해 내담자들과 함께 작업한다.

셋째, 실행 단계로 상담자들은 내담자들이 가능한 새로운 행동을 탐색할 수 있도록 용기를 준다. 또한 여기서 상담자들은 시도된 변화에 관한 피드백을 제공한다. 그 밖에 상담자들은 변화에 측정하고 행동계획들을 수정하도록 내담자를 돕고 상담자들은 변화에 관한 과정을 돕는데 그 하위 진행내역을 보면 다음과 같다.

① 문제의 제시 및 상담의 필요성에 대한 인식으로 내담자에게 자신의 걱정거리, 문제, 찾아온 이유를 말하도록 한다. 특히 청소년 내담자들은 문제에 대한 책임감을 회피하고 남을 비난하거나 자신이 운명의 피해자란 느낌에서 전문적인 상담의 필요성을 느끼지 못하는 경우가 있다. 그러므로 문제의 배경 및 관계요인을 토의한 후 내담자가 상담과정에 적극 참여하도록 하는 것이 중요하다(이장호, 1998).

② 촉진적 관계의 형성으로 솔직하고 신뢰할 수 있는 관계를 형성하는 것이다. 청소년상담과정에서 촉진적 관계를 형성하기 위해서는 청소년상담자는 내담자를 공감적으로 이해하고 무조건적으로 존중하며, 경청하며, 진솔한 태도를 가지도록 한다.

③ 목표설정과 구조화로 목표를 설정하고 그것을 달성하기 위해 내담자와 함께 노력하는 단계이다. 내담자들은 흔히 상담자가 자신의 문제를 해결해 주기 바라거나 문제에 대한 해답 및 행동방향을 제시해 줄 것을 기대한다. 내담자가 상담에 대해 확실한 인식을 함으로써 상담의 진행과정에 대한 두려움이나 궁금증을 줄일 수 있다.

④ 문제해결에 대한 노력으로 문제에 관한 내담자의 감정표현을 촉진하고 제시된 문제를 다시 구체적으로 정의한다. 문제해결의 시작은 내담자가 자신의 문제를 그것과 관련된 정서로 표현하는 것이다. 이 과정에서 현재의 '문제행동'과 바람직한 '목표행동'에 대한 내담자의 자각과 문제해결과정에서의 실제 노력을 촉진하는 것이 필요하다.

⑤ 알아차림과 합리적 사고의 촉진으로 알아차림은 자신의 모습과 중요한 사람들과의 관계 그리고 과거의 주요 경험 등에 대하여 과거와는 다른 새로운 시각에서 볼 수 있게 되는 것을 말한다. 내담자는 상담의 목표에 도달하기 위해 필요한 자기이해와 합리적 생각을 갖출 때까지 상담에 적극적으로 참여해야 한다.

⑥ 실천 행동의 계획으로 알아차림과 합리적 사고의 달성만으로 끝나는 것이 아니다. 실제로 상담 중에는 앞으로의 생활이 긍정적이고 합리적이며 모든 문제가 잘 해결될 것이라 느낀다. 그렇지만 실제 생활에 부딪쳤을 때는 당황하는 경우가 많다. 따라서 이 단계에서 이루어야 할 목표는 내담자로 하여금 일상생활 속에서 실천할 수 있도록 내담자의 구체적인 행동 절차를 협의하고 세부적이다.

⑦ 평가 및 상담의 종결로 상담의 성과를 평가하고 종결하는 단계이다. 상담을 종결할 때에는 내담자와 상담자가 서로 합의하여 내담자의 상태와 목표달성 정도 등을 고려하여 신중하게 해야 한다. 내담자가 종결을 원하더라도 상담자가 보기에 불충분하다고 판단될 경우에는 종결을 유보하는 것이 바람직하다.

상담은 종결되기 2~3회 전에 내담자에게 권유하는 것이 좋다. 상담의 종결이 자기를 배척하는 것으로 생각하는 내담자에게는 사전에 종결을 고지해야 한다. 언제라도 다시 찾아올 수 있게끔 추후상담을 제시해야 한다.

전체적으로 상담의 과정을 내담자의 심리적인 문제를 해결하고 건강한 생활을 돕기 위한 초기 단계, 중기 단계, 종결 단계로 나누어 설명하기도 한다. 초기 단계에는 ① 상담접수, ② 상담관계형성, ③ 상담의 구조화, ④ 사례개념화, ⑤ 목표설정 및 전략을 다루고, 중기 단계에는 내담자의 자기 탐색과 통찰을, 종결 단계에는 내담자의 문제해결 정도와 일상생활에서의 적용 정도와 종결에 대한 과제, 추수지도 등을 다룬다.

1) 상담관계의 형성

상담자와 내담자 간에 서로 신뢰 있는 관계를 형성하는 것은 상담효과에 영향을 미친다. 능숙한 상담자는 상담관계의 중요성을 잘 인식하여 내담자를 만날 때 상담자의 개인적 특성과 상담 경험을 살려 자기만의 스타일로 내담자와 신뢰 있는 관계를 형성해 나가야 한다.

신뢰 있는 상담관계는 적절한 사회적 기술에서 출발한다. 먼저 상담자는 내담자와 인사를 나누고 내담자에게 자리를 앉도록 권유하고 내담자의 행동과 태도, 현재 상태가 어떠한지를 면밀히 탐색한다. 누구든지 모르는 타인과의 첫 만남이 자연스러울 수는 없으므로 내담자가 많이 불안해하고 불편해하면 가벼운 사회적인 대화로 이야기를 나누어 불안을 덜 수 있다. 하지만 그것은 불안을 덜기 위한 가벼운 대화일 뿐 대화의 중심이 되어서는 안 된다. 오히려 가벼운 사회적 대화 없이 상담을 받으러 온 이유를 바로 질문하는 것이 내담자를 더 돕는 과정이 될 수도 있다. 무엇을 먼저 질문하고 파악해야 하는가는 정해져 있지 않다. 다만 내담자의 비언어적 행동과 정서적 상태를 상담자가 파악하여 그에 따라 질문할 뿐이다. 또한 상담자는 상담과정에서 일어나는 의례적인 질문을 하는 사람이 아니라 내담자에 대한 인간적인 관심을 가지고 있다는 것을 확실하게 전달하는 것이 중요하다. 그러기 위해서 상담자는 자세를 내담자 쪽으로 기울이며 표정이나 자세 등 온몸으로 내담자의 말을 경청하고 있다는 것을 표현해야 한다. 그리고 질문을 했을 때는 내담자가 생각을 정리하여 대답할 수 있도록 충분히 기다려 주고 되도록 내담자의 생각의 흐름을 방해하지 않도록 말을 끊지 않는다. 이러한 행동을 관심 기울이기 혹은 적극적 경청이라고 한다. 관심 기울이기를 통해 내담자는 상담자가 자신의 말을 경청하는 것이 단순한 상담자의 역할을 수행하는 것이 아니며 상담자가 한 인간으로서 내담자인 자신에게 관심을 가지고 자신의 심정을 이해하고 존중하려는 태도임을 알게 된다(천성문 외, 2015: 333).

그런데 상담 초기 이루어지는 관계형성은 상담과정에서 상담을 지속시키는 데 결정적이지만 그렇다고 한번 형성된 관계가 계속 고정되고 유지되는 것은 아니다. 오히려 생동감 있게 서로에게 상호작용하듯 역동적으로 점점 진화해 가는 과정으로 발전해 나간다. 즉, 상담자와 내담자는 촉진적이고 신뢰 있음을 바탕으로 함께 공동의 합심하는 관계를 형성하고 이후 상담과정의 변화를 경험하고 체험을 유도하여 성숙을 향해 더욱 더 달려 나갈 수 있게 된다. 그리고 상담을 위해 필요한 물리적 공간 및 접수를 위해 상담실은 필히 방음 장치가 되어 있는 곳이어야 하고 말소리가 새어 나가서는 않되며 외부의 소음이 들려서도 안 된다. 필요에 따라 녹음시설, 비디오 녹화 시설 등이 설비되어 있을 수도 있다. 이외에도 필기도구, 티슈, 거울 등을 준비한다(박준섭, 2014: 249).

대기실은 스스로 서비스할 수 있는 차 등의 음료가 준비되어 있으면 심리적 안정과 정서적으로 편안함을 느낄 수 있고 접수실은 내담자가 가장 쉽게 찾을 수 있는 공간에 마련하는 것이 좋다.

검사자와 상호작용이 필요한 개인 검사는 상담실에서 이루어질 수 있으나 집단검사나 상담자와 상호작용이 필요 없는 자기보고식 등의 검사와 다양한 종류의 집단검사 등을 실시하기 위해서는 조용하고 쾌적한 검사실이 필요하다. 또한 상담을 하기 위해 준비해야 할 서류가 있다. 상담신청서, 내담자별 파일, 각종 검사도구의 구비 그리고 상담 면접 기록지 등이 준비되어야 한다.

상담접수는 전화, 이메일, 내방 등을 통해서 이루어진다. 상담실의 상담접수는 내담자가 상담에 대한 기대와 상담실의 전문성에 대한 신뢰를 가질 수 있기 때문에 경력이 있는 상담자가 담당하는 것이 바람직하다. 또한 내담자의 문제가 접수면접만으로도 도움을 받을 수 있는 경우 단회 상담으로 종결될 수 있다.

상담 초기접수 시에는 상담진정서, 상담동의서를 작정하고, 상담에 대한 안내가 이루어진다. 상담소요 시간, 상담료, 상담 장소 등에 구조화가 다루어진다. 상담자가 다수의 상담실의 경우에는 초기 면접 후, 내담자의 문제에 대한 상담자 배정의 과정이 이루어질 수 있다(박준섭, 2014: 250).

그 밖에 상담관계형성을 위해 내담자를 대하는 상담자의 첫인상은 매우 중요한 의미를 갖는다. 그리고 상담자는 내담자에게 관심을 보여야 한다. 상담실에서 상담자에게 자신의 내면의 문제를 호소하러 찾아온 내담자는 처음 대하는 상담자가 과연 어떤 사람인지를 알고 싶어 하는 마음이 있기 마련이다. 상담자는 상담이 무엇인지 어떻게 이루어지는 것인지 등 상담의 절차에 대해 설명해 주며 내담자의 기대와 상담자의 기대를 서로 점검해 보도록 한다. 내담자가 낯선 상황, 낯선 사람 앞에서 편하게 느끼도록 해 주는 것이 필요하다.

상담자와 내담자 사이에 형성되는 신뢰관계를 상담의 용어로는 라포(rapport)라고 부른다. 내담자는 상담에 대한 기대와 더불어 불안감이 있다. 자신의 어려움을 낯선 누군가에게 표현한다는 것은 그가 가지고 있는 불안감을 더욱 증폭시키는 일이다.

그렇기 때문에 상담관계의 형성은 상담의 질적인 만족을 좌우한다. 상담관계를 형성하는 것이 단지 좋은 사람으로 보여 주기 위함만은 아니다. 상담의 장에서 자신을 표현하고 이해받을 수 있는 신뢰하는 안전망을 형성하는 것이다. 그러기 위해서 상담자는 전문적이지만 호감을 줄 수 있는 복장을 선택하여야 한다. 권위적인 정장이나 성실하지 못해 보이는 불량한 복장은 관계형성에 부정적인 영향을 준다. 정리되어 있는 상담실과 전문서적의 배치는 신뢰를 줄 수 있다(박준섭, 2014: 256).

2) 내담자의 이해와 평가

상담 초기 단계에서 상담자는 내담자가 상담을 받으러 온 이유와 내담자의 개인적 특성과 관련된 정보를 수집하고 분류하여 내담자가 자신의 문제를 정의하고 명료화할 수 있도록 돕는다(천성문 외, 2015: 334).

첫째, 내담자의 현재 문제 파악으로 상담자는 내담자의 문제나 어려움이 무엇인지를 명확하게 파악해야 한다. 문제를 정확하게 평가하기 위해서는 무엇보다 내담자로부터 많은 자료를 수집하여야 한다. 이때 상담자는 자신의 모든 감각과 직관을 동원하여 내담자가 제공하는 언어적인 정보와 비언어적인 정보를 수집한다. 처음에는 내담자의 특정 행동패턴을 감지하지 못하거나 내담자에게서 얻은 정보가 무엇을 의미하는지 알아채지 못할 수도 있다. 계속적인 상담과정을 통해 내담자의 행동패턴, 주요한 문제와 갈등의 원인, 그동안 수집했던 자료 등을 통합적으로 이해할 수 있을 것이다. 즉 내담자가 현실을 어떻게 지각하고 지각한 현실에 어떻게 반응하는지 그것이 내담자에게 어떤 어려움, 고통, 갈등, 문제들을 형성했는지를 이해하게 될 것이다. 그리하여 상담자는 내담자에 대하여 막연하게 추측하던 것들이 점차 명백하게 드러나게 될 때 내담자를 어떻게 도울 수 있을지를 구체적으로 알게 된다.

둘째, 지금 도움이 필요한 이유의 파악으로 내담자가 현실에서 겪는 어려움들은 사람마다 다르다. 내담자는 그처럼 제각기 다른 심리적인 문제를 해결하고자 상담자를 찾게 된다. 내담자가 도움을 필요로 하는 구체적인 이유와 왜 지금 그런 도움을 필요로 하는지를 분명하게 확인해야 한다.

상담자는 내담자가 도움을 받으러 오게 된 상황을 파악할 필요가 있다. 그 이유는 내담자가 외부의 압력에 의해 왔는가 혹은 자발적으로 찾아왔는가에 따라 상담에 임하는 자세가 다를 뿐만 아니라 이러한 기준을 통해 상담자는 내담자가 어느 정도 상담을 해 나갈 수 있을지를 평가하고 이해할 수 있기 때문이다. 그러므로 첫 회기에서 상담을 받고자 온 이유를 명확하게 하고, 내담자 스스로 자신의 문제에 대하여 어떻게 생각하는지를 확인해 보아야 한다. 그 다음에는 내담자가 자발적으로 상담에 참여할 수 있도록 동기를 부여하는 것이 중요하다. 상담에 참여하는 것이 누구에 의해서가 아니라 스스로의 결정과 선택에 의해서라는 인식을 가졌을 때 내담자는 더욱 적극적으로 참여하고 해결하려 한다.

셋째, 내담자 스스로의 문제 진단으로 상담 초기에서 명확하게 해야 할 또 다른 중요한 문제는 내담자가 자신의 무엇이라고 생각하고 있는가 하는 것이다. 상담자와 내담자가 상담 목표를 수립하기 위해서는 내담자가 무엇이 해결되기를 바라는지 어떤 변화를 바라는지를 명확하게 확인하는 것이 중요하다. 만약 내담자의 호소가 애매하고 불분명하다면 상담자는 내담자가 상담에서 얻고자 하는 것이 무엇인지를 질문을 통해 명료하게 밝혀야 한다.

넷째, 행동 관찰로 상담에서 내담자가 보이는 행동은 매우 중요한 의미를 갖는다. 내담자가 이야기하는 내용과 면접 중에 보이는 행동을 통해 기본적인 정보를 알 수 있기 때문이다. 내담자가 상담자에게 보이는 상호작용에서 상담자는 내담자가 다른 사람과 상호작용하는 방식을 짐작할 수 있다. 상담자와의 관계에서 보이는 내담자의 의사소통 상호작용 방식은 다른 대인관계 방식의 재현이다. 물론 항상 그런 것은 아니지만 그럴 가능성이 상당히 높은 편이다. 상담할 때 내담자가 하는 모든 행동은 상담자와 내담자 사이의 지금-여기 상황에서 일어나는 실제 행동이므로 대수롭지 않게 넘겨서는 안 된다.

다섯째, 정보의 기록으로 수집된 정보들은 어떤 방식으로든 구조화되고 기록되어야 한다. 상담 초기에 내담자가 생각하는 내담자의 문제와 그에 대한 상담자의 생각, 상담 목표 및 계획을 명확하게 기록해 두는 것은 가치 있는 일이다. 이러한 내용을 기록해 두는 것은 내담자의 문제를 보다 잘 이해하게 할 뿐만 아니라 그 내용을 언제라도 참고하게 하는 장점이 있다.

여섯째, 사례의 개념화로 사례개념화는 내담자의 문제와 발달과정, 발달맥락, 가족사 등의 내담자로부터 얻어진 정보들을 종합하여 총체적으로 내담자를 보다 깊이 이해하고 이를 상담에 반영하기 위한 것이다. 그러기 위해서는 상담자는 큰 이론적 틀을 갖추는 작업이 필요하다. 사례개념화는 심리검사, 면접과 행동관찰, 내담자의 가족이나 관련이사로부터 얻은 정보 등을 통합하여 내담자의 문제에 대한 이론적 모형을 자기 나름대로 수립해 보는 것이다(홍경자, 2001).

김진숙(1996)은 사례개념화의 목적을 내담자 문제의 성격과 원인에 대한 정확한 이해를 통해 상담목표와 개입전략 수립에 필요한 방향성을 제시하는 것으로 보았으며 다음과 같은 질문들이 사례개념화를 돕는다고 보았다.

사례개념화의 목적은 내담자 문제를 정확하게 이해하고 문제해결을 돕기 위하여 가설을 세우는 것이다. 이 가설은 추후에 탐색되고 보충되는 정보에 의하여 수정, 보완이 가능하다.

3) 상담의 구조화

상담의 구조화는 초기 단계에 이루어지고 이 구조화는 간단하고 명료하게 전달되는 것이 좋다. 효과적인 구조화는 상담과정 중에 발생할 수 있는 일반적인 문제들을 줄이고 좀 더 원활하게 상담을 진행할 수 있도록 돕는다. 구조화에는 상담의 시간, 상담료, 상담 장소, 비밀보장의 한계 등이 다루어지며 한 번에 모든 것을 다루다 보면 자칫 더 중요한 내담자의 이해와 상담의 흐름을 방해할 수 있다. 가능한 한 첫 회기 후반기에 이루어지는 것이 적당하지만 경우에 따라 2회기, 3회기에 다룰 수 있다. 구조화는 상담의 진행과정에 대한 궁금증을 줄이고 상담의 효과를 최대한으로 높이기 위해 상담의 기본 성격, 상담자 및 내담자의 역할 한계, 바람직한 태도 등을 설명하고 인식시켜 주며 상담에서의 성취 가능한 범위와 제한점에 대해 내담자를 교육하는 것이라고 할 수 있다. 상담의 구조화는 첫 번째 면접시간의 중간이나 마지막 시점에서 이루어진다. 구조화는 상담의 초기 단계뿐만 아니라 그 이후에도 필요한 경우에는 반복적으로 실시할 수 있으며 다음과 같은 내용이 포함된다.

맨 먼저 비밀보장을 언급해 줌으로써 내담자가 편안한 마음으로 자유롭게 이야기할 수 있는 분위기를 제공할 수 있다. 상담시간과 상담회기에 대해서도 구조화해야 한다. 면접시간과 전체 상담과정에 대해 얼마 동안 상담이 가능한지에 대해서 내담자와 논의한다. 유료상담의 경우 처음부터 상담에 대한 보수도 분명히 밝히고 서로 합의해야 한다. 그리고 상담자가 상담자의 역할 외에 교사, 교수, 목사, 행정가, 의사 등의 역할을 겸하고 있는 경우 상담과정에서 권위적인 존재로 인식되기 쉬우므로 역할의 한계를 이야기해 줌으로써 상담자를 대하는 데 혼란을 느끼지 않게 한다.

또한 상담이 성공적이려면 내담자가 상담과정에서 중요한 몫을 수행해야 하는 책임을 받아들이도록 해야 한다. 내담자는 스스로 자기 문제에 대하여 종전과는 다른 새로운 방식의 생각과 감정을 취하는 것이 요청된다(박준섭, 2014: 256-257).

구조화 작업은 상담 첫 회기에 진행하는 것이 일반적이다. 그렇다고 내담자의 호소 문제를 이해하고 평가하기 전에 질문하는 것은 옳지 않다. 구조화를 할 수 밖에 없는 질문이 내담자에게 나온 경우와 내담자의 특성상 상담의 구조화가 필요한 경우도 있으며 대부분은 첫 상담 회기를 종료할 때 상담 구조화 교육을 한다.

상담 구조화 과정은 크게 세 가지 영역으로 구분하여 제시할 수 있다. 그것은 상담 여건의 구조화, 상담관계의 구조화, 비밀보장의 구조화에 관한 것이다. 이를 자세히 살펴보면 다음과 같다.

① 상담 여건의 구조화로 상담 시간, 상담 횟수, 상담 장소, 상담 시간에 늦거나 약속을 지키지 못할 일이 발생했을 때 연락하는 방법 등에 대한 구조화다. 대부분 상담 시간은 45~50분 동안 진행되며 특수한 경우를 빼고는 이 시간을 준수한다. 하지만 상담자가 어떤 상담이론에 기초하는 가에 따라 시간이 조정되기도 한다. 가령 상담자가 정신 역동적 상담을 한다면 첫 상담 회기에서 내담자가 가지고 온 문제, 문제와 관련된 생애발달과정, 가족력, 현재 문제의 특성 등을 파악하기 위해 2시간 정도를 할애할 수 있다.

② 상담관계의 구조화로 상담자는 상담의 구조화를 위해서뿐만 아니라 내담자가 상담자를 믿고 자신의 이야기를 자연스럽게 표현할 수 있도록 하기 위해서 상담관계에 대한 정보를 주어야 한다. 예를 들어 상담자는 내담자에게 상담의 진행과정, 상담자와 내담자의 역할 등에 대해 구조화할 수 있다.

③ 비밀보장의 구조화로 내담자는 누구에게도 말하지 못한 사연을 상담자에게 이야기함으로써 내면의 속을 정화하기도 하지만 이야기하면서 비밀이 보장될까하는 의구심이 들기도 한다. 상담자는 내담자에 대한 비밀보장을 유지하고 지켜 주어야 할 의무가 있다. 하지만 비밀보장에도 한계가 있다. 상담자는 내담자에게 법적인 문제가 발생한 경우나 자살, 성폭력, 아동폭력 등의 위기로 제3자에게 알릴 필요성이 있는 경우에는 비밀보장에 대한 한계가 있음을 설명할 필요가 있다.

4) 목표 설정 및 전략

상담이 일반적인 대화와 다른 점은 상담 목표가 설정된다는 점이다. 상담자는 내담자와 협의하여 상담을 통하여 달성할 구체적인 목표를 설정하여야 한다. 즉, 상담자는 앞으로의 상담에 대한 대체적인 계획안을 세우게 된다. 이 계획안은 상세하지 않아도 되며 계속 그대로 지켜 나가지 않아도 된다. 그러나 효과적인 상담을 위해서는 계획을 세우는 것이 바람직하다. 상담자는 기본적으로 내담자의 주요 문제, 가장 효과적인 것으로 여겨지는 접근방법이나 절차, 상담과정에서 생길 수 있는 어려움 등에 대해 생각하여야 한다. 이러한 내용은 상담이 계속 진행되다 보면 내담자를 깊게 이해하게 되면서 수정되기도 하지만 그 방향은 일정해야 한다.

이와 같이 목표 설정은 상담을 성공적으로 이끌기 위해서 매우 중요한 요소다. 그러나 어떤 내담자라도―가끔은 상담자조차도―목표를 설정하는 것에 저항을 느끼는 경우가 있다. 목표를 설정하는 이유는 내담자로 하여금 문제와 관련된 상황이나 행동 과정을 탐색하고 조정하게 하며 상담과정에 적극적으로 참여하게 하기 위해서다(Hackney & Cornier, 2001).

상담자가 명심해야 하는 또 다른 측면은 내담자의 문제와 그것을 어떻게 다룰지에 대해서 고정된 선입견을 갖지 말아야 한다는 것이다. 상담의 목표를 분명하게 정하고 상담 계획을 잡는 것이 바람직하지만 상담자는 내담자와 지속적인 접촉을 해 나가면서 그때그때 요구되는 바에 따라 상담자 자신의 지각과 가설을 수정해 나가야 한다. 목표는 변화가 요구되는 새로운 정보나 통찰이 생기면 변경될 수 있는 것이다. 때론 목표가 적절하지 않음이 확인 될 수도 있는데 이러한 목표는 수정되어야 한다. 상담 목표의 주요 기능은 상담자와 내담자에게 나아가야 할 방향을 제시해 주는 것이다(Hackney & Cornier, 2001).

또한 목표설정 및 전략에 있어 내담자 개인과 환경, 지지체계 등에 대한 전반적인 이해가 되고 나면 앞으로의 상담의 목표점을 설정해야 한다. 상담목표는 나침반처럼 방향을 제시해 주는 역할을 하게 된다. 적극적인 상담이 진행되기 위해서는 내담자와의 합의를 통하여 상담목표를 설정하는 것이 좋다(박준성, 2014: 258).

상담의 목표를 내담자와 합의하여 정해야 하며 합의된 목표를 명료화하고 우선 수위를 정할 필요가 있다. 상담의 목표는 명확하고 구체적이어야 하며 목표를 구체적으로 세울수록 내담자의 문제를 잘 이해하여 접근할 수 있다. 상담 목표를 세울 때 고려할 점은 내담자의 이야기 중에서 가장 중요하고 핵심으로 생각되는 문제를 택해야 한다.

쵸카(Choca, 1980)는 개인상담이 다음의 네 가지 중 하나 이상의 목표를 지닌다고 하였다.

① 내담자에게 지지하는 관계를 제공하여 보다 높은 수준으로 기능을 할 수 있게 하거나 적어도 더 악화되지 않고 현재 수준의 기능을 유지할 수 있도록 한다. ② 자신과 환경에 대한 내담자의 이해 수준을 증가시킨다. ③ 내담자가 아동기의 갈등을 훈습할 수 있는 관계를 수립한다. ④ 내담자로 하여금 생활이 덜 고통스럽게 자신과 환경을 변화시키도록 돕는다(신경진, 2010).

그 외에 초기 단계에서 나타날 수 있는 문제를 보면 사람들은 어떤 문제에 대해 고민하거나 두려움에 휩싸이거나 상실에서 오는 문제로 고통을 느끼는 등의 심리적인 어려움을 스스로의 힘으로 해결할 수 없다고 느낄 때 전문적 도움을 찾아 나선다. 그렇다고 모든 내담자가 자발적으로 상담을 받고자 찾아오는 것은 아니다. 때로는 자기의 의지와는 관계없이 주변 사람들의 권유나 강요에 못 이겨 상담자를 찾기도 한다.

이러한 비자발적인 내담자와 상담할 때 상담자의 주요 과업은 내담자가 자신의 문제를 지각할 수 있는 기회를 늘리면서 자발적으로 상담에 참여할 수 있도록 하는 것이다. 이런 비자발적인 내담자와 상담을 시작하는 좋은 방법은 왜 지금 도움을 받으러 왔는지 그리고 상담자에게서 무엇을 기대하는지를 확인해 보는 것이다. 그리고 내담자의 비자발적인 태도를 무시하기보다 그들의 망설임과 불신을 상담자가 이해하고 수용해 주는 것이 내담자를 상담에 끌어들일 수 있는 최선의 방법 중 하나다.

상담 초기 단계에는 내담자가 자신의 호소 문제와 함께 그동안 마음속에 쌓여 있던 감정을 표현하고 상담자는 그러한 감정에 대해 무비판적인 태도로 대하기 때문에 모든 것이 잘 흘러가는 듯한 느낌을 받게 된다. 이러한 현상이 나타나는 것은 내담자의 감정 세계에 대한 카타르시스가 일어나고 상담자가 내담자를 충분히 있는 그대로 수용하게 되면서 지금까지는 잘 경험하지 못한 새로운 관계가 형성되기 때문이다(Fine, 1982).

그러나 문제는 이 초기 단계가 끝날 때다. 내담자가 갑자기 할 이야기를 다했다고 느끼면서 상담자의 조언과 지시를 바라는 현상이 일시적으로 일어난다. 초보 상담자라면 이런 경우 당황하게 되어 그제야 자신의 역할과 내담자의 역할에 대해 구조화하려고 하고 이에 내담자는 상담자가 책임을 회피하려 한다고 생각하여 실망감을 느끼게 된다. 이를 방지하기 위해서 초보 상담자는 상담 초기의 구조화를 통해 궁극적인 결정은 내담자가 한다는 점을 충분히 알려 주는 것이 중요하다.

상담자는 이와 같은 질문을 받았을 때 중요한 문제에 대해서만 언급하는 것이 좋다. 예를 들어 아버지를 포함해서 권위적 인물과 문제가 있는 경우 상담자는 "당신은 아버지와 함께 지내는 데 문제가 있는 것 같네요. 그것은 또한 다른 권위적 인물에 대한 당신의 태도에도 영향을 주는 것 같아요" 정도로 이야기하는 것이 좋다. 이때 상담자는 내담자가 사용한 단어나 문장을 사용하여 내담자에 대해 설명하는 것이 좋다(Mackinnon & Michels, 1971). 그렇게 설명하는 것이 내담자에게 보다 잘 이해될 수 있기 때문이다.

상담 초기에 나타날 수 있는 또 다른 문제는 내담자가 상담 회기 중에 이야기한 내용을 생각해 보고는 특정인을 너무 심하게 비난했다고 생각하고 그 이후에는 더 이상 자신의 내면세계를 이야기하지 않으려는 경우다. 이런 반응은 내담자가 첫 회기에 '너무 자유롭게' 이야기했다고 느끼는 경우에 나타난다. 내담자는 그 후 더 이상 자신을 내어놓지 않고 상담자에게 화를 낼 수도 있다. 내담자는 자신이 사랑하는 사람을 비난하고 강한 부정적 감정을 보였다는 것이 부끄럽고 그 사람에 대한 죄책감이 든다. 한편으로는 그런 이야기를 상담자가 어떻게 받아들일지 자신을 어떻게 생각할지 걱정이 되기도 한다. 이때 상담자는 내담자의 수치심이나 죄책감 등을 잘 공감하고 이해해야 한다(Mackinnon & Michels, 1971).

3 중기 단계

① 현재 상황에서 구체적인 문제해결을 위한 계획된 과업을 확인한다.
② 과업을 이행한다.
③ 과거의 부적절한 방법으로 가능했던 것을 수정한다.
④ 새로운 대처유형을 습득하도록 한다.

상담의 중기 단계는 상담자와 내담자가 상담 목표를 향해 함께 노력하는 상담의 핵심 단계다. 상담 중기 단계에서 다루어야 할 내용은 다음과 같다.

1) 내담자의 자기 탐색과 통찰

상담 중기 단계에 들어서면 내담자는 지금까지의 상담을 통하여 자신을 힘들게 하는 심리적인 문제, 문제의 발생 배경 등을 깨닫게 된다. 그러면 내담자는 이러한 영역 중에서 자신에게 중요하다고 생각되는 영역에 대하여 상담 시간에 좀 더 깊이 있게 다루기를 원한다. 그뿐 아니라 내담자는 통찰을 통한 자기 탐색이 깊어지고 상담 시간에 자신이 다른 사람들에게 드러내기 어려워하는 생각이나 감정들을 더 많이 개방하게 된다. 이러한 과정에서 내담자는 자신이 처해 있는 외부 환경이나 과거에 있었던 사건들이 현재 자신이 경험하고 있는 문제와 어떻게 연결되어 있는지를 깨닫는다(천성문 외, 2015: 346).

외부 환경 및 선행사건과 내담자가 경험하고 있는 심리적인 문제의 관련성에 대해 자각하게 된다는 것은 내담자의 현재 성격이 어떻게 형성되었는지 어떠한 사건들로 인하여 문제가 발생하게 되었는지를 깨닫고, 내담자의 현 상황에 영향을 주는 문화적 배경, 성, 사회경제적 지위 등을 이해하는 것을 말한다. 그리고 가족 내에서 가족체계를 유지하기 위해 자신이 떠맡고 있던 역할에 대해 이해하게 된다. 이와 같은 자각을 통해 내담자는 자신이 가지고 있는 문제와 고통의 의미를 발견하며 자신이 해결할 수 있는 부분과 해결하지 못한 부분에 대한 현실적일 판단을 내릴 수 있게 된다. 또한 내담자가 현재 문제와 관련되는 부적응적 사고, 감정, 생활 패턴, 관계 유형 등에 대해 자각하게 된다는 것은 자신의 기능을 방해하는 사고 과정을 깨닫는다는 의미다. 또한 내담자가 부적응적 가정을 자각한다는 것은 자신도 모르게 자신의 행동을 결정하게 되는 감정적 역동을 파악한다는 의미다. 이것은 내담자가 자신이나 타인에 대해 자주 느끼는 감정(신뢰 및 불신, 자신감, 수치심, 죄책감 등)과 자신이 억압하고 있는 감정, 거절이나 실패에 대한 공포나 두려움과 같이 어떤 행동을 방해하는 감정을 포함한다. 또한 감정을 직접적으로 표현하거나 처리하지 못하고 수동 공격적으로 표현하는 것 등도 포함된다.

내담자의 행동에 대한 자각이란 자신의 행동이 어떠한 것들에 의하여 강화되는지에 대한 통찰과 자신의 행동에 영향을 미치는 무의식적인 힘을 발견하는 것을 의미한다. 또한 여기에는 자신의 방어기제, 지금까지 문제를 해결하려고 사용해 왔던 방식 등도 포함된다. 내담자의 관계에 대한 자각이란 내담자가 중요하다고 생각하는 사람들과의 관계에서 해결되지 않은 과제, 반복되는 대인관계 패턴, 가족 내에서의 역할 등에 대해 통찰하는 것을 의미한다. 내담자가 자신의 특성에 대한 자각이란 내담자가 가지고 있는 장점과 단점, 앞으로 문제해결을 위해 활용할 수 있는 개인적 자원에 대한 자각, 자신의 흥미나 능력에 대한 통찰 등을 의미한다.

드물게는 이러한 자각을 한두 번 경험함으로써 변화하는 내담자도 있지만 대개의 경우 반복적으로 일어나야 하며 내담자 자신이 가지고 있는 모순과 부적응적 패턴에 대한 자각이 생활의 다양한 측면에서 반복적으로 일어나야 한다. 또한 새로운 자각을 기초로 현실 생활에서 실천할 수 있는 행동 계획을 수립하고 실행하며 그에 대한 평가가 있어야 한다. 이와 같은 행동 계획의 수립과 실행 그리고 평가는 상담 중기 단계의 후반부와 상담 종결 단계에서 이루어진다.

2) 중기 단계에서 상담자의 역할

중기 단계에서 상담자는 초기 단계에서 설정한 상담 목표를 달성하기 위하여 내담자가 자기 문제를 깊이 있게 탐색하도록 하고 이러한 탐색 과정에서 깨달은 사실을 구체적인 행동으로 옮기도록 격려한다. 내담자는 상담 초기 기간 동안 얻은 지식의 일부를 적용하고 자기 이해를 넓히기 시작한다. 이전에 제기된 자신의 문제를 더 잘 들여다보고 실생활에서 검증해 보고 다시 질문하고 수정할 수 있다. 때로 역할 연습이 사용될 수 있으며 과제가 부여되기도 한다. 상담 중기는 전체 상담 시간 중 가장 많은 부분을 차지할 뿐 아니라 내담자의 변화도 가장 활발하게 일어나는 단계다(박준섭, 2014: 257-258).

이 단계에서 상담자는 내담자 자신이 어떤 부분을 변화시키고자 하는지 그 변화를 어떻게 가져올 수 있을지 알아야 한다. 상담자는 내담자가 원하는 변화가 현실로 이루어질 수 있는 행동 전략을 개발하도록 도와야 한다. 그리고 내담자의 사고, 감정, 행동의 변화를 이루기 위해서 새로운 대안을 탐색하고 내담자의 사고, 감정, 행동의 불일치를 직면시키는 것이 요구된다. 이 과정에서 이루어야 할 상담자 과업은 내담자가 자신감을 가지고 자신이 원하는 바람직한 행동을 할 수 있는 새로운 방식을 찾도록 내담자를 지지하고 그 가능성을 탐색하는 것이다(Ivey & Ivey, 1999). 상담자가 해야 할 또 다른 중요한 일은 내담자와 협의하여 행동 계획을 세우고 그것을 일상생활에서 수행하는 것이다. 어떤 행동 계획이 세워져 실천에 옮겨지면 그 다음에는 그 계획이 평가되어야 한다(Egan, 2002).

상담자는 내담자의 심리적 어려움에 대하여 더 깊이 이해하여 내담자의 과거와 현재의 적응에 관하여 더 많이 설명해 주고 해석하게 된다. 내담자에게 제공되는 설명이나 해석은 대체로 현재 일상생활에서 중요한 사람들과의 관계에 관한 것이다. 그러나 때로는 상담 시간에 나타나는 내담자의 태도가 상담자에게 중요한 정보 자원으로 활용된다. 만약 상담자가 내담자의 부적응적인 행동과 왜곡된 지각을 변화시키고자 한다면 상담 상황에서 실제적으로 그런 행동이 눈에 띌 때 시도하는 것이 가장 좋다. 이것은 내담자의 과거 사건을 이야기하거나 상담실 바깥에서 있었던 일에 대하여 이야기하는 것보다 내담자의 지각, 인지, 행동을 수정하는 데 훨씬 도움이 된다. 내담자 입장에서는 상담 장면에서 일어난 사건의 불일치에 대한 상담자의 해석을 받아들이기 어려워 저항하고 싶을지 모르지만 눈앞에서 일어난 사건이기에 사실 자체를 부정하기는 어렵다는 장점이 있다. 그러나 내담자가 부정적으로 받아들일 수 있는 면을 언급하거나 주의를 환기시킬 때는 그런 언급이 내담자에게 미칠 영향에 대해 충분히 고려해야 한다. 내담자가 상담자의 지지와 공감을 바탕으로 자신의 문제를 수치심과 두려움 없이 들여다 볼 수 있을 때까지 상담자는 충분히 기다려 주어야 한다. 그러나 필요한 개입을 너무 미루어서도 안 된다.

이 외에도 상담자는 유용한 다른 절차와 기법도 사용하게 된다. 그러나 때로는 상담자가 내담자에게 도움이 되는 기법으로 생각하고 사용하였으나 그 개입방법이 내담자에게 잘 들어맞지 않을 수도 있다. 따라서 상담자는 내담자에 따라 사려 깊게 상담기법을 선택해야 하며 그 선택이 잘 들어맞지 않을 때는 바꿀 수도 있다는 융통성 있는 자세를 지녀야 한다.

3) 중기 단계에 나타날 수 있는 문제

심층적 탐색과 자각 단계인 상담 중기 단계에서는 내담자 자신의 사고, 감정, 행동 그리고 삶의 패턴에 불일치와 모순이 조금씩 나타나기 시작한다. 이에 내담자는 자신에 대해 점점 더 많은 것을 자각하게 되는 동시에 그 때문에 자신이 이야기하는 내용에 대해 불안해할 수 있다. 예를 들어 내담자는 이야기를 잠시 멈추고 "제가 알기에는 많은 사람이 같은 일을 하는데요.", "이런 것이 정상 아닌가요?", "선생님 생각에는 제가 못된 아버지인가요?" 등과 같은 질문을 하게 된다. 이때 어떤 내담자에 대해서는 "무슨 생각이 들어서 그러지요?", "무엇이 염려스러운지요?" 등의 탐색의 충분하지만 때에 따라서는 안심시킬 필요가 있는 내담자도 있다 (Mackinnon & Michels, 1971).

상담 초기 단계의 자유롭고 편안한 상태를 지나 상담 중기 단계에 내담자는 자신에 대해 조금씩 알아가면서 정서적으로 힘겨워하는 경우가 있다. 이때 상담에 대한 저항이 다양한 방식으로 나타날 수 있다. 예를 들면 내담자가 상담 시간에 늦거나 자신의 상태에 희망이 없다고 느끼거나 또는 자신은 문제가 없는데 상담 때문에 더 나빠진다는 느낌을 가질 수 있다. 반대로 자신의 불일치나 모순이 보이기 시작할 때 내담자는 자기가 할 일을 이해해달라고 할 수 있다(Fine, 1982). 이때 상담자는 내담자의 저항에 대하여 앞에서 제시한 대로 적절한 시기에 적절한 방법에 따라 직면시키거나 해석을 하게 된다. 가령, 상담 시간에 자주 늦는 내담자의 경우, 상담자는 늦는 것이 하나의 행동패턴으로 명백해질 때까지는 해석하지 않고 있다가 그것이 행동패턴이 됐다고 생각할 때 해석을 하거나 직면시킬 수 있다.

상담 초기를 지나 중기나 종결 단계에 들어서면 어떤 내담자의 경우는 했던 이야기를 반복하거나 별 관련 없는 주제 사이를 오가며 상담에 진전이 없어 보이는 경우가 있다. 이때는 내담자에게 현재 일어나고 있는 일에 대해 즉시적 반응을 하거나 상담자가 자기 개방을 하거나 "지금까지 우리가 30회 정도 만났는데 이 상담이 어디로 가고 있다고 생각하나요?", "우리의 상담이 얼마나(또는 어떤 점에서) 생산적이라고 생각하나요?" 등의 질문을 통해 상담과정을 재검토하고 다시 상담의 초점을 분명하게 하는 것이 좋다.

4) 중기 단계에서의 상담 방법

상담 중기 단계에서 내담자는 심리적인 문제에 대한 통찰이 이루어지게 된다. 내담자의 탐색은 지금까지 진행되어 온 행동과 삶의 패턴의 변화에 대한 저항을 불러일으킬 수도 있지만 궁극적으로는 통찰과 저항을 통해 자신과 문제를 깊이 더 이해하게 된다. 나아가 내담자가 상담 장면을 통하여 통찰한 내용을 생활과 현실에서 경험하고 실습해 나가는 경험을 하게 된다. 통찰을 현실에 효과적으로 적용하게 하기 위해서는 상담자는 다양한 상담기법들을 활용하게 된다. 매체를 활용한 기법을 적용하면서 상담의 심층적 공감, 감정의 반영, 재진술, 직면, 즉시성, 해석 등의 기법을 사용하게 된다. 중기 단계의 진행은 다음과 같다(박준섭, 2014: 259-260).

① 상담 초기에서의 탐색과정이 이어진다. 내담자들의 여러 가지 특성들 때문에 지속적으로 상담과정에 꾸준하게 임한다는 것은 청소년상담에서는 문제해결뿐 아니라 중요한 성공의 준거가 된다. 특히 중기과정은 자신과 자신의 주변을 꼼꼼히 구체적으로 탐색해 가고 그 결과를 수용하고 생활에 적용해 모든

보다 도전적 성격을 가지고 있기 때문에 지속성이 상담과정에 중요한 변인이 된다. 상담의 초기 과정에서 확립하였던 촉진적 관계의 유지 및 계속적 동기 유발은 상담자의 중요한 과제이다.

② 부적응 문제에 있어 내담자 자신과 인간관계 주변 환경을 파악하여 수용하고 대앙을 마련한다. 부적응 문제와 관련하여 자신에 대하여 다양하게 살펴보는 것과 동시에 내담자 자신과 타인, 자신을 둘러싼 환경적 여건들을 종합적으로 살펴보게 한다.

③ 다양한 상담기법을 적용한다. 내담자의 필요에 따라 다양한 상담기법을 적용한다. 예를 들면 대화 방법, 빈 의자 기법, 역할극, 체계적 둔감화 등 다양한 상담이론에 나오는 기법을 적용해 보고 실천하도록 한다.

④ 내담자 세계의 이해는 사람들은 각자의 생각으로 계획을 완성하려는 특수한 방법들을 가지고 생활하며 이에 따라 각자의 생활유형이 나타난다. 예를 들어, 소속집단에서 하나의 위치를 찾으려는 강한 노력과 자신들의 직접적인 목표를 가지고 있음을 볼 수 있다. 이런 노력들이 하나의 행동동기 양식으로 강하게 작용하지만 내담자는 흔히 자신의 목표를 인식하지 못하고 있는 경우가 많다. 또한 대부분의 청소년 내담자들은 부모와 형제자매들과 깊이 개입되어 있으므로 가족 내 청소년 내담자의 위치를 파악하는 것도 상담자에게 중요한 단서를 제공한다.

⑤ 자신의 문제에 대한 종합적 설명틀을 마련하고 대안적 틀을 마련한다. 내담자 자신과 주변 환경에 대하여 구체적으로 이해한 결과를 가지고 문제에 대한 타당한 극본을 마련한다. 상담 초기에도 목표를 세웠지만 구체적으로 자신과 환경을 이해한 후 종합적 틀을 가지고 다시 목표를 정교화할 수 있다.

⑥ 현실에 적용하고 평가해 본다. 상담자는 청소년 내담자로 하여금 적용 계획을 짜고 실천하여 상담실에서 평가할 수 있도록 한다.

⑦ 상담 중기 과정의 주요 목표들의 흐름도로 구체적 탐색 → 알아차림과 수용 → 대안 실천 → 대안을 마련한다.

4 종결 단계

상담의 종결 단계는 내담자가 앞으로 실천해야 할 행동을 결정하고 구체적인 계획을 수립하는 단계로 그 구체적인 내용은 다음과 같다.

① 개인과 자원을 새로이 결속시키는 것이다.

② 개발된 대처 유형과 성취한 과업이다.

③ 가까운 장래 등에 대한 계획 수립이다.

1) 상담의 종결 시기 결정

상담자가 내담자에게서 알 수 있는 상담 종결 시기의 가장 분명한 단서는 내담자가 호소하던 불편들이 사라지는 것이다. 내담자 스스로 자신이 많이 좋아졌고 상담이 만족스럽다고 이야기하면 상담자는 조만간 종결하게 될 것을 예상하고 그에 대해 논의해야 한다. 내담자가 상담을 일찍 종결하는 것에 기꺼이 동의하거나 자기도 언제 종결할지 궁금했다고 한다면 정확한 종결 시기를 정하기만 하면 된다. 이는 내담자 스스로 자기 문제가 해결되었다고 생각하고 있는 것과 상담자가 상담을 종결할 시기가 되었다고 판단한 것이 맞아 떨어지는 경우다(천성문 외, 2015: 351).

그런데 어떤 내담자는 상담자가 보기에 상태가 많이 좋아졌다고 생각되지만 내담자 자신은 좋아졌다고 분명하게 말하지 않는 경우가 있다. 이런 경우 내담자가 현재의 생활에 잘 적응하고 있는 것처럼 보인다면 상담자가 먼저 상담을 종결하자는 이야기를 꺼내 그에 대해 논의해 나갈 수 있다.

한편, 지나치게 의존적이어서 상담자에게 강한 애착을 느끼는 내담자는 상담자가 상담 종결 이야기를 꺼내면 분리불안과 함께 상담자에게 거절당하는 듯한 기분을 느낄 수 있다. 상담자와의 분리를 거부하는 이런 감정은 상담 기간이 길면 길수록 더 커질 수 있다. 그러나 상담자는 상태가 눈에 띄게 좋아졌는데도 계속해서 의존하려는 내담자의 요구에 맞추어 상담을 계속 진행해서는 안 되며, 가능한 한 빨리 종결을 준비하게 하여야 한다. 상담자는 이런 내담자의 의존적인 성향을 강화시키는 행동을 가능한 한 피해야 한다. 그리고 의존적인 내담자임을 짐작할 수 있는 단서들은 이미 상담 초기에 나타나므로 상담자는 상담 종결 시에 나타날 수 있는 이런 문제를 예상하고 미래 대책을 세워야 한다. 이런 내담자는 가능하다면 초기에 상담 기간을 정해 두는 것도 좋다.

2) 종결 단계에서 하는 일

종결 단계는 내담자가 상담을 통해 얻은 것을 극대화하고 상담을 통하여 얻은 효과를 어떻게 하면 상담 종결 후에도 지속해 갈 수 있을 지를 다룬다. 따라서 종결에 대한 개입은 내담자가 상담을 그만 두어도 그들이 현실에서 부딪히는 문제에 어떻게 대처해 나갈 수 있을지 알고 상담을 통하여 학습한 내용을 공고히 하는 것도 포함된다.

① 종결 시 이별의 감정 다루기: 상담은 특히 상담자와 내담자의 특별한 만남 속에서 이루어지는 관계이기에 내담자는 상담의 종결로 인한 이별이 힘들고 어려울 수 있다. 특히 의존적인 내담자의 경우 이러한 이별로 인한 분리불안은 더욱 클 수 있다. 따라서 상담자는 이런 감정을 다루어 나가면서 내담자 스스로 설 수 있도록 지지해야 한다. 그리고 상담 종결 후에도 심리적으로 어려움이 있으면 언제든지 다시 상담할 수 있음을 알려 주어 내담자에게 심리적인 안정감을 주도록 해야 한다.

② 상담 성과에 대한 평가와 문제해결력 다지기: 상담자는 내담자가 상담과정을 통해 변화하고 성장한 것은 무엇인지 상담을 통해 해결하지 못한 것은 무엇인지를 탐색해 보아야 한다. 특히 상담의 성과를 이루기 위해서 노력한 과정에 대해 검토하고 상담실 밖의 생활에서 상담 성과가 유지되기 위해 필요한 노력을 구체화해야 한다. 또한 현실 속에서 문제에 부딪혔을 때 상담을 통해 습득한 문제해결 방법을 효과적으로 적용해 나갈 수 있도록 한다.

③ 추수상담에 관해 논의하기: 상담을 종결한 후에 필요한 경우 추수상담을 할 수 있다. 추수상담은 내담자의 행동변화를 지속적으로 점검하고 내담자가 잘하는 점을 강화하고 부족한 점은 보완할 수 있다. 뿐만 아니라 상담자 자신에게 상담 문제의 해결 과정이 적합하였는지에 대한 인상적 통찰을 가져다준다는 점에서 의미가 있다.

3) 상담 종결 시의 고려사항

상담 성과를 거두는 종결 단계는 가을에 추수를 하는 것과 같다. 추수를 잘하기 위해서는 적절한 시기에 적절한 방법으로 곡식을 거두어 들여야 하는 것과 같이 효과적인 상담 종결을 위해 고려해야 할 사항을 상담자와 내담자로 나누어 살펴보도록 한다.

(1) 내담자의 측면

내담자가 얼마나 좋아졌는지를 평가하고 가능한 종결 시기를 예측해서 상호 동의에 이르기 위해 내담자와 함께 종결을 의논하는 것은 상담 후반부에 매우 중요하다.

종결 시 나타날 수 있는 문제들은 내담자 유형, 상담 기간, 상담 형태 및 상담과정에서 상담자와 내담자 관계의 형성이 어떠했는지에 따라 다르다. 대부분의 내담자는 상담이 오래 지속되면 의존적이 되고 상담자와 상담에 매달리게 된다. 그렇게 되면 종결하기가 더 어렵고 종결을 논의하는데도 많은 시간이 걸린다. 비교적 단기간에 정해진 목적을 달성할 수 있는 단기상담에서는 종결 시 나타나는 문제가 적기 때문에 많은 시간을 할애하지 않아도 된다.

내담자의 성격 또한 상담 기간 및 상담 유형에 따라 어떤 때는 상담 중에 강한 애착관계가 형성되어 쉽게 분리되거나 종결되지 않는다. 특히 지나치게 의존적이거나 상담자 이외에 정서적으로 지지해 주는 사람들이 없거나 상담자에게 강한 애착을 느끼는 내담자의 경우 상담 종결이 가까워지면 분리불안을 느끼게 된다. 따라서 내담자가 매우 의존적인 사람이라고 생각될 때는 상담을 종결할 시기를 되도록 빨리 이야기해 두는 것이 좋다. 그러면 내담자는 미리 종결 준비를 할 수 있다.

(2) 상담자 측면

상담자는 종결을 고려할 때 내담자의 유형에 따라 상담이 내담자에게 어떤 의미를 가지고 있는지 잘 인식하고 있어야 하며 종결이 내담자에게 어떠한 영향으로 미칠지 예상하고 있어야 한다. 그리고 종결하기 전에 예상되는 종결 날짜를 미리 알려주는 것이 좋다. 내담자에게 아무런 예고 없이 오늘이 마지막 시간이라고 말하는 것은 문제가 되기 때문이다. 비록 짧은 기간 동안 상담이 진행되어 왔더라도 그런 말은 곧 내담자가 믿고 의지할 수 있는 대상의 갑작스러운 상실을 의미하므로 내담자에게 부정적인 영향을 줄 수 있다. 상담자가 종결 날짜를 알려 주면 대부분의 내담자는 그것을 받아들여 상담을 종결한다. 그러나 내담자가 다른 반응을 보인다면 상담자는 그 이유를 명확하게 밝혀내야 한다. 그런데 종결 시기에 대한 언급을 하지 않았다면 내담자와 그동안 얼마나 좋아졌는지를 논의하는 것도 좋은 방법이다. 그러면 상담이 어떻게 진행되고 있으며 앞으로 해야 할 일이 무엇이고 거기에 시간이 얼마나 필요한 지를 이야기할 수 있다.

상담자는 내담자가 변화되기에 충분한 기간이 지났음에도 불구하고 뚜렷한 진전이 없을 때도 종결하는 것에 대해 내담자와 논의해야 한다. 내담자의 문제가 개선되지 않은 상태로 종결하는 것은 실패로 생각될 수 있으며 상담자 대부분은 이러한 실패를 인정하기가 쉽지 않다. 그러나 진정이 거의 없거나 전혀 없는 상태로 계속 시간이 흐른다면 상담자는 내담자와 상담의 종결에 대하여 논의하는 것이 바람직하다. 그런 경우에 상담자는 대안적인 방법으로 다른 상담자를 소개해 주거나 다른 상담방법을 논의하는 등의 대책을 세워 내담자가 피해를 입지 않도록 최선의 노력을 기울여야 한다.

4) 조기 종결 문제 다루기

상담 종결 방식을 내담자에 따라 그리고 그 동안의 상담의 흐름에 따라 다양하다. 예를 들어 상담이 잘 진행된 경우와 성공적이지 못한 경우의 종결 과정은 각기 다르다.

내담자가 다음 약속 시간에 나타나지 않아서 조기에 종결되는 경우는 매우 많다. 상담자는 내담자가 종결 문제를 예상하지 못한 시점이나 이미 언급하였던 종결 날짜 전에 종결에 대한 질문을 한다면 무엇 때문에 그런 생각을 하게 되었는지를 상담 시간에 충분히 다루어야 한다. 상담자는 내담자가 종결에 대해 지나가듯 가볍게 물어봤다 하더라도 질문한 이유를 확실히 평가할 필요가 있으며 그에 대해 충분히 논의해야 한다.

내담자가 상담을 받으러 오지 않았을 경우에는 다음의 두 가지 대책을 강구할 수 있다(Rogers, 1972). 첫째, 그동안의 상담 기록, 특히 바로 전의 상담 기록을 면밀히 검토하여 오지 않게 된 원인을 규명하는 것이다. '상담을 너무 몰아치는 식으로 진행하여 저항이 생긴 것은 아닌가? 너무 일찍 해석기법을 사용한 것은 아닌가? 아직 마음의 준비가 되어 있지 않은데 극히 곤란한 결정에 직면한 것은 아닌가? 상담의 진전이 어느 정도 이루어져서 종결을 결정할 단계에 있는데 상담자가 그것을 인지하지 못한 것은 아닌가?' 등 그 원인을 파악하는 것이다. 둘째, 상담을 계속 받을 수 있게 길을 터주는 것이며, 이와 동시에 오지 않는 것도 내담자의 자유라는 것을 인식시켜 주는 것이 필요하다. 이 점을 전달하기 위해서는 이메일이나 편지를 쓰는 것도 좋다. "며칠 전 수요일 약속 시간에 오지 않아서 이제 상담받기를 원치 않는다는 것을 저는 이해합니다. 그러나 만일 상담에 다시 오기를 원한다면 전화로 연락해 주십시오." 꼭 이와 같은 형식으로 글을 써야 한다는 것은 아니다. 다만 여기서 강조하고자 하는 것은 내담자가 상담을 받으러 오지 않았지만 상담자는 실망하지 않고 이해하고 있으며 상담의 결정 여부는 내담자에게 달려 있다는 점을 전달하는 것이다. 또한 상담자는 내담자가 연락을 취하지 않는다 하더라도 미안한 느낌을 가지지 않게 해야 함에 유의하여야 한다. 그것은 내담자가 다시 상담받기를 원할 때 죄책감 없이 돌아올 수 있도록 하기 위해서다.

이때 상담자가 이런 부분에 대해 논쟁하거나 그 상담을 회피하려는 결정이라고 해석하고 설득하려 하는 것은 현명하지 못하다. 그렇게 되면 내담자가 상담자를 솔직하게 대하는 것이 더욱 어려워진다. 다른 해결책이 없다면 내담자의 결정을 불가피한 것으로 받아들이고 잘 지내기를 바라며 언제든지 내담자가 필요하다면 다시 만날 수 있다고 이야기하는 것이 최선일 것이다. 예를 들어 상담자는 상담 단계가 중기밖에 안 되었다고 생각할지라도 내담자가 상담을 종결하고 싶을 정도로 충분히 향상되었다고 이야기한다면 자신의 관점을 수정해서 종결이 합당한 결정일 가능성을 받아들여야 한다. 내담자가 적절히 기능할 수 있다면 상담을 그만두고 독립적으로 기능하는 것이 더 좋을 수도 있다. 이러한 내담자의 결정이 시기상조였다면 언제든지 상담으로 되돌아올 가능성이 있다. 반면에 상담자가 내담자의 결정에 동의할 수 없다고 한다면 내담자는 자신의 결정에 대해 자신감이 없어지고 자신의 문제에 대해 걱정하게 되어 상담관계에까지 영향을 미칠 수 있다.

상담이 바라던 대로 진행되지 않고 일정 시간이 경과해도 내담자가 호전되는 것 같지 않으며 상황을 개전하거나 성공할 가능성이 있는 새로운 방법을 사용할 수 없다면 상담자는 종결을 고려해야 할 책임이 있다. 상담자가 이러한 이유를 찾지 못할 경우에는 상담 상황에 대해 내담자와 솔직하게 이야기하여 내담자의 생각을 들어 보는 것도 괜찮다. 그렇다 해도 해결책이 나오지 않으면 내담자와 상담 종결에 대해 이야기하는 것이 바람직하다. 두 사람이 모두 최선을 다했지만 상당히 많은 시간이 지난 현재에도 내담자의 상태가 좋아지지 않았다면 상담자는 이 사실을 있는 그대로 솔직하게 받아들여야 한다.

종결 후에는 내담자가 잘 적응하고 있는지 전화, 이메일을 통하거나 때에 따라서는 추후 면담을 통하여 추후지도를 할 수 있다. 만남보다는 헤어짐이 우리의 생활에서는 훨씬 어려운 주제이다. 상담은 계획된 헤어짐이 있는 과정이다. 내담자는 상담에서 문제를 규정하고 이를 해결하기 위해 목표를 세우고 목표를 성취하기 위해 집중적으로 노력하고 노력의 성과를 평가하여 그 과정을 종결하게 된다.

① **상담의 종결 시기 결정**: 내담자의 상담에 임하는 태도와 반응을 보고 종결 시기를 결정할 수 있다. 첫째, 내담자가 직접 종결에 대한 주제를 말하고 이를 다루기를 원한다. “언제쯤 우리 상담은 끝나게 될까요?”, “선생님, 이제 저는 상담에 오지 않아도 될 것 같아요” 등의 말을 내담자가 하면 상담자는 종결에 대하여 생각하고 내담자의 상담을 평가하는 시간을 갖도록 계획한다. 둘째, 내담자는 자신의 문제가 어느 정도 해결되었음을 반복적으로 보고한다. “이제는 더 이상 부모님에게 대들지 않아요.”, “전에는 5분도 의자에 앉아 있지 못했는데 요즘은 적어도 30분 이상은 집중하는 것 같아요. 부모님의 잔소리도 많이 줄었어요.” 등을 매 상담시간에 와서 보고할 경우 상담자는 종결에 대해 계획할 수 있다. 셋째, 내담자들은 개인적인 일을 이유로 들면서 전화로 상담을 연기하거나 생략하기를 제안한다. 이를 경우에도 종결에 대해 계획한다. 넷째, 내담자는 자기 문제를 스스로 진단하고 해석하는 등 상담자가 자기에게 보였던 특징적 행동들을 스스로 해 보인다. 이 경우에도 종결에 대해 계획한다. 다섯째, 종결과 관련하여 정서의 변화가 나타난다. 내담자가 상담의 종결을 인간관계의 이별로 지각하면 상실감, 거절, 슬픔 같은 부정적 정서를 경험할 수 있고 문제 인식을 지각하면 안도감, 자신감 같은 긍정적 감정을 경험한다. 이 경우도 상담의 종결에 대해 계획해야 한다.

② **상담의 종결에서 다루어야 할 목표 및 종결**: 상담과정은 문제를 해결해 나가는 과정이다. 내담자마다 독특한 문제를 가지고 오지만 문제를 해결해 나가는 과정은 비슷하다. 문제가 얼마나 해결되었는지 하는 것뿐만 아니라 문제해결 과정의 숙지와 응용 가능성을 종결 시기에 즈음하여 상담자가 요약하거나 청소년 내담자로 하여금 요약하게 하여 평가할 수 있다.

HAPTER 04

상담기법에 따른 방법

1 비언어적 기법

상담의 시작은 때에 따라 접수자의 전화(대면)면접 접수를 통해 이루어지지만 본격적으로 상담자와 내담자의 만남이 가장 처음이라고 할 수 있다. 이때 상담자와 내담자의 관계형성은 차후 상담의 진행에 절대적인 영향을 미친다. 이 관계를 형성하고 상담을 진행하는 과정에 비언어적 기법은 중요한 비중을 차지한다(박준섭, 2014: 239).

1) 상담 방법

상담자는 언어를 통해 내담자를 도울 수 있는 상담 기술을 가지고 있어야 한다. 즉, 내담자의 문제와 상담의 목표에 관계없이 상담의 과정에서 꼭 필요한 상담기법을 가지고 상담과정에서 구현해야 한다.

상담과정은 초기, 중기, 종결 단계로 나누어 볼 수 있다. 각 단계에는 상담자가 성취하고자 하는 목표가 있고 이것을 효율적으로 달성할 수 있는 기법이 있다. 물론 각각의 기법은 상담의 과정에서 통합적으로 사용되겠지만 초기에는 주로 내담자에 대한 탐색이 이루어지는 단계로서 상담자가 내담자의 비언어적인 것에 주의를 기울이고 적극적으로 경청하는 자세가 필요하다. 따라서 초기 단계에서 주로 사용하는 상담기법은 관심 기울이기와 내담자의 이야기를 적극적으로 경청하는 기법이다. 또한 상담자는 내담자에게 여러 가지 질문을 함으로써 내담자의 사고와 감정을 스스로 탐색하도록 격려하게 되므로 질문에 대한 기법도 중요하다. 질문을 할 때에는 내담자의 감정에 대한 공감과 반영, 답변에 대한 재진술 등이 필요하므로 질문 기법, 공감, 감정의 반영 및 재진술 기법을 살펴보는 것이 필요하다. 중기 단계에서는 상담자가 여러 가지 도전을 통해서 내담자에게 통찰이 일어나도록 하는 시기이므로 직면, 해석 등의 기법과 상담자가 내담자와의 지금-여기에서 일어나는 감정과 생각에 대해서 개방하는 즉시성, 내담자에게 도움이 되는 자신의 경험을 개방하는 자기 개방 등의 기법을 살펴볼 수 있다. 종결 단계에서는 내담자가 상담의 목표를 실행할 수 있도록 돕기 위해서 정보제공이나 직접적인 안내가 필요하다.

2) 관심 기울이기와 경청

관심 기울이기는 내담자를 대하는 상담자의 비언어적 태도를 말한다. 이는 시선, 자세와 몸짓, 얼굴 표정, 목소리를 통해 나타난다. 비언어적 의사소통은 내담자의 비언어적 표현을 상담자가 주의 깊게 관찰하고 의미를 해석하여 그에 맞는 비언어적 표현을 전달하는 기법이다. 먼저 상담자는 내담자를 지나치게 응시하지 말고 자연스럽게 상대방을 이해하고 수용하는 눈빛으로 비교적 일관성 있게 내담자와 시선을 맞춘다. 자세는 내담자 쪽으로 향하여 좀 기울이고 몸 전체에 긴장을 풀고 편안하게 이완된 상태를 유지하면서 자연스러운 몸짓을 한다. 또한 내담자의 말에 따라서 적절히 고개를 끄덕이며 '아하', '음' 등의 반응을 보인다. 얼굴 표정은 편안하면서 진지하게 하고, 목소리는 온화하며 자연스럽게, 안정감 있는 적절한 속도로 말한다(천성문 외, 2015: 363).

상대방에게 관심을 기울이고 진심으로 듣는 경청도 관심 기울이기에 포함된다.

상담에서 내담자의 비언어적 표현은 자기도 모르게 무의식적으로 나오는 경우가 많아서 내담자의 무의식에 숨겨진 의미나 문제를 나타내기 때문에 상담을 이끌어 갈 때 길잡이가 되는 경우가 많다. 또한 상담자의 비언어적 태도는 상담관계형성에 있어 매우 중요하다. 상담자가 따뜻하고 공감적일 때 내담자는 관심과 보살핌을 느낀다. 그러나 상담자의 자세가 단정하지 않고 무관심으로 지루한 태도를 보이면 당연히 효과적인 상담과는 거리가 멀어지게 된다. 따라서 효과적인 상담을 위해서는 내담자에게 관심을 기울이며 내담자가 보이는 비언어적 표현에 담긴 메시지를 잘 이해하고 활용하여 그에 맞게 비언어적 표현을 전달하여야 한다.

3) 주의집중

상담자가 내담자에게 관심을 가지고 그것을 집중시킨다는 것은 상담에는 일단 기본조건이다. 상담을 해 본 사람이면 경험하는 것으로 내담자에 대한 관심과 주의 집중을 계속 유지한다는 것이 그다지 쉽지 않다는 사실을 우리는 인정할 필요가 있다(김계원, 2005).

일상 대화에서 가장 기본이 되면서 중요한 것은 상대방의 말을 주의 깊게 귀담아 듣는 태도다. 상대방의 말을 잘 듣지 않고는 그의 현재 감정과 생각을 이해할 수 없기 때문이다. 그러므로 대화를 할 때 상대방에게 관심을 가져주는 것도 중요하지만 더 중요한 것은 상대방이 하는 이야기의 내용이나 감정으로 적극적으로 경청하는 것이라고 할 수 있다(천성문 외, 2009).

4) 경청

훌륭한 상담자가 되는 것은 적극적 경청자가 되는 것이다. 경청은 상담과 설득의 가장 중요한 요소이다. 적극적 경청이란 귀로 듣는 것만을 의미하지 않고 귀와 눈으로 경청하는 것을 말한다. 상담자는 귀를 가지고 내담자가 말하는 내용을 경청하는 눈을 가지고 내담자의 신체언어를 경청함으로써 훌륭한 청소년상담자가 되기 위해 의사소통이 어떻게 구성되는가를 이해하여야 한다. 의사소통의 구성요소는 언어적 의사소통과 비언어적 의사소통이 있다. 상담자로서 정확하고 적극적인 경청을 위한 유용한 몇 가지 제언을 하면 다음과 같다. ① 관심의 초점을 내담자에게 두어라. ② 내담자와 상담자 사이의 의사소통 과정에 관한 개인적인 반응, 함축적 의미 혹은 영향을 인식하라. ③ 표현된 내용과 방식을 경청하라. ④ 비언어적 의사소통, 즉 신체언어에 주의를 기울여라. ⑤ 내담자의 언어적 및 비언어적 표현 간의 관계를 인식하라. ⑥ 내담자가 자연스럽게 말하도록 적절한 침묵 및 정지를 유지하라. ⑦ 내담자의 얘기 중에 가능하면 끼어들지 마라. ⑧ 내담자의 내용, 정서, 행동, 생각, 맥락, 의미, 강조점 등에 관심을 집중하면서 상담에 응한다.

경청은 내담자가 전달하려고 하는 메시지를 상담자가 포착하고 이해하는 능력을 말한다(Egan, 1994). 따라서 경청은 내담자의 언어적 메시지만을 듣는 것이 아니고 비언어적 메시지도 관찰하여 내담자가 진짜 말하고자 하는 것이 무엇인지 말하는 것의 진짜 의미는 무엇인지를 깊이 있게 듣는 것이다. 내담자가 상담할 문제를 가지고 올 때 상담자가 가장 먼저 해야 할 일은 그의 고민을 들어 주는 것이다. 어쩌면 내담자는 문제의 해결보다 자기 문제를 잘 들어 줄 사람에게 자기감정을 전달하고 싶은 욕구가 더 클지도 모른다. 만약 상담자가 귀를 기울여 내담자의 그러한 욕구를 충분히 충족시켜 주지 않으면 상담자와의 관계형성 자체가 어려워진다. 상담자의 적극적 경청을 통해서 내담자는 자신이 충분히 존중받고 있다는 것을 느끼게 되고 자신의 감정을 충분히 털어놓으면서 부정적인 감정을 정화할 수 있으며 상담자는 내담자의 심정을 이해하게 된다. 이를 통해서 상담자와 내담자 간에 신뢰관계가 형성되고 치료동맹으로 이어지게 된다. 적극적 경청의 방법에는 상대방이 하는 이야기의 내용을 파악하는 것은 물론이고 그의 몸짓, 표정, 음성 등에서 나타나는 미묘한 변화를 알아차리고 저변에 깔려 있는 심층적인 의미와 감정을 감지하여 그 것을 표현하는 과정을 포함한다(천성문 외, 2015: 365).

상담자의 경청을 통해 내담자는 자신이 이해받은 느낌과 함께 자신이 힘든 이유를 더 깊이 탐색할 수 있다. 경청을 방해하는 상담자 요인에는 여러 가지가 있다. 상담 도중에 잡다한 생각을 하거나 상담자가 자기 문제를 가지고 있는 경우에도 상담을 하게 되면 내담자의 말을 왜곡하여 듣거나 제대로 들을 수 없다. 상담자가 선입견이나 편견을 가지고 내담자를 평가하게 되면 경청보다는 충고를 하기 쉽다. 상담자가 기술적인 면에서 내담자 문제의 원인, 동기, 해결 방향성 등에 대해 섣부르게 판단하고 잘못된 구조화를 하면 내담자의 이야기를 선택적으로 수용하거나 간파할 수 있다. 또한 내담자가 드러내는 명백한 사실적인 내용만을 들을 경우에는 숨은 내용이나 감정적인 메시지는 놓치게 된다. 특히 내담자에게 전적으로 주의를 기울이는 대신에 자신이 어떻게 반응할지에 몰두하여 자기가 다음에 하고 싶은 말을 생각하고 있는 경우에는 대화의 중요한 내용을 놓치고 초점에서 벗어나게 된다. 상담자가 돕고 싶은 마음이 앞설 때, 자신의 문제와 내담자의 문제가 같아서 동병상련을 느낄 때 동정적인 자세를 가질 때에도 내담자를 객관적으로 파악하고 내담자의 이야기를 경청하는 데 방해를 받는다. 따라서 상담자는 온전한 경청을 위해서 자기 문제의 해결과 성숙한 인격을 형성해야 한다.

2 언어적 기법

언어적 기법은 다양한데 이를 종합해 보면 다음과 같이 정리할 수 있다.

① 재진술: 재진술은 내담자의 말을 그대로 반복하여 상담자의 입으로 말하는 앵무새처럼 표현하거나 내담자의 말을 다소 바꾸어서 표현할 수도 있다.

② 개방형 질문과 폐쇄형 질문: 폐쇄형 질문은 답이 정해져 있다.
개방형 질문은 내담자의 탐색을 위하여 유용한 질문이며 폐쇄형 질문은 개방형 질문에 비하여 내담자의 통찰을 이끌어내기에는 어려움이 있으나 어떠한 중요한 문제에 대한 사실을 확인하고 확실하게 하기 위해서는 폐쇄형 질문이 유용하게 활용되기도 한다. 예로 자살을 시도하고자 하는 내담자에게 “자살하고자 생각한 적이 있습니까?”라는 정확한 질문은 필요하다. 폐쇄형 질문을 계속적으로 사용하게 되면 마치 내담자를 취조하는 것처럼 느껴질 수도 있고 주도적 상담을 끌고 가는 사람이 될 수도 있다. 따라서 내담자의 문제에 초

점을 맞추기 위해서는 개방형 질문이 효과적이라고 할 수 있다(박준섭, 2014: 241).

③ 공감과 감정의 반영: 내담자가 이야기하는 말 속에 있는 중요한 감정, 태도, 신념, 가치기준 등을 상담자가 거울처럼 내담자의 관점과 입장을 듣고 이해하는 능력이다. 어떠한 설명이나 해석을 자제하고 있는 그대로 공감을 할 때 내담자는 자신을 표현하고 감정을 이야기할 때 비로소 자유로움을 느낀다. 내담자가 이야기한 내용 뒤에 또 다른 감정을 파악하고 내담자에게 전달하는 것을 감정의 반영이라고 한다. 상담 장면에서 내담자의 언어적 표현뿐만 아니라 작은 떨림, 경직, 얼굴의 붉어짐 등을 통하여 감정의 반영을 해 준다(박준섭, 2014: 242).

④ 해석: 내담자 스스로 명확하게 의지하지 못하는 것에 대하여 여러 가지 형태로 설명해 주는 것을 해석이라고 한다. 현재 하고 있는 말이나 사건들과 관련되어 설명하거나 방어, 감정, 저항, 전이 등에 대한 해석을 할 수 있다. 해석은 내담자가 받아들일 수 있을 때 하는 것이 적당하다.

⑤ 자기 개방: 자기 개방은 상담 장면에서 상담자의 생각, 가치, 느낌, 태도 등 여러 가지 정보를 드러내는 것이다.

⑥ 즉시성: 즉시성은 상담자가 내담자와의 관계를 통해 표현되는 것 중 내담자 문제를 잘 드러내는 것을 '지금-여기'의 방법으로 접근하는 방법이다.

⑦ 직면: 직면은 상담 장면에서 내담자가 이야기하고 있는 것 중에서 모순이나 불일치된 것을 찾아내어 되물어 주는 것이다. 말과 행동, 말과의 불일치, 행동과의 불일치, 현실과 이상적 자아의 불일치, 언어적 행동과 비언어적 행동과의 불일치, 환상과 현실 사이의 불일치, 상담자의 지각과 내담자 지각과의 불일치 등 여러 가지 면에서 나타날 수 있다(박준섭, 2014: 243).

이를 보다 세분화시켜 보면 다음과 같다.

1) 질문

내담자에게서 정보를 탐색하는 질문의 유형에는 개방형 질문과 폐쇄형 질문이 있다. 폐쇄형 질문은 내담자에게 '네', '아니오' 혹은 짧은 사실적 답변을 하게 하여 정보를 한정하는 데 비해서 개방형 질문은 내담자가 자유롭게 대답함으로써 내담자의 상황과 심리에 대해 구체적으로 탐색하고 더 상세한 답변을 하게 하는 질문이다. 상담자는 개방형 질문을 통하여 내담자의 감정을 명료화하도록 요구하거나 어떤 상황을 구체적으로 탐색하도록 한다. 폐쇄형 질문은 초기 단계에서 사실적인 정보를 탐색하기 위해 사용할 수 있다. 그런데 자주 사용하게 되면 상대방에게 권위적으로 군림하는 인상이나 대화에 관심이 적은 인상을 주고, 대화가 장난스럽지 않고 단절될 위험이 있다. 따라서 상담에서는 내담자로부터 제한적인 정보를 명확 하게 하기 위한 경우를 제외하고는 주로 개방형 질문이 이루어진다. 상담자는 내담자가 자신의 문제에 대해서 깊이 생각하고 드러낼 수 있도록 내담자에게 적합한 질문을 사용할 수 있어야 한다.

개방형 질문의 필요성을 살펴보면, 첫째, 내담자에게 더 많은 이야기를 할 수 있는 기회를 준다. 특히 회기를 시작할 때 도움이 된다. 예를 들면, "오늘은 무엇부터 이야기를 할까요?" 혹은 "우리가 지난번에 같이 이야기를 나눈 후에 어떻게 지냈어요?"하고 상담을 시작할 수 있다. 둘째, 내담자로 하여금 어떤 문제에 대해서 구체적으로 탐색하도록 하는 데 도움을 줄 수 있다. 예를 들면, "당신의 학교생활에 대해서 좀 더 얘기해 줄 수 있는지요?" 혹은 "그 일이 일어났을 때 어떻게 느꼈는지 말씀해 주실 수 있겠어요?"하고 내담자가 스스로 구체적인 상황과 감정을 탐색해 볼 수 있도록 할 수 있다. 셋째, 내담자가 말하고 있는 것을 상담자가 더 잘 이해할 수 있게 한다. 예를 들면, "구체적인 예를 들어 보시겠어요?", "감정이 우울해질 때는 무엇을 하세요?", "아버지는 무책임한 사람이라고 했는데 그것은 무슨 의미이지요?"라고 말함으로써 내담자의 행동이나 경험을 이해할 수 있다. 넷째, 내담자가 자기의 느낌에 주의를 기울이도록 한다. 예를 들면, "지금 그렇게 말하면서 당신은 어떤 감정을 느낍니까?" 혹은 "그것에 관해서 어떻게 느끼고 있습니까?"라고 말함으로써 내담자가 현재의 감정에 대해서 주의를 기울일 수 있도록 자극할 수 있다(천성문, 2015: 366-367).

이처럼 개방형 질문은 자신의 문제나 어려운 상황을 나누고 싶어서 상담실을 찾아온 내담자에게 그들의 문제를 상담자와 나눌 수 있도록 이끈다. 또한 상담에서의 이야기를 풀어 가는 책임을 내담자에게 두고 내담자가 상담자의 평가와 판단에 따른 준거기준에 강요받지 않고 자신의 태도, 감정, 가치관, 행동 등을 탐색하도록 한다.

반면에 폐쇄형 질문은 한두 마디의 답으로 상담자가 원하는 정보나 자료를 얻기 위해 사용된다. 폐쇄형 질문은 내담자가 자기 방식대로 이야기할 수 없게 하고 내담자의 자기 탐색을 자극하지 못하기 때문에 상담 상황에서는 개방형 질문이 더 유용하다. 그러나 구체적인 상황에 초점을 맞추거나 정확한 정보를 얻는 데에는 폐쇄형 질문이 유용하다. 예를 들어, "이전에 심리 상담을 받은 적이 있습니까?" 혹은 "신체적으로 불편한 곳은 없으세요?" 등의 폐쇄형 질문은 정보를 명확하게 얻을 수 있도록 한다. 내담자의 동의를 구할 때에도 "지금 내가 한 말이 맞나요?", "내가 제대로 이해했나요?"와 같은 폐쇄형 질문을 사용할 수 있다.

또한 잠재적으로 위협적이거나 위험한 상황에서는 내담자에게 무슨 일이 일어났는지 직접적으로 물어보는 폐쇄형 질문이 유용하다. 이처럼 자살 시도나 계획 등의 위기상황에서 구체적인 정보를 얻고 그에 대한 약속을 받을 때는 폐쇄형 질문이 유용하다.

2) 공감적 반응

공감은 내담자의 마음을 여는 열쇠와도 같은 것으로 대부분의 상담과정에 사용되는 필수적인 요소다. 공감은 상담자가 내담자에게 무엇인가를 제공하고 안내하기보다는 내담자 경험에 대한 정확한 이해를 통해서 시작된다. 상담자가 내담자의 경험과 정서를 이해하고 이러한 경험과 정서들이 내담자에게 주는 의미를 이해하는 것은 대단히 중요한데 단지 이해하는 것만으로는 충분하지 않으며 내담자가 이해받았다고 느끼는 것이 중요하다. 상담에서 어떤 것이 가장 도움이 되었는지 내담자에게 물었을 때 자신을 있는 그대로 이해받는 것이 단연 우선순위이기 때문이다.

공감은 내담자의 감정과 생각에 대한 상담자의 깊은 이해와 더불어 그 사실을 내담자에게 알려 주는 것까지의 과정이라고 할 수 있다. 이때 상담자는 자신에 대한 것이나 자신의 경험과 분리되어 독립성을 유지하면서 내담자에 대한 어떠한 판단도 포함하지 않고 내담자의 시각과 입장에서 그가 어떻게 느꼈을지 있는 그대로 느낄 수 있고 들을 수 있으며 이해할 수 있어야 한다. 즉, 공감은 상담자의 단순한 반응이나 반응의 연속이기보다 내담자와 함께 있는 과정인 것이다(천성은 외, 2015: 368-369).

공감은 상담이 진행되면서 점점 더 깊어진다. 초기 단계에 공감은 내담자의 경험과 감정을 이해한 것을 표현하는 수준에서 중기로 갈수록 내담자 스스로 자기를 탐색하고 통찰을 가져오기 위해 보다 깊은 수준으로 확장해 간다. 이러한 공감을 심층적 공감이라 한다. 심층적 공감이란 내담자의 대화 속에 포함되지 않은 부분까지 상담자가 찾아내어 전달함으로써 내담자로 하여금 자신을 더 깊이 이해하도록 돕는 기법이다.

공감은 상담자가 마치 내담자가 된 것처럼 그의 심정을 느끼는 것이며 내담자 입장에서 그의 경험 세계를 정확하고 깊이 있게 이해하는 것이다. 관계의 시작부터 상담자는 내담자의 내면세계에 들어가도록 노력하면서 내담자와 함께 나란히 동행하게 된다. 내담자와의 상호적인 과정 속에서 상담자가 자신을 일관되게 이해하고 있다고 느낀다면 내담자는 상담자와의 관계에 열중하게 된다.

고통스럽고 불행한 경험 속에서 힘들게 살아가는 내담자의 마음을 이해하고 깊이 공감해 주는 것은 내담자에게는 커다란 위안이 되고 감동이 된다. 이러한 순간이 상담 시간 대부분 지속됨으로써 강력한 치료적 효과를 지니게 된다.

상담자의 공감은 내담자로 하여금 자신이 이해받고 수용 받는다는 느낌을 줄 뿐만 아니라 상담자와 심리적으로 연결되어 있다는 유대감을 갖게 하고 이러한 경험들은 내담자가 고통스러운 감정으로부터 벗어나 현실적인 문제해결을 할 수 있도록 의욕과 활기를 북돋아 준다. 따라서 공감은 상담자가 내담자에게 보이는 하나의 반응이나 반응의 연속이 아니라 상담 대부분에 나타나는 과정으로서 내담자에게 안정감을 제공하게 된다.

상담자는 내담자가 말하고 느끼는 것, 전반적인 생활양식으로부터 내담자의 현재 문제와 관련된 의미를 이해한다는 것은 결코 쉬운 과정이 아니다. 평소에 정서를 적절하게 나타낼 수 있는 단어를 폭넓게 찾아 익히면서 자신의 감정에 귀를 기울이고 감정을 명료화하거나 그것을 표현하는 연습과 함께 다른 사람이 말하는 것의 정서적 요소에 주의를 기울이는 노력은 수준 높은 공감적 이해와 반응에 도움이 될 것이다.

3) 감정의 반영

내담자가 상담실을 찾는 이유는 불안하거나, 우울하거나, 실망하거나 심리적으로 괴로운 감정을 가진 경우가 대부분이다. 따라서 내담자의 느낌과 감정을 상담자가 어떻게 다루느냐에 따라 상담의 방향이나 방법을 구체화시킬 수 있고, 융통성 있고, 자연스럽게 상담을 진행해 나갈 수 있다.

감정의 반영은 내담자의 감정을 명확하게 파악하는 것과 더불어 내담자에게 감정을 중심으로 표현하는 것이다. 감정은 내담자의 경험과 행동에서 일어나는 것이므로 내담자가 표현한 말의 내용뿐 아니라 말하는 방식, 즉 비언어적 행동에 주의를 기울임으로써 파악할 수 있다. 예를 들어, 숨소리 또는 말의 속도가 변하는 것, 얼굴을 붉히는 것, 말을 더듬는 것, 특정 단어를 힘주어 말하는 것, 입술, 눈동자의 변화 등이다. 감정을 반영할 때는 그 감정에만 또는 그 감정에 대한 이유를 중심으로 잠정적이지만 명확하게 표현해야 한다(천성문 외, 2015: 371).

그러나 대부분의 내담자는 자신이 어떻게 느끼는지 모르거나, 그 감정에 부정적이어서 스스로 그 감정을 파악하고 수용하는 데 어려워한다. 더구나 감정이라는 것이 구체적으로 무엇인지 인식하기보다는 느낌이기 때문에 그 감정을 표현하는데 힘들어 하기도 한다. 이럴 경우 정확하고 완벽할 수는 없지만 상담자가 표현한 감정의 반영이 내담자가 느끼는 것과 비교적 가깝다면 상담자로부터 충분히 이해받고 있다고 내담자는 느끼게 되고 자신의 감정을 보다 분명히 말할 수 있도록 돕는다. 이러한 상담자와의 경험은 내담자가 감정을 자유롭게 표현하도록 격려하고 자신의 감정을 관리하는 데 도움을 주기도 하며 표현하지 못한 경험이나 의미를 분명하게 하여 드러낼 수 있게 하기도 한다.

내담자는 자신의 감정이 무엇인지 접촉하게 될 때 비로소 자신의 감정에 대해서 무엇을 해야 할지 결정할 수 있고 나아가 자신의 문제를 가장 잘 해결할 수 있게 된다. 따라서 무엇보다 상담자가 기억해야 할 것은 내담자가 자신의 감정을 찾고 좀 더 깊은 감정으로 들어가기 위해 상담자가 편안하고 허용적인 감정의 반영을 보이는 것이 중요하다.

4) 재진술

어려움을 겪고 있는 내담자를 만나는 상담자의 가장 본질적이고 중요한 역할은 그들의 이야기를 잘 알아듣는 것이다. 내담자가 경험하고 있는 문제가 무엇인지, 내담자의 생각이나 감정 상태가 어떠한지, 어쩌다가 그 어려움에 빠지게 되었는지 등을 주의 깊게 듣고 그가 자신의 문제에 대해 탐색할 수 있도록 돕는 것이 상담자의 중심 과제다(천성문 외, 2015: 373).

대부분의 초보 상담자들은 내담자의 말을 잘 알아듣고 그가 말하고자 하는 내용의 핵심을 파악하는 것이 결코 쉬운 일은 아니다. 상담자는 내담자의 말을 다른 어떤 내용을 이해하는 것보다 집중하고 경청하게 되는데, 이는 단지 듣는 것이 아니라 내담자를 진심으로 이해하기 위해 심사숙고해야 하기 때문이다. 이렇게 해서 상담자가 내담자의 말을 이해했음을 전달하거나 내담자 경험의 핵심을 알아차리고 그것을 내담자에게 되돌려주는데 이때 사용될 수 있는 것이 재진술이다. 즉, 재진술을 통해 상담자는 내담자가 언급한 여러 가지 이야기를 하나의 초점으로 맞추며, 혼동되는 내용을 명료화시켜 내담자에게 자신의 가장 중요한 문제에 집중할 수 있게 한다. 또한 내담자는 아무런 판단 없이 내용을 비추어 주는 상담자의 반응을 통해 자신의 생각을 타인으로부터 들어 볼 수 있는 기회를 제공받는다. 혼란스럽고 심리적으로 갈등 상황에 있는 내담자에게 상담자의 재진술은 자신의 문제가 타인에게 어떻게 들리는지 알 수 있게 하고 자신이 실제 생각하는 것을 숙고하게 한다.

따라서 재진술은 내담자의 이야기를 듣고서 상담자가 자기의 표현 양식으로 바꾸어 말해 주는 기법이다. 이것은 상대방을 이해하고 있음을 전달하고, 좀 더 간결한 방식으로 상대방의 대화 내용을 요약하며, 상대방의 말을 상담자가 올바로 이해하고 있는지 확인해 보기 위한 목적으로 사용된다. 감정의 반영이 대화 뒤에 숨겨진 '내담자의 느낌'에 강조점을 두는 반면, 재진술은 대화의 '내용', 즉 인지적 측면에 강조점을 둔다.

재진술은 내담자의 말을 단지 듣는 것이 아니라 충분히 이해하고자 하는 상담자의 능동적인 자세에서 비롯된다. 즉, 재진술은 내담자 말의 내용이나 의미를 반복하거나 부연하는 것으로 내담자가 하는 말보다 짧지만 유사한 단어를 사용하여 보다 구체적이고 명확하게 표현한다. 재진술을 통해서 내담자가 호소하는 문제의 핵심적인 부분이 드러나고 그것에 대한 정확성이 확인되는 등의 매우 다양한 효과가 나타난다.

5) 직면

직면은 상담자가 내담자를 보고 느낀 점 중에서 어떤 모순점이나 의혹이 있을 때 그것을 내담자에게 되물어 주는 것이다. 직면은 내담자의 말과 행동 사이의 모순이나 불일치 또는 내담자가 언급한 두 가지 말 사이의 불일치, 행동과 행동 사이의 불일치, 현실적 자아와 이상적 자아 사이의 불일치, 언어적 행동과 비언어적 행동 사이의 불일치, 환상과 현실 사이의 불일치, 상담자의 지각과 내담자의 지각 사이의 불일치 등 여러 가지 면에서 사용될 수 있다. 즉, 직면은 내담자가 상담 중에 보인 사고, 감정, 행동에서 모순이나 불일치가 관찰될 때 이러한 모순이나 불일치를 지적하는 상담기법이다. 대부분의 내담자는 자신의 문제를 해결하여 변화되기를 원하면서도 한편으로는 자신의 문제를 개방하고 직시하는 것을 두려워한다. 그 결과, 내담자는 의식적·무의식적으로 자신의 진실을 스스로 부정하거나 타인에게 자신의 문제를 숨기기 위해 방어하게 된다(천성문 외, 2015: 395).

직면은 내담자의 특성이나 상태에 맞게 적절한 시기에 사용되어야 한다. 왜냐하면 직면이 내담자의 통찰을 일으키게 하는 강력한 기법인 것은 틀림없지만 강력한 만큼 위험이 따르는 기법이기 때문이다. 만약 내담자가 받아들일 준비가 안 되었는데도 상담자가 무리하게 내담자를 직면시킨다면 내담자의 저항으로 인하여 상담이 효과적으로 사용하기 위해서 적절한 시기를 선택해야 한다. 즉, 내담자가 상담자를 신뢰할 수 있을 때, 내담자가 상담자의 어떤 이야기도 받아들일 준비가 되었다고 느껴질 때, 내담자가 자신의 성장과 변화에 대한 관심이 높을 때 사용되어야 한다. 그리고 상담사는 반드시 내담자를 직면시키는 이유와 직면을 통해 성취하려는 것이 무엇인지 분명히 알고 직접적이고 쉬운 언어로 직면시킬 수 있어야 한다.

이처럼 직면의 목적은 내담자의 모순점이나 불일치점을 명료화함으로써 내담자의 자기 이해와 변화 동기를 높이는 데 있으나, 내담자 입장에서는 자신의 문제점을 공격하거나 비난하는 것으로 받아들여지기 쉬워 내담자의 방어를 오히려 높이고 상담에 역효과를 일으킬 수도 있다. 따라서 상담자는 직면을 사용할 때 상당한 준비와 주의가 필요하다.

6) 해석

해석은 내담자가 자신의 말이나 상황에 대해 명확하게 의식하지 못한 것에 대해 이것이 가지는 의미를 설명해 주는 일종의 가설이다. 즉, 해석은 상담자가 내담자의 말을 근거로 내담자 말 속에 담긴 다른 의미를 내담자에게 전달해 주는 적극적 상담기법이다. 내담자들은 자신의 당면 문제해결을 원하나 문제의 근본적인 원인과 연관 지어 이해하지 못함으로써 문제가 반복되거나 악순환되는 고통을 겪는 경우가 많다. 이러한 내담자들에게 해석은 그들의 생각, 감정, 행동에 대해 좀 더 폭넓고 깊게 이해할 수 있게 해 주어 문제해결의 길을 찾게 도와준다.

해석은 겉으로 보기에는 따로따로 분리되어 있는 말이나 사건들의 관계를 연결 짓거나 설명해 주는 형태로 이루어질 수도 있고 주제, 흐름, 사고방식 또는 내담자의 행동이나 성격 속의 인과관계를 지적하는 것으로 이루어질 수도 있다. 또한 좀 더 정신분석적 접근으로서의 해석은 내담자의 과거 관계나 경험에 기초를 둔 현재 증상, 갈등, 욕구, 대처 전략, 방어, 감정, 사고, 행동, 관계 경향성 등을 설명해 주어 내담자에게 의미를 명료하게 해 준다. 해석을 통해 내담자는 자신의 욕구, 갈등 등이 다양한 상황이나 환경에서 나타나는 대처 방식이나 방어를 인식하여 더 깊은 자기 이해에 이르게 된다. 이를 통해 내담자는 자신을 긍정적으로 바라보게 되고 자신의 현재 반응이나 경험을 수용할 수 있게 된다. 또한 내담자는 절박한 문제에 답을 원할 때 상담자가 해석을 해 줌으로써 자기 자신이나 자신의 반응에 대해 불안과 수치심을 덜 느끼고 비합리적 신념에서 벗어나게 된다(천성문 외, 2015: 376-377).

하지만 해석을 자칫 잘못 사용하면 내담자가 해석을 위협으로 느껴 저항을 불러일으킬 수도 있다. 이런 점에서 해석은 상담기법 중 전문성이 가장 많이 요구된다. 해석을 할 때는 상담자와 내담자 간의 탄탄한 신뢰관계를 바탕으로 상담자는 내담자에 대한 충실한 탐색작업을 통해 내담자의 내면세계를 이해하고 있어야 하며, 해석이 내담자에게 지금 현재 긍정적인 역할을 할 만큼 내담자가 준비되어 있는지에 대한 상담자의 판단력과 확신이 전제되어야 한다. 즉, 해석을 하는 적절한 시기는 내담자가 받아들일 준비가 되어 있는 때에 이루어지는 것이 가장 효과적이다. 따라서 해석은 상담관계형성이 이루어진 상담의 중기나 종결 단계에 주로 쓰는 기법이다.

이처럼 해석은 내담자의 행동과 사고, 감정에 새로운 의미나 원인, 설명을 제공해 줌으로써 내담자가 새로운 방법으로 문제를 볼 수 있도록 이끌어 주는 유용한 상담기법이다. 하지만 해석이 내담자와의 신뢰감이 없는 상태에서 갑작스럽게 이루어지거나 내담자의 욕구와 상관없이 이루어지면, 내담자는 자신의 경험과 동떨어진 것으로 느끼고 방어를 할 수 있으며 오히려 평가적으로 느껴져 치료동맹에 손상을 끼칠 수도 있다.

7) 자기 개방

자기 개방은 상담자가 자신의 생각, 가치, 느낌, 태도 등 여러 가지 정보를 내담자에게 드러내 보이는 것이다. 상담자는 자기 개방을 통하여 상담자도 내담자와 비슷한 감정을 겪었고 비슷한 느낌을 가진다는 것을 전달한다. 상담자의 자기 개방은 내담자로 하여금 개방하도록 촉진할 수 있으며, 적절히 사용하면 상담자가 내담자를 이해하고 있다는 감정을 증진시킬 수 있다.

자기 개방을 통해 내담자는 상담자를 인간적으로 알게 되고, 더 높은 수준의 신뢰 형성과 솔직한 의사소통이 이루어질 수 있다. 보통 내담자는 사적인 이야기를 털어놓는 것을 힘들어하고, 자기 개방을 편치 않게 여길 수 있으며, 자기를 개방하는 방법을 모를 수도 있다. 이럴 때 내담자에게 자기 개방을 시범으로 보여 주면 내담자는 특정 문제와 그 문제해결에 사용될 수 있는 자원에 명확하고 정확하게 초점을 맞출 수 있게 된다. 또한 적당한 시점에 자기 개방을 사용함으로써 내담자의 통찰을 도울 수 있게 된다. 이러한 자기 개방을 적절히 사용하면 효과적 상담기술이 된다.

하지만 상담자가 자기 개방을 너무 많이 하면 문제가 될 수 있다. 자기 개방을 너무 자주 사용하면 내담자의 탐색을 방해하고, 상담자에게로 주의가 옮겨질 수 있으므로 조심해야 한다. 자기 개방은 반드시 내담자 욕구에 초점을 두고, 내담자의 문제 상황을 탐색하는 데 도움을 줄 때 적절한 기법이 될 수 있다(천성문 외, 2015: 378-394).

상담자의 자기 개방은 특히 개인적이거나 가족에 관한 일을 다른 사람에게 드러내는 것에 반감을 가지는 내담자에게 중요하다. 또한 상담자의 자기 개방은 상담에 불신을 갖고 있는 내담자에게 보다 효과적일 수 있다. 어떤 내담자는 상담자가 자신을 이해하고 도울 수 있을지 의심하고, 상담자가 들춰내는 정보가 자신에게 불리하게 사용될까 걱정한다. 상담자는 내담자의 질문에 진솔하게 반응하는 것이 적절하지만, 때에 따라 특히 그 질문이 과하거나 지나치게 개인적일 경우 내담자의 질문 동기가 무엇인지 내담자에게 물어서 초점을 내담자에게 가져가야 한다.

8) 즉시성

즉시성은 내담자의 사고, 감정, 행동에 대한 반응으로 상담자의 보고 관찰한 것을 드러내는 것이다. 즉시성은 치료적 관계에 초점을 맞춘 상태에서 내담자에 대한 상담자의 감정, 느낌, 기대, 반응을 개방하여 내담자가 통찰을 얻도록 돕는 방식이다. 즉시성을 통해 내담자는 대인관계에서 발생하는 갈등을 해결할 수 있는 기회를 제공받을 수 있다. 한편, 즉시성은 상담 분위기를 형성하는 요소로 내담자와의 상담관계를 형성하는 데 아주 중요한 역할을 한다. 상담자가 내담자와 관계된 그의 생각이나 감정을 솔직하게 개방할수록 내담자는 상담자를 보다 인간적으로 가깝게 느끼고 스스로를 솔직하게 표현하여 상담관계를 한층 깊게 할 수 있다.

그러나 즉시성은 어떤 상담기법보다 대담함과 자기 주장을 필요로 하므로 많은 상담자들이 부담을 느끼고 어려워한다. 즉, 즉시성은 상담자의 내담자에 대한 잠정적인 추측이나 해석을 바탕으로 이루어지므로 잘못된 추측으로 인해 내담자의 신뢰를 잃을 수 있다. 또한 즉시성은 예상치 못한 결과를 가져올 수도 있기 때문에 상담자와 내담자 사이의 치료적 관계를 깨트려 상담을 종결하게 만들 수도 있다. 따라서 고도의 주의와 기술, 그리고 상담자의 민감성이 요구된다(천성문 외, 2015: 380-381).

HAPTER 05

개인상담

1 개인상담이란

개인상담은 문제를 가진 내담자가 전문적인 훈련을 받은 상담자와의 관계에서 자기 이해를 증진하고 문제를 해결해 나가는 과정을 말한다. 그러나 급속한 현대 사회의 흐름에 따라 상담을 받고자 하는 내담자의 수는 증가하였으나 그에 비하여 상담자의 수는 제한되어 있어 단기간에 상담을 받으려는 경향이 늘어났다. 그리고 상담 기간이 길어짐에 따라 상담 비용과 함께 상담에 참여해야 하는 시간이 늘어나는 것에 대해 내담자의 부담이 커지게 되어 단기상담을 더욱 선호하고 있다(천성문 외, 2015: 450). 이와 같은 장점에 근거하여 관심을 모으고 있는 단기상담은 프로이드(Freud)를 비롯한 정신분석에서부터 그 이후 로저스(Rogers)의 인간중심 상담 접근에 이르기까지 타인을 조력하는 상담 분야에서 지속적으로 추구되고 있는 상담이라 할 수 있다.

2 단기상담방법

단기상담은 상담의 목표를 빠른 시간 내에 구체적으로 설정하고 그 목표를 해결하는 데 초점을 맞춘다. 단기상담의 기간이 얼마나 짧아야 하는지에 대한 견해는 다양하지만 단기정신역동상담에서는 7~50회 정도를 단기상담 회기로 규정하는 반면, 지지하는 상담에서는 15회 미만으로 규정하기도 한다. 단기상담의 기간에 대한 견해가 다양하지만, 일반적으로는 주 1회를 기준으로 총 25회기 미만을 단기상담으로 보는 견해가 많은 상담자들에게 지지받고 있다. 이러한 단기상담은 다음과 같은 특징을 갖는다(천성문 외, 2015: 451).

1) 상담 시간의 제한성

대부분의 단기상담에서 상담자들은 첫 회기에 상담 기간이 제한되어 있음을 내담자에게 말해 주는데, 이는 상담 시간을 제한되어 있다는 사실을 내담자가 현실적으로 인식하게 하면서 아울러 비교적 짧은 기간 안에 상태가 좋아질 수 있을 것이라는 희망을 심어 주는 효과가 있다. 또한 첫 회기에 상담자는 상담의 진행 방식 및 상담에서의 내담자 역할에 대해 내담자에게 구조화(안내교육)를 하는 것이 보통이다. 이때 단기상담의 성질, 상담자의 역할과 책임, 내담자의 역할과 책임, 상담 목표, 시간 및 공간적인 제한 사항 등에 대해서 요점을 간단명료하게 설명함으로써 구조화를 진행한다.

단기상담은 대개 25회기 이내에 이루어지는 것이 일반적이며, 상담 시간이 제한되어 있기에 내담자가 호소하는 문제의 본질이 무엇인지를 빠르게 판단해야 하고, 핵심 문제를 중심으로 내담자의 현재 심리적 상태에 대한 분명한 평가가 초기에 이루어져야 한다. 그리고 내담자의 핵심 문제에 초점을 맞추어 구체적인 상담 계획을 수립해야 한다. 상담자와 내담자는 핵심이 되는 문제를 정하면서 직접적인 논의 및 협력 과정을 가지는 것이 바람직하다.

2) 상담 목표의 제한성

내담자 문제의 본질이 평가된 이후에는 상담 목표를 구체적으로 설정해야 한다. 단기상담에서는 시간이 제한되어 있기 때문에 상담 목표 또한 제한되어 설정된다. 즉, 특정한 내적 갈등을 해소하기를 원하는지, 그리고 어떤 구체적인 감정의 변화를 원하는지를 준거로 설정해야 한다. 문제행동 원인에 대해 내담자가 통찰을 얻고 궁극적으로 성격을 재구성하게 되는 것을 지향하는 전통적인 상담 목표는 상담 시간이 제한되어 있는 단기상담에서는 달성될 수 없다. 따라서 대부분의 단기상담에서는 가능한 한 빨리 내담자의 문제 증상을 제거하거나 완화시키고 이전의 정서적 평형 상태를 빠른 시간 내에 재정립하며, 현재 갈등의 원인에 대한 내담자 자신의 이래를 증진시켜 상담이 끝난 후에 유사한 문제가 생길 때 적용할 수 있는 대처 행동을 증진시키는 것을 목표로 삼는다.

3) 현재 주심의 치료적 초점

단기상담과 같이 제한된 시간 내에 목표를 달성하기 위해서는 상담 개입에 초점을 맞추어 집중적으로 할 필요가 있다. 일반적으로 단기상담에서 상담 초점은 내담자의 현재 문제 증상, 반복적으로 문제를 일으키는 대인관계 등에 맞추어진다. 때로는 아동기의 기억, 꿈, 전이 해석 등도 다룰 수 있는데, 이러한 내용이 현재에 직접적으로 영향을 미치고 있는 경우에 한해서 다루어진다. 상담자의 이론적 입장에 따라 상담의 형태는 다양할 수 있으나, 상담자는 내담자에게 최근에 일어났던 의미 있는 경험 자료에 초점을 맞추고 일반적이고도 모호한 내용에서 구체적인 내용으로 주목해야 한다. 과거의 사건이나 역사보다는 주로 내담자가 인간관계에서 현재 느끼고 있는 감정과 정서에 주목하여 상담 장면의 '지금-여기'에서 내담자의 감정과 행동에 주목한다. 또한 내담자가 이후에 어떤 행동을 취하는 것이 바람직한지를 살펴보면서 상담의 성과에 관해서는 최초에 상호 합의한 목표를 비교·검토하여 판단한다.

4) 상담자의 즉각적이고 적극적인 개입

단기상담에서는 내담자의 문제에 대해 즉각적이고 신속한 개입이 이루어진다. 이는 내담자의 문제 증상이 만성화되는 것을 방지하고 내담자들에게 즉각적인 정서적 지원을 제공함으로써 특히 정서적 위기상황에 있는 내담자에게 도움을 줄 수 있다. 만약 내담자가 지속적으로 스트레스를 받는 상황에 놓여 있다면 상담자는 그런 환경을 즉각적으로 변화시키거나 조정 가능성을 탐색해야 한다.

단기상담에서 두드러지는 특징 중 하나는 상담과정에서 적극적이고 지시적인 개입을 한다는 점이다. 상담자는 상담기법의 선택 및 적용에서 적극적인 역할을 담당한다. 그리고 성공적인 상담을 위해 중요한 초점을 유지시키고 상담 목표를 제한된 시간 내에 달성하기 위해서 더욱 적극적인 태도를 보인다. 즉, 상담자는 내담자보다 말을 더 많이 하고, 상담에서 중요한 초점을 유지시키며, 직접적인 해석을 하고, 즉각적인 정서적 지원 및 안내의 역할을 하며, 내담자가 실천해야 할 행동계획을 수립하고, 과제를 할당하며, 건설적인 삶의 가치관을 가지도록 격려하는 것 등의 적극적인 개입을 추진한다.

5) 문제해결적 접근

내담자들은 특정한 순간에 특정한 문제를 해결하기 위해 상담을 요청하기 때문에 모든 상담은 일종의 위기상담이자 위기개입이라 할 수 있다. 더군다나 보다 신속한 문제해결을 희망하여 요청하게 되는 단기상담은 문제해결적 접근으로 진행될 것이다. 단기상담에서는 특히 내담자가 처음 상담을 받으러 왔을 때 제시하는 주 호소 문제를 중요시하고, 내담자의 핵심적인 문제 증상을 표적으로 결정하여 상담해 나간다. 특히 내담자의 주 호소 문제를 주목하고 정교하게 핵심 문제로 접근해 나가는 것은 내담자의 문제해결에 매우 필수적이며 상담의 성패를 좌우하는 과정이다. 따라서 단기상담에서는 내담자가 처음 언급하는 주 호소 문제를 우선적으로 다룬다. 이러한 신속한 문제해결의 과정을 통해 내담자는 상담에 가지고 온 기대를 충족하고 상담 결과에 대한 희망을 갖게 된다.

6) 긍정적인 상담자-내담자 관계

성공적인 단기상담을 위해서는 상담자와 내담자 간의 긍정적인 관계가 매우 중요하다. 단기상담에서뿐만 아니라 모든 상담에서 상담자와 내담자의 긍정적인 상담관계는 상담의 성공을 좌우하는 중요한 요소일 것이다. 특히 제한된 시간 내에 특정한 목표를 달성해야 하는 경우나 위기개입이 필요한 상황에서는 이러한 긍정적 관계가 더욱 더 중요시된다. 효과적인 당기상담을 위해서는 상담자가 내담자에게 진솔하고 신뢰할 수 있으며 우호적인 모습을 보임으로써 내담자의 긍정적인 측면을 북돋아 주는 것이 필요하다.

단기상담에서 긍정적인 상담관계의 형성을 위해서 일반적으로 사용하는 기법은 다음과 같다.

첫째, 상담의 구조화로 단기상담에서는 구조화를 통해서 내담자가 상담에 대해 올바른 기대감을 갖고 상담의 결과가 자신에게 유익할 것이라는 희망을 갖도록 하는 것이 중요하다. 특히 상담 기간이 제한되어 있음을 미리 내담자에게 알려줌으로써 상담 성과에 대한 희망을 불러일으킴과 동시에 상담에서 내담자가 책임감 있는 관여를 할 수 있도록 돕는 것이 필요하다. 또한 내담자가 상담 초기에 제시한 주 호소 문제를 먼저 다루고 상담 목표의 설정 시 상담자와 내담자 간의 상호 토의 과정을 가지는 것 등이 상담 과제를 긍정적으로 만드는 데 매우 중요한 요소가 된다.

둘째, 정서적 지원 및 내담자 장점의 격려로 단기상담에서는 내담자를 정서적으로 지원해 주고 내담자의 장점을 적극적으로 격려하는 것이 필요하다. 이는 모든 상담에서도 중요한 요소겠지만 특히 우울이나 외로움 등을 호소하면서 정서적 위기상황에 있는 내담자를 대상으로 한 단기상담에서는 더욱 필요하다. 상담자가 내담자의 심리적·환경적 상황을 이해하고 있고, 상담자가 내담자의 문제를 수용하고 온정적으로 대하고 있으며, 상담자가 진지한 마음으로 책임을 갖고 도와준다는 사실을 내담자가 경험할 수 있어야 한다. 이러한 정서적 지원을 받는 내담자는 불안과 긴장과 의존적 감정을 표현하게 되고, 문제를 해결하기 위한 실제적 노력과 행동을 하게 된다.

정서적 지원과 더불어, 단기상담에서는 내담자가 지닌 자원 또는 장점을 조기에 발견하여 적극적으로 격려하고 강화해 주는 전략이 필요하다. 이는 상담 장면에서 내담자가 바람직한 언행을 보이거나 자기 탐색의 노력을 보일 때 놓치지 않고 강화해 주는 것 또한 포함한다. 내담자 자신의 장점이 발휘될 수 있는 측면을 강화하고 내담자에게 성공 경험을 축적해 나가도록 상담자가 돕고 격려한다는 것은 단기상담에서 내담자가 자신의 핵심 문제를 해결해 나가도록 하는 데 효과적인 밑바탕이 된다.

셋째, 직접적인 조언 및 정보의 제공으로 단기상담은 상담 기간이 제한되어 있고 문제해결을 향해 상담을 진행해야 하는 까닭에 특히 조언 및 정보제공이 중요한 상담 전략이 된다. 대개는 상담의 초기와 종결 전 단계에 조언 및 정보제공이 중요한 역할을 하게 된다. 상담의 초기 단계에는 상담을 시작하는 내담자의 막연한 생각을 정리해 주고 초기 불안을 감소시켜 주는 데 그 가치가 있다. 또한 내담자의 정보 욕구를 충족시켜 준다는 측면에서도 초기의 조언 및 정보제공이 중요하며, 종결 전 단계에서는 내담자가 실제 생활환경에서 새로운 행동을 효과적으로 시도하도록 돕는 데 조언과 정보제공이 큰 기여를 한다.

3 단기상담의 목표

그동안 어떤 내담자가 단기상담에 더 적합한 대상인가에 대한 연구가 많이 이루어져 왔다. 물론 어떤 유형 및 문제를 가진 내담자가 단기상담에 적절한지에 대해서는 결정된 바가 없다. 그러나 여러 연구 결과를 살펴볼 때 단기상담은 '환경적인 요인에 의해서 급성적으로 발생한 문제로 고통 받는 내담자, 이전에 양호한 적응능력을 가진 경험이 있었던 내담자, 대인관계에서 타인과 양호한 관계형성의 능력이 있는 내담자, 상담에 대한 동기가 높은 내담자, 주 호소 문제를 구체적으로 표현할 수 있는 내담자'에게 보다 효과적이고 적합하다.

과연 단기상담이 적합할 것인지를 결정할 때에는 내담자의 현재 문제를 비롯하여 살아온 과거를 충분히 조사하고 내담자의 현재 문제와 현재 갈등에 대해서 명확하게 이해할 수 있어야 한다. 상담을 단기간에 끝맺게 한다는 것은 상담 작업의 주된 초점을 내담자의 현재 생활과 대인관계에 둔다는 것을 전제로 한다. 그러므로 단기상담에서는 내담자가 이 같은 현재 문제의 요인이 무엇이고 그 요인이 어떻게 서로 연결되어 있는지에 대해서 명확하게 목표를 설정할 필요가 있다.

4 단기상담의 과정

상담 초기에 상담자는 내담자의 문제에 민감해야 한다. 상담자는 상담을 취소하거나 지각하는 등 상담 초기에 상담에 참여하면서 보이는 내담자 태도의 의미를 탐색해야 한다. 상담 초기에 상담자는 내담자와 상호작용을 하는 동안 나타나는 모든 가능한 행동과 단서에 주의를 기울이는 민감성이 필요한데 이들 과정별 내용을 세분화시켜보면 다음과 같다.

첫째, 첫 면접의 경우 상담 시간의 제한이 있는 단기상담에서 첫 면접은 매우 중요하다. 내담자가 어떤 문제를 갖고 왔는지, 그 문제가 얼마나 심각한지, 내담자가 가진 강점과 약점은 무엇인지, 내담자는 상담에 대하여 얼마나 관심과 동기가 있는지, 내담자가 처한 상황은 어떤 위기에 있는지 등을 평가해야 한다. 이렇듯 상담자는 내담자가 호소하는 문제와 정신 병리의 정도, 타인과 관계를 맺는 양식과 개인적 자질, 내담자에 대해 상담자가 가지는 개인적 인상을 평가함으로써 내담자의 문제가 단기상담에 적합한지를 평가하게 된다. 그리고 내담자가 상담을 통해 어떤 도움을 받고자 하고 얼마나 상담에 참여하여 변화하고자 하는지의 동기를 첫 면접에서 확인해야 한다. 상담자는 실제로 상담이란 무엇인지를 분명하게 설명해 주는 구조화를 실시하여 상담이 어떻게 이루어지며 상담자와 내담자 각각의 역할은 무엇인지를 설명할 수 있다. 또는 내담자에게 먼저 상담에 대한 기대를 이해하고 내담자는 어떤 상담과정이 뒤따를 것인지를 이해함으로써 단기상담의 효과를 높이고자 하는 것이다. 구체적으로는 내담자에게 예상되는 상담 기간, 시간, 비용 문제에 대해 알려 주는 것이 바람직하다.

둘째, 단기상담의 초기인 경우 단기상담의 초기 단계 동안 상담자는 내담자가 자신에게 어떻게 반응하는지, 그리고 상담관계가 어떻게 발전되어 가는지를 평가한다. 상담자는 개방적이고 정직한 의사소통을 통하여 내담자를 도우려는 진실한 관심과 이해와 공감을 형성하고 긍정적인 상담관계를 형성하도록 한다. 내담자가 상담 시간에 늦거나 합의한 상담 과제를 이해하지 않거나 이야기했던 내용에 대해 부인하는 등 바람직하지 못한 행동패턴을 보일 때, 상담자는 상담이란 규칙과 책임을 지는 두 사람의 합의임을 분명한 태도로 알려야 한다. 그리고 상담자는 내담자가 자신의 문제를 이야기하는 것에 대해서 관심을 기울이고 경청함으로써 상담 계획을 수정하고 수립할 수 있다. 상담자는 내담자가 상담자와 어떻게 상호작용을 하는지 관찰함으로써 다른 대인관계 방식과 행동패턴을 발견할 수 있다. 내담자가 상담자와의 관계에서 보이는 패턴은 내담자가 가지고 온 주 호소 문제 및 핵심문제의 패턴이 반복된 것일 수 있기 때문이다. 이처럼 상담자는 상담 장면에서 내담자가 보이는 행동을 통해 상담이 어떻게 진행되고 있는지를 확인할 수 있다.

셋째, 단기 상담의 중기인 경우 단기상담이 중기로 접어들면 내담자에 대해 추가적으로 평가하고, 상담 계획을 수립하며, 상담자와 내담자의 우호적인 상담관계가 진행될 것이다. 좋은 상담관계가 수립되고 내담자가 개선되고 상담은 앞으로도 지속되어 좋은 결과를 얻을 가능성이 높아진다. 이렇듯 상담 시간이 안정되고 친밀감이 형성될수록 상담의 주요 작업은 본격적으로 진행된다. 상담이 진행됨에 따라 내담자들은 자신의 사적인 문제를 보다 자유롭게 드러내는데, 이때 상담자는 내담자가 자유롭게 자신의 감정, 생각, 경험을 드러내도록 허용하고 격려하는 태도를 지녀야 한다. 상담 중기에 내담자는 자신의 문제를 더 잘 들여다보고, 생활 속에서 새롭게 시도하면서 수정한다. 상담의 중기 과정에서 내담자의 점진적인 변화가 일어남과 동시에, 상담자가 내담자의 문제가 되는 신념이나 행동이나 경험을 보다 직접적으로 언급하면서 탐색과 직면이 일어나기도 한다. 상담자는 부정적으로 받아들일 수 있는 내담자의 측면에 대해서 내담자가 수치심이나 두려움 없이

들여다볼 수 있을 때까지 기다려 주고 지지와 공감을 제공해야 한다. 이는 내담자에 대한 정확한 평가, 긍정적인 상담관계, 내담자를 진정으로 돕고자 하는 진심이 전달되어야 가능하다.

단기상담의 중기 과정에서는 내담자가 상담을 취소하거나 약속을 불이행하는 문제가 발생할 수 있다. 상담 초기와 마찬가지로 이 문제를 내담자에게 분명하게 제시하고 그 이유를 탐색하면서, 상담자는 문제를 내담자와 함께 논의하여 원인을 밝혀내려는 노력을 한다. 그리고 때로는 상담이 매우 빨리 진행되거나 늦어지는 경우도 있는데, 이는 내담자가 상담에 대한 관심과 열의에 따라 변화되기 때문이다. 그럴 경우 상담자는 내담자 행동의 가능한 원인과 솔직한 심정을 직접 물어보되, 진지하고 세심한 관심을 갖고 질문하는 태도를 보여서 질문이 공격적인 것으로 비춰지지 않도록 주의해야 한다. 따라서 상담자는 내담자의 다양한 행동과 의사소통 방식을 들을 준비가 되어야 할 것이다.

넷째, 단기상담의 종결인 경우 상담자는 상담을 진행하면서 종결을 염두에 두고, 내담자도 언젠가는 상담이 끝날 것을 생각하게 된다. 상담이 잘 진행된 경우와 그렇지 못한 경우 모두 종결을 맞이하게 된다. 만약 내담자가 다음 약속 시간에 나타나지 않아서 조기에 종결될 경우에는 상담 내용의 기록이나 녹음을 검토해 보고 조기 종결의 원인과 의미를 탐색해 볼 필요가 있다. 이를 통해 조기 종결의 가능성을 보다 빨리 파악하고 적절하게 대처하는 것이 가능하다.

단기상담은 시간이 제한되어 있기 때문에 내담자들이 종결을 보다 분명하게 예견하는 경우가 많다. 이는 오히려 바람직한 변화를 얻기 위해 노력할 수 있는 시간이 제한되어 있음을 알리기에 내담자가 상담에 대한 긍정적인 동기를 가지도록 촉진하는 요소가 된다. 그러나 내담자가 특정한 종결 시점을 회피하거나 모호하게 언급한다면 상담자가 그에 대해 내담자와 언제 어떻게 논의할지를 계획하도록 한다. 단기상담을 종결할 때에는 내담자가 상담 성과에 대해 어느 정도 만족하는지, 상담자에게 어느 정도 애착을 느끼고 종결에 대해 불안을 느끼는지를 예측할 수 있어야 한다.

5 단기상담의 모델

상담에 들이는 시간과 비용이 절약되고 상담의 효과도 있다는 측면에서 단기상담이 각광을 받고 있다. 단기상담은 장기상담보다 다양한 가치관, 정서기능을 가진 내담자들이나 개인적 형편상 장기상담이 불가능한 내담자들에게 유용하다. 따라서 단기상담은 상담의 목표를 빠른 시간 내에 구체적으로 설정하고 그 목표를 해결하는 데 초점을 맞추게 된다는 측면을 강조해야 한다. 그리고 단기상담은 대개 25회기 이내에 이루어지는 것이 일반적이다. 단기상담에서는 시간이 제한되어 있기 때문에 상담 목표 또한 제한되어 설정된다.

단기상담에서 상담 초점은 내담자의 현재 문제증상, 반복적으로 문제를 일으키는 대인관계 등에 맞춰지고, 내담자의 문제에 대해 즉각적이고 신속한 개입이 이루어진다. 성공적인 단기상담을 위해서는 상담자와 내담자 간에 긍정적인 관계가 매우 중요하다.

특히 단기상담은 비교적 건강하고, 경미한 문제를 지녔으며, 조직체의 구성원으로서 상실이나 급성적 상황에 처해 있거나 발달 과업상의 어려움을 겪고 있는 내담자들에게 보다 적합하다. 그리고 내담자들은 신속한 문제해결을 희망하여 요청하게 되므로 단기상담은 문제해결적 접근으로 진행된다.

① 단기상담의 첫 면접에서는 상담자와 내담자 간에 상담관계를 형성하고, 내담자의 기대와 동기를 확인하며 내담자에 대한 자료를 종합하여 상담에 대한 구조화를 실시하도록 한다.

② 단기상담의 초기 단계에서는 내담자의 행동패턴을 확인하고, 내담자에 대한 견해를 수정하고 확장하며, 내담자에게 적절한 과제를 부여하면서 상담을 진행한다.

③ 단기상담의 중기 과정에서는 우호적인 상담관계를 바탕으로 내담자의 문제를 보다 깊이 탐색하고, 이를 현실적으로 해결하기 위한 노력을 시도하면서 상담의 진행과정을 평가한다.

④ 단기상담의 종결에서는 내담자와 협의된 종결 계획을 세우고, 상담자와 내담자가 종결에 대해서 어떤 느낌과 생각을 갖는지를 점검하면, 상담을 통해서 얻은 변화와 앞으로 문제해결을 위해 검토한다.

CHAPTER 06

가족상담

1 가족상담의 정의

가족상담은 사회적, 가족 내외적 변화에 의해 긴장상태에 있거나 압박을 받고 있는 가족을 대상으로 그들의 욕구에 대해 지원해주거나 방향을 제시하여 주는 것을 말한다. 골든버그(Goldenberg)는 “가족상담이란 가족 구성원들로 하여금 가족의 역기능적인 의사교류 유형을 개선시킬 수 있도록 도와줌으로써 현재 가족 체계 내의 역동적인 정서적 문제를 찾아 개선시키려는 일종의 심리 상담기법”이라고 정의하였다. 또 로빈슨(Robinson)은 “가족상담이란 가족을 하나의 단위로 보고 가족 성원에게 증상을 유발시키는 가족의 행동유형을 분리, 변화시켜서 개인으로 하여금 가족에게서 분리되고 독립되어 성숙해 지며 또래집단과 정서적 유대를 맺을 수 있도록 도와주는 것”이라고 정의하였다(유 옥, 2012: 1-102).

2 가족상담의 방법

가족상담 및 치료는 가족 구성원 간의 관계구조와 상호작용을 변화시켜 대인관계 기술과 적응능력을 향상시킴으로써 개인과 가족이 건강하고 순기능적인 생활을 하도록 도움을 주는 상담을 말한다(김명희·이현경, 2014: 358).

가족상담은 두 가지 상담의 패러다임으로 구성되어 있다. 하나는 후기 구조주의 이전의 가족체계를 하나로 보고 재구조화하는 가족상담의 이론으로서 가족체계모델이 있다. 가족체계를 전체 하나로 보고 가족의 체계와 가족구조 요인들을 변화시키며 재구조화하는 가족체계모델은 가족의 항상성과 경계 등 가족체계의 문제를 분석함으로써 가족상담사가 가족의 문제를 재구조하는 치료이론이다. 가족상담은 IP(가족이 환자로서 문제시하는 가족 구성원)를 가족의 관계와 지역사회의 관계 속에서 IP의 문제원인이 될 수 있는 가족의 항상성과 역기능적 가족체계를 치료하고 재구조화시키는 상담방법으로 활용된다.

과거에 비해 현대인은 개인적인 정신건강문제와 더불어 가족원 간의 갈등과 불일치, 관계위기를 겪을 가능성이 높고 이를 극복할 전략이 계속적으로 필요하게 되었는데 가족상담은 가족과 개인의 건전한 적응과 기능을 돕고 원만한 가족관계와 안정되고 건강한 사회를 만드는 데 기여하고 있다. 현대사회 구조의 변화는 과거의 가족중심 사회에 비해 사회가 요구하는 바를 우선시 하고 가족의 해체에 적지 않은 영향을 미치게 되었다(Brush, 2006). 정보화 시대에서 가족관계의 단절은 심각하다.

아동·청소년 가족의 가족관계는 직선모델인 원인과 결과의 관계로 해석되기보다는 서로 영향을 주고받고 상호작용하는 순환모델로 파악된다. 가족체계의 전체성은 가족이 하나의 단위 혹은 체계로 움직이는 특성을 설명하며 가족의 상호관계가 전체로서 어떻게 기능하는지를 설명한다. 가족체계는 독립적인 부분들이 아니라 상호의존적 부분들로 구성되므로 부분들의 합이 아닌 가족의 전체성으로 보아야 한다. 즉 가족 중 어느 한 사람이 증상을 보이면 모든 가족들 관계가 서로 맞물려 개인의 문제보다는 가족의 상호작용이나 역동관계의 문제로 보는데(Brush, 2006), 증상에 대한 위기상담이 단기치료 목표로, 그리고 가족상담이 장기치료 목표로 구조화되어야 한다.

가족의 역기능과 가족체계의 경계 및 구조 등을 다루는데 가족은 평형을 유지하고자 하며 가족평형을 유지하기 위해서 변화하지 않으려는 역기능의 가족의 항상성을 유지시킨다(Goldenberg & Goldenberg, 1991; Glanding, 2006; Nichols et al., 2005; Lee, 1999). 개인의 문제행동을 한 개인의 문제로 보지 않고 역기능적인 가족체계의 얽힌 가족역동에서 원인을 찾게 되며 또한 개인은 가족체계와 영향을 주고받게 된다. 그러므로 개인을 치료한다는 것은 가족체계의 특징을 파악하고 이를 재구조화하는 것을 의미한다.

이 기능적으로 변화될 때까지 심각한 자녀의 중독증세가 유지되며 역기능적인 가족의 역동이 변화되기까지 자녀의 중독문제가 계속 유지되는 청소년 가족상담 사례에서 볼 수 있다. 이러한 가족상담의 패러다임은 증상이나 혹은 일탈행위가 반드시 부정적인 것은 아니라는 결론으로 종전의 치료와 상담의 패러다임을 바꾸어 놓았다. 중독행동의 청소년은 그의 부모의 계속되는 싸움과 가족의 역기능이 멈출 때까지 중독행동을 그치지 않음으로써 가족 전체를 재구조화시키는 데 공헌할 수 있다(Steinglass et al., 1993). 다른 사례의 예로 거식증을 가진 한 젊은 청소년의 증상은 거식증 자체보다는 부모에 대한 반항과 양가감정을 의미하는 것이며, 청소년이 그러한 분노와 양가감정에서 방황하는 것을 그만두면 오히려 가족의 문제가 더욱 심각하게 된다는 것을 역설적으로 설명한다. 가족상담 중 가족체계이론은 가족문제가 사라질 때까지 아동이나 청소년 부적응이나 증상이 진행되어지거나 개인의 증상이 가족역동의 얽히고설킨 가족에너지의 문제와 관련됨을 설명해 준다. 그리고 가족체계 모델과 다른 21세기의 후기구조주의 가족상담 모델은 상담사와 내담자가 주고받은 이야기로부터 게임을 시작하는 것으로 긍정심리학의 기법들을 활용하고 있다.

3 가족상담의 목표

가족상담은 가족상담자가 문제의 원인을 아동이나 청소년 가족 구성원의 개인 탓으로 돌리기보다는 청소년들에게는 적당한 시기의 부모들에게 청소년들이 특성을 이해시키는 것이며 이들을 돕기 위한 목적으로 부모와 가족 전체를 개입시키며 치료하는 것이 가족상담의 목표이다(김명희·이현경, 2014: 361).

아동과 청소년의 정서와 행동의 문제가 있을 때 가족상담사는 위기상황에 대한 문제를 파악하고 도움을 주는 위기상담의 단기목표를 구성해야 한다. 위기상황이 조금씩 회복되면서 가족 내에서 아동과 청소년 가족의 역할과 기능을 파악하며 감정과 생각을 자유롭게 표현하도록 하고 가족의 의사소통능력과 가족구조 등을 파악한 후 가족상담의 장기목표가 세워지면 이것은 가족구조를 변화시키는 방향으로 도움을 주게 된다. 각 회기마다 아동·청소년의 위기 상황을 조성하는 가족의 문제나 혹은 아동과 청소년의 문제행동을 알기 위해서 가족의 전체의 가족역동이 파악되어져야 한다. 더 나가서 애매모호하고, 혼동된 가족 구성원들의 욕구를 인정하고 존중하며 수용할 수 있는 것뿐 아니라 가족 구성원 개인의 역기능문제의 치료목표를 설정해야 한다.

4 가족상담의 과정

1) 상담 초기

가족이 자신들의 문제를 노출하도록 돕기 위해 상담자는 직면보다 수용적 자세를 보여서 가족이 안전하다고 느끼는 것이 필요하다. 가족과의 라포 형성과 가족구조와 기능을 파악하는 것은 가족의 중요한 과정이다. 그 이후 상담에 참가하는 가족범위, 상담계약 상담기간과 빈도를 정한다. 상담목표는 상담이 진행되면서 계속 수정될 수 있다. 문제의 명료화는 가족 안에서 변화할 필요가 무엇인지에 대해 표현할 기회를 갖게 하는 것이다. 면담을 통한 가족이해는 상담 초기 단계에서 가족에 대한 많은 정보를 얻기 위해 객관적 주관적 가족심리평가 및 검사 등을 활용한다(Janice et al., 2010; 이현경, 2010). 상담 초기 종료과정에서는 상담자가 가족에게 상담을 계속하고 싶은지를 설정하고, 다음의 상담일정, 어떤 가족이 참가할 것인가를 논의하면서 종결되면 가족상담 중기과정으로 진행된다.

2) 상담 중기

일반적으로 상담 개입 단계의 상담사의 고려사항들은 가족 참여, 치료의 형태 등을 다루고 구체적 전략에는 의사소통, 가족역할과 연합을 변화시키기 위한 전략이 개입된다. 상담기법은 전반적 가족상담이론들을 통합적으로 활용하며, 각 회기마다 단기목표와 장기목표 및 피드백(feedback)과 평가, 다양한 가족문제의 재정의, 칭찬 혹은 가족상담기법 등을 활용한다. 청소년의 문제가 가출, 중독문제, 행동장애 혹은 정신과적 장애이든지 간에 청소년 가족상담은 그 과정에 있어 상담사가 직접 청소년을 다루는 것보다 부모와 청소년과의 상호작용을 지켜보며 역동관계를 가족관계 안에서 다룰 수 있도록 부모역할에 도움을 주어야 한다. 부모의 역할을 위해서는 가족상담과 가족교육, 그리고 가족심리교육 등을 동반하여, 하위체계를 재구조화하면서 전 가족구조에 개입해야 한다.

3) 상담 후기

후기과정에서 중요한 것은 가족의 종결에 대한 감정처리를 잘 완수할 수 있도록 하기 위하여 치료자는 가족원들의 감정을 수용하도록 한다. 치료자는 가족원들이 치료 초기에 이룬 변화에 대한 것을 치료 마지막 몇 주 동안에 실행해왔던 상담작업에 대해 재검토한다. 가족치료 전반에 대한 평가는 치료자와 가족 모두에게 피드백을 요구하게 되는데 성취감을 부여할 뿐 아니라 가족이 앞으로 나가야 할 방향을 제시한다. 가족상담사가 종결 이전에 준비해야 하는 것은 내담자가 미리 이야기를 꺼내지 않았다면 종결에 대해 가족에게 알리는 작업과 종결을 위한 구체적인 것을 계획하는 것이다. 종결을 하기 위하여 상담사는 종결에 대한 이야기를 하고 상담사 없이 가족이 독립하여 가족을 잘 구조화시키는지의 여부와 타당성을 논의해야 한다.

5 가족상담 모델

1) 보웬(Bowen)의 가족정서체계 모델

가족체계이론의 대표적인 가족상담으로 심리분석, 인류학, 생태학 등을 통합하는 보웬 가족상담이론의 8가지 개념은 자기분화(differentiation of self), 핵가족의 정서적 체계(nuclear family emotional system), 결혼역동(marital dynamics), 삼각관계(triangulation), 가족투사과정(family projection process), 다세대 전수과정(multiple generation transmission process), 정서적 단절(emotional cut-off), 형제순위(sibling position), 사회적 퇴행(societal regression) 등이다. 감정모델, 진화모델, 연속모델을 중점으로 하는 보웬의 치료가설은 가족을 접근할 때 먼저 한 가족 구성원에게 관심을 두고 다음 사람에게 접근하는 방식을 상담에 적용함으로써 가족의 상호작용적인 상황을 떠나 각 가족 구성원의 분화에 초점을 맞춘다. 또한 부부상담에서 한 배우자는 또한 다른 배우자를 관찰함으로써 자신의 정서에 몰입하지 않고 정서적 과정을 더 많이 배울 수 있게 하는 객관적인 기법을 활용한다.

보웬 가족치료 기술적 측면보다 가족성원 중 높은 분화지수를 가진 한 사람을 선정하여 분화지수를 높이고, 한 개인이 전체 가족체계를 변화시킬 수 있는 '파생' 원리를 강조한다. 또한 가족체계의 일차적인 변화를 강조함으로써 가족이 어떻게 기능하는 측면을 중요하다고 보았다.

가족상담의 기법들은 가족 안에서 논쟁이나 방어를 하지 않고 자신의 기능을 인식하도록 돕는 다양하고 다중적인 기법이 특징적이다. 비슷한 문제를 가진 다른 가족의 예를 들려주거나 비디오테이프, 영화 등의 자료를 사용하여 가족을 교육하기도 한다(Guerin, 1971).

(1) 탈삼각화와 치료적 삼각관계

삼각관계는 가족 구성원의 정서적 문제에 제3자, 혹은 정서를 보완할 수 있는 주체들을 끌어들이는 형태를 의미하며 불안에 대해 거짓 안정된 관계를 형성하는 거짓 안정된 관계를 의미하기도 한다. 보웬에 의하면 삼각관계가 일어나는 주요 요인은 불안에 의한 것으로 보기 때문에 가족체계의 탈삼각화 기법이 치료의 중심이 된다. 가족 간의 정서적 긴장이 가족 상호 간의 정서적 문제가 될 때 불안을 이해하며 삼각관계를 인식하도록 하면서 상담을 다루게 된다. 즉, 분화에 대해 가족의 병 인식을 위한 질문이나 코칭기법이 사용된다. 치료과정에서 원 가족에게 돌아가 원 가족을 이해하도록 과제를 내주기도 하고 원가족의 가계도를 활용하여 가족 구성원이 자아분화의 문제를 규정하도록 한다.

(2) 질문

질문은 보웬의 중요한 치료기법인데 과거에 얽매인 반사감정으로부터 현재를 분리시키도록 돕는다. 객관적으로 자신을 바라보고 이해하는 능력을 키우기 위해 가족 인지적인 능력과 감정을 구별하도록 돕는다. 치료자는 순환질문(circular question)을 통해서 가족 구성원들이 가족 간의 상호작용에 대해서 이해를 촉진한다(Titelman, 1998). 보웬은 질문을 통해 자신의 역할을 수행하기 위한 방법을 유도하며 객관적인 입장에서 상대방을 바라 볼 수 있는 치료기법을 제시하였다.

(3) '나' 입장

다른 사람이 "무엇을 하는가?" 대신에 I-Message인 자신이 무엇을 "느끼는가?"를 말함으로써 가족이 가족의 문제를 비난하지 않고 가족의 마음과 감정을 드러내는 것으로서 대인관계에서 방어적이지 않고 상대방에게 끼치는 구체적인 영향과 자신의 감정을 전달하게 되는 치료적 의미를 형성하게 된다.

(4) 코칭

치료자의 코칭은 개인적, 정서적으로 관여하게 되고 스스로 행동하는 자율성과 독립성을 길러주는 데 의의가 있다. 코칭은 가족관계에서 이해증가, 가족 구성원 자신에게 초점을 두는 것에 활용된다. 또한 삼각관계와 같은 정서적인 미분화 등에서 벗어나고 가족 구성원의 정서적 가족체계 모델의 목표인 분화수준을 높이도록 돕는다.

2) 구조적 가족치료

구조적 가족상담인 가족 인지행동치료는 미누친(Minuchin)에 의해서 1970년대에 창시되었다. 미누친의 가족 인지행동치료의 주요한 개념은 가족의 구조, 가족위계와 권력, 가족경계, 가족교류의 재구조화 등이다. 가족구조는 가족경계, 가족의식, 가족규칙, 가족신화, 가족위계, 가족권력, 가족교류 등으로 구성되는데 상담과정은 가족의 문제를 수집하고 가족경계 등을 사정하기 위한 가족지도를 활용하여 가족구조를 분석하게 된다(Minuchin et al., 2006). 가족구조에는 가족경계의 성격이나 유형에 따라 하위체계 구성원 간의 상호작용 패턴이 존재한다. 그러한 상호작용 유형은 연합관계(coalition relationship) 혹은 우회연합관계(detouring coalition relationship), 동맹관계(alliance relationship) 등이 있다. 가족이 저항적인 관계를 갖는 것은 '연합관계'라고 하며 두 가족 구성원에게 갈등이 있을 때 이를 피하기 위한 수단으로 한 사람이 다른 제3자와 밀착된 관계를 '우회연합관계'라고 한다.

또한 두 사람이 공동의 목적을 가지고서 제3자와 함께 협력관계를 갖게 되는 것을 동맹관계라고 한다.

가족상담의 목표를 설정하여 치료개입을 하는 과정에서 가족을 '재구조화시킨다'는 의미는 균형 있는 가족의 위계를 확립하며 하위체계가 기능하도록 가족경계를 조정하는 의미가 있다. 가족을 위한 심리평가는 가족역동으로서 내담자 증상, 가족지도와 가족경계를 분석하는 것으로 정보가 필요하면 정보 수집을 하고 계속해서 정보 수집을 하면서 치료에 활용한다.

구조적 가족상담의 치료로서 가족교류의 재구조화는 가족과 합류, 체계의 재편성, 증상의 초점화, 그리고 구조의 수정 등을 의미하는데 일부분이 강조되는 가족교류의 강화나 가족교류의 차단, 가족교류 분해방법 등의 기법이 포함된다. 미누친은 가족의 연합, 삼각관계, 혹은 우회연합관계 등의 상호작용을 차단시키며 가족교류를 분해하며 새로운 상호작용을 시도하도록 한다. 가족의 문제나 갈등상황을 직접 행동으로 표현하는 실연, 역할극 등의 기법을 활용하여 가족경계를 중심으로 고정된 상호교류에서 재구조화를 시도한다. 가족구조 재편성은 가족사정을 통해 가족의 상호작용 유형에서 일어나는 가족경계의 변화, 제휴, 권력구조, 가족기능에 개입하게 된다.

미누친의 치료기법으로 증상을 활용하는 것은 개인보다는 가족구조를 반영하며 가족구조의 수정을 위한 것이다. 증세는 가족체계 안에서 가족들의 얽혀 있는 에너지이므로 한 가족 구성원의 원인이 될 수 없고 증상을 과장하거나 축소, 혹은 재정의하는 것에 의해서 직접 관여하게 된다. 가족의 항상성 안에서 고착되어 있는 다른 가족 구성원들에게 증상을 과장함으로써 혹은 증상을 축소시키고 활용함으로써 상호작용하는 가족의 구조를 변화시킨다(Minuchin et al., 2006). 더 나아가서 가족이 상담 장면을 떠나 그들의 생활이나 삶으로 돌아갈 때 가족의 항상성을 우려하거나 가족의 익숙한 상호교류를 위한 개선을 위하여 치료과정의 과제를 활용하기도 한다.

3) 경험주의 가족치료

1960년대 안에서 실존주의와 인본주의를 중심으로 인간의 잠재력, 경험 감수성 훈련 등이 상담의 주제가 되었던 사티어(Satir) 가족치료의 초점은 지금-여기 경험하는 것이고 목표는 자신의 감정을 표현할 수 있는 것은 인간의 느낌에 접촉하는 것이었다. 사티어(Virginia Satir)는 훠터커(Carl Whitaker)와 함께 경험적 가족상담을 창안하였는데 정신분열증 환자와 그들의 가족들에 대해 특별한 관심을 가지게 되었다. 사티어 가족치료 모델은 인간의 감정의 문제에 초점을 맞추고 대인관계에서 적극적인 표현을 유도하도록 도움을 주었는데 가족관계가 해결되기 위해서는 먼저 개인의 빙산모델을 재구조화시키는 것을 강조한다.

사티어 치료의 특징은 심리내적 개인역동, 상호작용의 에너지, 원 가족 규칙, 영성, 그리고 예술치료 모두를 통합적으로 다루는 치료로서 병리적인 것(psycho pathology)에 초점을 두지 않는다. 인간의 인격적인 성장을 중심으로 하는 인본주의 접근인 이 모델은 영성모델로서 모든 존재 안에 있는 생명적인 에너지를 긍정적인 방향으로 돌아가도록 변화를 구축한다(Satir, 1991). 개인적이며 감정과 인지적인 측면, 개인의 기대 및 열망 차원에서의 경험을 가족의 상호작용 패턴으로 연결시키는 가족체계이론인 사티어 모델은 정직하고 직접적이며 명확히 의사소통하는 방법을 강조함으로써(Rasheed & Marley, 2010) 자아존중감과 원 가족 규칙을 분석하며 가족상호관계를 발전시키는 것에 초점을 두고 있다.

(1) 의사소통의 유형 변화

인간은 스트레스 상황에 놓이거나 위기를 경험하게 되면 가족관계 안에서 회유형, 비난형, 산만형, 초이성형, 일치형 등의 다섯 가지 유형으로 의사소통이 가능하다. 자기존중감을 규정하는 중요한 요소들은 자기 자신, 다른 사람, 상황 등이며 '세 가지 요소 중 어떠한 것에 가치를 두고 있느냐?'에 따라 기능적으로 의사소통이 달라진다. 결론적으로 역기능적 의사소통 유형의 변화를 구축하고 그러한 역동 안에서 가족체계의 변화를 구축시킨다.

(2) 가족조각

가족치료에는 가족조각이라는 주어진 공간에서 가족이 상징하는 신체적 조각을 함으로써 가족의 구체적인 관계유형과 회유형, 비난형, 산만형, 초이성형, 일치형의 가족 의사소통유형을 파악할 수 있다. 가족조각은 가족을 평가할 수 있는 진단과 치료적인 기법으로 개발되어 졌다. 비언어적인 기법으로 가족 구성원이 지각하는 다른 가족과의 인간관계, 가족 구성원들이 가지고 있는 위계와 지위, 세대적 투사와 타인에 대한 감정을 반영하는 기법으로 가족을 재구조화하는 데 치료적인 방법을 활용한다.

(3) 원 가족 삼인군의 분석

개인의 문제나 증상의 원인을 파악하기보다는 원 가족 삼인군 안에서 가족규칙 여러 세대를 거쳐 전수되어온 역기능적인 가족유형을 평가한다. 원 가족 삼인군은 현재의 자존감, 출생가족의 성장과정과 생활 경험, 생존유형, 가족구조, 전체적인 가족생활 역사, 가족관계를 이해하고 평가하기 위한 방법이다.

(4) 원 가족 규칙

가족관계에서의 표현력, 요구, 설명, 역기능적인 평가, 자신에 대한 정당함에 대한 언급은 가족의 의사소통을 평가하는 수단이 되는데, 이는 원 가족규칙에서 시작된다. 가족규칙은 가족관계에서의 가치관, 정당하거나 합리적인 것, 질문이나 감정을 표현하는 방법, 자존감의 표현, 가족의 갈등이나 싸움, 금기사항 등과 관련이 있으므로 치료적인 요인으로 활용되며 가족의 의사소통과 가족의 관계를 변화시키는 치료적 요인이 된다.

6 가족상담의 필요성과 목적

급격한 사회변화 속에서 가족 내의 구성원은 세대 간의 생각과 태도에 차이가 커져서 갈등이 생기고 또한 가족생활주기를 통해 항상 갈등이 일어나기 때문에 심각한 갈등은 상담을 필요로 하게 되는 것이며, 더욱이 부부는 가족생활주기의 각 단계마다 특유한 과업에 직면하게 되는데 이들 과업을 잘 처리하게 되면 부부나 가족 간의 갈등이 생기지 않지만 이들 과업을 해결하지 못한 채 누적시키면 항상성의 불균형이 초래되어 점차 긴장감이 높아진다.

가족은 문제가 발생했을 때 문제해결을 위하여 노력은 하지만 그 방법과 기술이 결과적으로 문제를 오히려 더욱 어렵게 만드는 경우가 있다. 이럴 때에 가족은 도움을 요청하기 위하여 전문가의 도움을 찾는 경우가 있으며, 가족은 도움을 얻기 위해 전문가를 찾아왔지만 대부분의 경우 치료에 대한 기대와 목적이 분명하지 않고 불안하고 긴장된 상태에 있다. 그리고 많은 경우 가족상담치료에 대한 동기역시 분명하지 않은 때가 많다.

따라서 가족상담에서 가족 구성원들은 기대, 목적, 동기를 가져야 하고 가족상담이 도움이 될 것이라는 확신을 가져야 한다. 또한 상담의 초기과정에서 목적을 설정하는 것은 가족구조 내의 모든 가족 구성원들이 가족의 문제를 함께 생각하고 계획하는 데 도움이 된다. 이러한 상황이 형성되었다면 이미 상담은 이루어졌다고 할 수 있다.

7 가족상담의 형태

1) 공동 가족치료

1인 또는 2인 이상의 상담자가 한 가족과 면접상담을 한다. 처음부터 전체 가족을 대상으로 할 수도 있고 필요에 따라 부부나 개인, 형제, 자녀, 가족 전체 등으로 면접대상을 바꾸기도 한다. 상담기간은 대부분 1주에 한 번씩 실시되며, 6개월 이내에 10회 내지 25회 정도로 끝내는 단기 상담치료가 가장 흔하다. 이외에 가족이나 개인에 긴급한 위기가 있을 때는 보통 매일 면접하여 한 달 이내에 끝내는 경우도 있고 장기간에 걸쳐 뿌리 깊은 복잡한 문제를 다루는 경우도 있다.

2) 다중 영향치료

상담자, 정신과 의사, 사회사업가, 목회자 등의 팀이 한 가족과 그 가족의 가까운 사람을 불러 한 장소에 기거하면서 2~3일간 집중적인 상담을 한다. 주로 이혼, 죽음 등의 위기 상황에 쓰인다.

3) 네트워크 치료

한 가족이 위기에 처해 있고 자발적인 문제해결 능력이 없을 때 그 가족의 친구, 이웃, 친척, 동료 등을 초대하여 지지망을 강력하게 제공하는 상담방법이다. 2주 내지 한 달에 한 번씩 지지망들이 각 가족 구성원을 위기가 끝날 때까지 계속 돕고 상담자는 단순히 자문역할을 한다.

4) 복수 가족치료

2인 이상의 치료자가 세 가정 이상의 가족원을 모아놓고 상담을 하는 방법으로 주로 정신분열증 환자 가족을 돕기 위해 사용된다.

8 가족상담의 원리

마음의 밭을 옥토로 계발한다는 아이디어는 상담에서 축적해 온 학문적 지식을 토대로 음미해 보면 아주 자연스러운 생각의 흐름이라고 하겠다. 그리고 거의 모든 상담자들은 인간관계의 중요성을 인식하고 있으며, 수용(acceptance)과 공감적 이해(empathic understanding)가 지니고 있는 놀라운 힘에 대해서도 알고 있다. 인간을 사물화하고 대상화하여 객관적으로 이해하는 것만으로는 어떠한 상담도 완성될 수 없다. 그렇기 때문에 과학적이고 체계적 접근법으로의 상담은 무력하다. 상담의 힘은 오히려 주관적인 것과 마음속에서 이루어지고 있는 개인의 독특한 내적 심리과정에 초점을 두는 것에 있다. 모르는 것, 밝혀지지 않은 것, 비합리적인 것, 비현실적인 것, 무의식적인 것, 부조리한 것 등 비합리성의 세계를 카운슬러들은 애정을 가지고 찾아가야 한다.

그리고 용서의 개념이 없이 상담자는 어떠한 상담도 제대로 할 수 없다. 그래서 '용서할 수 없는 것을 용서하는' 상담자의 태도를 강조한다. 용서의 개념이 없이 '가치중립성'이나 '비판단적 태도'를 강조하는 것은 인간의 심성을 기계화하고 무기력하게 하는 것이다.

어떤 가족관계이든 논리적 출발점은 언약을 맺는 것이며, 그 핵심에는 무조건적인 사랑이 있다. 개인상담의 경우 상담자가 내담자를 무조건 존중하고 공감적으로 이해하는 것에서 시작해서 내담자가 마침내 다른 사람들을 무조건 존중하고 공감적으로 이해하는 것을 대단히 중요하게 생각한다. 인간관계의 제반 문제가 공감적 이해와 무조건적 존중의 결핍에서 생기는 것으로 볼 수 있으며, 이 두 가지 측면의 능력향상이 인간관계에 요구되는 가장 중요한 요소이다(김형태, 2004: 134-136).

1) 무조건적 사랑의 원리

무조건적으로 가족을 사랑하고 또한 가족들이 무조건 사랑하는 것을 성숙한 자세로 받아들일 수 있도록 하는 것이 가족상담의 기본이 된다. 무조건적인 사랑은 상담자가 내담가족을 대하는 것에서 시작된다고 할 수 있다. 실제로 무조건적 사랑은 부모가 자녀를 낳게 되면 사랑으로 돌보는 것과 같이 일방적인 것에서 출발된다. 자녀들이 성숙하여 사랑의 능력이 길러지면 늙어서 연약해진 부모를 무조건 사랑할 수 있게 된다. 성숙한 인간관계는 양방향에서 무조건 사랑을 하는 것이라고 하겠다. 가족상담은 무조건적 사랑을 가르칠 수 있는 최선의 학습 환경을 제공하는 것이 되어야 할 것이다.

그러나 실제로 가족관계는 많은 증오심을 내포하고 있는 복잡한 인간들의 얽힘으로 되어 있다. 사랑과 증오가 다 같이 공존하는, 깨질 듯 연약한 상태에 있는 것으로 볼 수 있다. 사랑이란 현대인에게 있어서는 자기에게 유익이 있거나 마음에 좋을 때에만 하는 것으로 인식되어 있다. 자기에게 좋은 대로 생각하고 판단하기 때문에 현대인은 조건적 사랑을 너무나 당연한 것으로 생각하고 있다. 그렇기 때문에 조건들이 맞지 않으면 언제나 갈라설 수 있는 것이 현대의 부부관계이다. 그런 측면에서 볼 때 현대의 가정과 인류사회의 장래는 이 무조건적 사랑을 어떻게 익히고 실천하느냐에 달려 있다고 할 수 있다.

2) 무조건적 용서의 원리

가족관계에서 용서가 문제되는 것은 인내할 수 없는 영역을 넘어선 인간행위에 관련된 문제가 제기될 때이다. 너무나 중요하고 커다란 잘못을 하였기 때문에 용서하기 어려운 때가 종종 있을 수 있다. 어떻게 그렇게도 나쁜 일이나 큰 실수를 할 수 있겠는가 하여 용납하기 어려운 경우가 있다. 그런데 가정생활에서 이렇게 커다란 잘못으로 문제가 되는 경우가 있기는 있어도 그 빈도는 그리 많지 않다고 볼 수 있다.

인간을 불행하고 비참하게 만드는 사건의 대부분은 아주 사소하고 작은 문제들이다. 그 정도의 일은 너무 쉽고 사소한 것이어서 마음만 먹으면 얼마든지 그렇게 하지 않을 수 있는 일인데 그것을 하지 못한 경우라고 간주되는 수많은 문제들이 있다. 이런 문제는 대부분 그렇게 쉬운 것까지도 못하면 어떻게 남편(또는 아내, 아버지, 아들, 딸)이라고 할 수 있겠느냐는 느낌이 들 정도로 당연하고 쉬우며 평범한 일들이라고 보는 것들이다. '사소한 것'이라고 용서할 수 없는 것들이 가족관계의 문제를 일으키는 빈도가 가장 높은 것이 사실이다. 우리는 이러한 것들을 모두 용서해야 할 필요가 있다. 실제로 다른 것 같으면 용서하지만 그것은 용서할 수 없다고 주장하는 문제들로 가족갈등이 확대되고 지속된다. 그러기에 '용서할 수 없는 것들을 용서하는 삶'을 학습하는 것이 가족상담과정에서 이루어져야 한다. 물론 무조건적 용서의 학습은 상담자의 용서하는 모습이나 용서의 개념을 도입하는 것에서 시작될 수 있을 것이다. 시작이 어떻게 되든 가족 구성원들이 무조건적 용서를 어느 정도 학습할 수 있도록 하지 않고서는 가족갈등을 해결하기란 무척 어려운 일이다. 무조건적 용서를 하는 것은 많은 희생과 포기를 요구하는 과제이다. 무조건적 사랑이 있을 때 무조건적 용서는 보다 쉬워지며, 마찬가지로 무조건적 용서가 있을 때 무조건적 사랑이 가능해지게 된다. 그래서 용서가 없는 사랑은 아직 검증되지 않은 상태에 있다. 용서 없이 사랑은 성숙해 질 수 없기 때문에 용서는 사랑을 온전히 이루어 가는 비결이라고 할 수 있다.

3) 공감적 이해의 원리

공감적 이해는 감정이나 정서적 의도를 이해하는 것을 넘어서 인간의 마음속에서 샛별처럼 빛나는 아름다운 동기를 찾아내서 그 동기가 현실의 세계에서 숙성될 수 있도록 하는 것을 가리킨다. 하나의 간단한 예를 들어보겠다. 남편이 아내의 뺨을 때렸다. 언쟁 끝에 화를 참지 못한 남편의 거친 행동이다. 아내는 맞은 것을 분하게 여긴다. 남편은 아내의 잘못은 대단히 잘못된 것이지만 자신이 아내를 때린 것도 잘못되었다고 생각하고 있다.

이런 경우 아내의 뺨을 때린 남편의 행동을 어떻게 이해할 것인가 생각해 볼 필요가 있다. 화가 나서 때렸다고 이해하면 아직은 기본적 수준에서 이해하는 것이다. 화가 난다는 것은 의식화된 감정이다. 물론 이 감정은 상담과정에서 중요하게 다루어져야 할 것이다. 화가 난 것은 아내가 잘못했기 때문이라고 하면 이것도 아직은 기본적 수준의 이해이다. 심층적 이해는 아내가 잘못했을 때 그렇게 하면 안 된다는 판단이 서기 때문이라는 것도 아니다. 그것과 반대되는 더 훌륭하게 또는 더 좋은 행동을 하기를 원하고 기대하는 마음이 워낙 강렬했기 때문이라고 이해하는 것이 심층적 수준의 공감적 이해라고 할 수 있다.

이러한 공감적 이해에 가족관계가 기초를 두고 발전해 나간다면 그 가족은 어떤 위기도 지혜롭게 극복할 수 있다. 성숙한 가족관계를 위해서는 공감적으로 이해하고, 공감적으로 이해받는 체험이 요구된다. 이렇듯 공감적 이해는 깨어진 개인의 자아상, 갈라진 가족관계, 또는 분열된 사회집단의 건전성을 회복하기 위하여 무척 귀중한 역할을 하고 있다.

4) 무조건적 섬김의 원리

섬김의 원리는 갓 태어난 아기를 부모가 돌보는 것과 관련시켜 생각하면 좋다. 아기가 어떤 조건에 있든 그 아기를 살리고 또한 자라도록 하기 위하여 부모는 최선의 노력을 다해서 돌본다. 아기를 돌보는 부모의 마음에는 아무런 조건이 따를 필요가 없다. 갓난아기를 기르는 것이 무조건적 봉사를 요구하는 사실은 더 이상의 설명이 필요 없다고 본다.

그런데 갓난아기를 무조건 섬김은 그 아기가 자라서 자신의 힘으로 살아남고 살아갈 수 있을 때까지 계속되는 무척 장기간의 노고로 이루어진다. 이러한 무조건적 섬김은 갓난아기에게만 필요한 것이라고 하기보다는 부부간에도 어느 정도 있어야 할 요소라고 할 수 있다.

남편이 아내의 능력을 계발하기 위하여 무조건적 봉사를 하고, 또한 아내가 남편의 능력을 계발하기 위하여 무조건적 봉사를 하는 과정이 많은 결혼관계에서 발견된다. 이 무조건적 섬김이 결핍되면 그 가정의 부부 중 어느 한 편은 억압되거나 무능력감을 지닌 삶을 살게 된다. 부모, 자녀관계에서 시작되는 무조건적 섬김은 부부관계, 성인 부부와 노부모의 관계 등 모든 가족관계에서 가족의 성장에 결정적 역할을 하고 있다.

섬김에는 힘 내지 능력이 있어야 한다. 세속적으로 힘이나 능력은 흔히 다른 사람에게 영향을 주는 정도를 가리킨다. 그러기 때문에 다른 사람을 통제하고 다른 사람에게 무엇인가 일을 하도록 영향력을 행사하는 것을 가리킨다. 그러나 여기에서 말하는 무조건적 섬김은 세속적 힘의 개념이나 권력의 정의와 반대로 상대방에게 힘을 길러 주는 것을 가리키는 것이다. 그리고 상대방의 힘에 나의 힘을 보태서 그 사람이 더 큰 힘을 쓸 수 있도록 하는 것을 가리킨다. 한국인의 전통적 심성에는 자신의 생명을 바쳐서라도 다른 가족의 능력을 계발하려는 무조건적 섬김의 모범을 보이는 요소가 있다. 심청이가 아버지에게 '보는 힘'을 가질 수 있도록 하기 위하여 자신의 생명을 제물로 바친 것이 하나의 예라고 볼 수 있다.

자아중심적이고 물질중심적인 현대인이 무조건적 섬김의 도리를 깨닫고 실천한다는 것은 대단히 어려운 일임은 분명하다. 그러나 무조건적 섬김이 없는 가정은 가정이라고 말하기 어려운 일이다. 조건적 섬김에서 무조건적 섬김으로 성숙해 가기 위하여 개인뿐만이 아니라 가정에서 사랑의 능력을 향상시켜 나가야 할 것이다(장로회신학대학 다원화 목회연구원, 사단법인 기독교윤리실천운동본부, 1994: 82-91).

9 가족상담의 기법

1) 상상과 은유 기법

가족상담에서 상상과 은유 기법은 인간의 상상력을 동원하여 사람의 마음을 움직이게 하고 행동으로 유도하는 상담기법이다. 또한 가족의 행동을 변화시키는 데 상상력을 이용한 투사적 표현기법이다. 예를 들면 가족사진, 가족인형극, 초기회상,

시 읽기와 쓰기, 유추적 은유, 최면요법, 참 만남 집단치료, 그림 및 무용을 활용한 상담기법이다.

이 기법은 주관적인 산물로 객관적인 실체는 아니다. 상상은 실제 존재하거나 가상적인 것에 대한 상징이자 표상이므로 주관적이라 할지라도 다른 사람들과 공유할 수 있다. 실제 경험을 상징화하는 과정에서 사람에 따라 차이가 있고, 선호감각에 따라 다르게 받아들이고 표현한다. 이 과정에서 인간은 행동과 경험을 상상으로 옮기는 과정, 상상을 행동으로 옮기는 과정을 거치게 되며 원래의 경험, 사실을 더하거나 빼거나 왜곡하는 변화가 일어난다. 또 상상을 행동으로 옮기는 과정에서는 투사가 따르는 해석과 행동이 따르게 된다.

상상과 은유 기법은 내담가족에게 권한을 부여하여 더 많은 통제력을 갖게 해줌으로써 생각지 못한 뜻밖의 경험을 할 수 있게 한다.

2) 구조적 변화기법

구조적 변화기법은 가족체계의 구조를 변화시키기 위한 기법으로 구조적 변화를 통하여 하위체계들 간의 상대적 위치, 힘, 역할, 충성심, 경제 등의 변화를 유도하기 위한 가족상담기법이다. 핵가족 내의 가족 배열, 여러 세대에 걸친 가족 배열, 지역사회 내에서의 가족의 위치 등의 변화를 추구한다.

여기서 중요한 부분은 내담가족 구성원이 자신이 속한 가족과 세상에서 자신의 위치를 어떻게 지각하는 것이 본인에게 어떤 영향을 미치는가를 찾아보는 것이다.

개인의 위치는 상호관계에 영향을 미치고, 개인이 속한 사회의 문화적·윤리적·인종적·지리적인 부분에 중요한 영향을 미친다는 것을 이해하는 것이다.

그리고 가족 내에서의 출생, 서열, 위치에 따라서도 다른 가족 구성원에게 많은 영향을 미친다는 사실을 인식하게 하는 기법이다. 다른 가족 구성원이나 원 가족에 대한 충성심, 구성원 사이의 개별화 및 분화의 정도, 상호작용하는 구성원 각자의 창조적 생활방식에 따라서도 중요한 영향을 미친다.

가족 내에서의 힘의 분포, 의사결정방식, 조정자, 보호자, 주도권을 가진 자, 유머가 있는 자, 무기력한 자 등의 구조를 변화시키므로 가족체계의 변화를 유도하여 역기능적인 가족체계를 순기능적인 가족체계로 변화시키려는 가족상담기법이다.

이 기법을 활용함으로써 가족체계의 변화를 만들어 내고, 가족의 관점을 변화시키고, 구성원들에게 주어진 힘의 분포를 변화시킨다. 뿐만 아니라 가족 구성원 간의 연합을 붕괴시켜서 새로운 동맹을 형성하게 하고, 하위체계들 간의 경계를 명확히 한다. 또 자신들의 새로운 면을 발견하고, 자신만의 특별한 위치에서 겪고 있다고 생각되는 경험을 일반화시켜서 가족 내에서 특별한 위치에 처한 의미를 재구성할 수 있게 된다.

3) 소시오메트리 기법

소시오메트리 기법은 가족 구성원의 선택과 가족 구성원들 사이에 끌어당기는 힘의 평가에 바탕을 두고 있는 가족상담기법이다. 이 용어는 오스트리아 출신의 정신과 의사 J. C. 모레노(Moreno)가 했던 작업과 깊이 연관되어 있다. 그는 이것을 연구와 치료법으로 개발했으며, 그 후 여러 가지 뜻으로 사용되었다. 대개는 선택적인 인간관계를 수량면에서 다룬다는 뜻으로 쓰이나 모든 종류의 인간관계를 수량적으로 취급한다는 뜻으로도 사용하고 있다. 어느 쪽에 중점을 두는가에 따라 심리학적인 방법으로도 또는 사회학적인 방법으로도 쓰이게 된다. 소시오메트리는 일정 가족집단 안에서 작용하는 끌어당기는 힘(때로는 밀어내는 힘)을 측정하고 평가한다. 보통 집단에 속한 각 구성원에게 일정 활동에 같이 참여하고 싶은(또는 참여하고 싶지 않은) 다른 구성원들을 지칭하도록 하는 방법을 쓴다.

상담대상으로는 지도력, 사회적으로 고립된 인물이라고 할 수 있는 선택되지 않은 개인들과 많은 사람들에게 선택되는 사람들의 사회적응의 차이, 소시오메트리 측면에서 본 지위와 다른 인성변수, 인구학적 변수, 지능들 사이의 관계, 소수집단의 편견, 태도, 믿음, 가치 등이 있다.

이 기법의 목표는 가족 구성원들의 상호작용이 누구에 의하여, 누구에게, 어떻게, 어떠한 방식으로 반복되어 일어나는가를 파악하여 이러한 반복된 행동의 목적, 의미, 그것이 미치는 영향을 찾아내는 것이다.

가족 구성원의 각각의 위치, 가족 구성원의 상호작용, 위치나 상호작용에 대한 가족 구성원의 느낌을 묘사하도록 하여 지적이고 정서적인 토론에서 실험적 행동으로 이행 하도록 한다. 이 상담기법을 통하여 가족 구성원이 과거, 현재, 예상되는 미래를 지금-여기에서 경험할 수 있는 틀을 만들어 준다.

4) 행동과제기법

행동과제기법은 상담과정에 참여하기와 과정에 대한 평가와 같은 단계를 거쳐 문제를 인지적으로 해결하기 위한 가족상담기법이다. 상담에 참여한 가족 구성원이 가족체계 안에 있는 문제의 정의, 목표명료화, 가치명료화, 경계명료화 등 명료화, 문제해결, 계획하기, 차이점을 인정하고 협상하기를 통하여 변화를 유도하기보다는 의식하기 쉬운 문제를 직접 다루는 기법이다. 또 이 상담기법은 내담가족 구성원들이 상상, 역설 등을 통하여 의식적인 차원의 논리적인 사고, 행동, 사고와 행동의 관계성에 초점을 맞추는 것이다.

행동과제 상담기법의 기본적 가정은 첫째, 행동은 학습된 것이며 새로운 행동은 학습될 수 있다. 둘째, 내담가족 구성원들은 지적, 정서적으로 자신들의 욕구와 기대를 알 수 있고, 논리적 방식으로 문제를 정의할 수 있다. 셋째, 문제에 대해 생각할 수 있고, 새로운 해결방안을 발견할 수도 있다. 넷째, 이러한 해결책을 행동으로 시도해 볼 수도 있으며, 결과를 평가하고 해결책을 더 나은 방향으로 변화시켜 갈 수 있는 능력을 가지고 있다. 다섯째, 바람직하지 못한 내담가족 구성원의 행동은 소멸되거나 감소되고 유도되어 학습된 행동이 강화된다 등이다.

행동과제 상담기법의 장점은 신중하게 조직되고 단계별로 구조화되어 있기 때문에 과제 수행에서 실패할 확률이 적고, 과제의 성공적 수행은 내담가족 구성원에게 긍정적 느낌과 더 큰 자신감을 갖게 해 준다는 것이다. 그리고 쉽고 편안한 말로 설명할 수 있으므로 가르치거나 배우기가 용이하고, 부정적 순환을 없애고, 긍정적 순환을 자리 잡게 해 준다. 정해진 시간 내에 과제와 연관된 변화가 일어나므로 내담가족 구성원은 자신들의 발전을 보고 자신감을 갖게 되며, 상담에 참여한 가족들과 함께 노력하여 해결할 수 있음을 알게 한다는 점이다(김정희 역, 2008: 311-348).

5) 역설적 기법

역설적 기법은 내담가족이 지속하고 있는 증상행동을 처방하여 증상행동이 내담자의 통제 아래 있게 만드는 것으로 가족의 행동 안에 있는 상호작용을 해석하여 가족에게 직면시키는 기법이다. 이 기법은 행동패턴의 의미를 긍정적으로 재구조화하여 가족 간의 긍정적 분위기를 조성할 수 있고, 현재의 행동을 받아들이게 함으로써 내담가족이 가질 수 있는 죄책감과 비난의 느낌이 감소될 수 있다.

그리고 역설적 기법은 저항이 심한 내담가족이나 행동 변화를 완고히 거부하는 내담자들에게 사용하는 기법으로 아들러(Adler)의 '내담자 국그릇에 침 뱉기'와 같은 기법이다(김춘경 외, 2010: 185-186). 내담가족의 행동 변화를 위하여 내담가족의 강한 신념, 행동을 알고 받아들이고 과장하는 것으로 치료적 처방을 구성하여 내담가족과 대립하기보다는 연합하는 방식을 취하는 기법이다.

상담자에 대하여 부정적 자세를 취하던 내담가족은 상담에 부정적이기 가족 구성원끼리 더욱 긍정적이 되어야만 하기 때문에 내담가족의 부정적 자세는 내담가족이 좋아하는 것(국그릇)과 연합, 결과적으로 내담가족의 부정적 태도와 단절시키는 것이다.

예를 들면, 자기가 해야만 할 행동을 하기 싫어하는 자녀의 어머니에게 자녀보다 더 부적절, 무기력하게 보이도록 활동을 훨씬 줄이라고 처방하면 저항하던 자녀가 자연스럽게 더 많은 활동을 하게 된다.

역설적 기법의 단계는 재정의하기 > 처방하기 > 억제하기 이다.

역설적 기법에서 행동의 재구조화는 내담가족이 새로운 관점을 가질 수 있도록 격려하기 때문에 문제 상황 대신 새로운 상황을 선택할 수 있다는 것을 알게 해준다. 또 증상을 처방하여 가족들이 자신들의 행동에 대하여 책임질 수 있게 해 주고, 증상행동 앞에서 무기력해지기보다는 오히려 증상을 만들어 내는 주도권을 가지게 된다. 다른 상담방법으로는 효과를 보지 못했던 경직된 행동패턴과 강한 저항을 다루는 데 효과적이며, 증상과 연합했던 상담자는 가족과의 힘겨루기에서 벗어나 가족 내에서 일어나는 변화에 대한 책임을 가족이 지도록 할 수 있다.

역설적 기법을 잘 고안하면 가족이 비밀스럽게 지키고 있던 가족체계의 규칙이 드러나고 행동과정 전체가 분명하게 보인다(박성희, 2003: 103-108).

6) 상담자 태도로서의 기법

(1) 관심집중

내담자를 향해서 앉고 개방적인 몸자세를 취하며 때때로 상대방을 향해 몸을 기울여 앉는다. 시선접촉을 적절히 하고 긴장을 풀고 온 정성을 집중한다.

(2) 경청

내담자의 몸자세, 손발의 제스처, 얼굴표정, 목소리, 자율신경계의 반응, 복장 등을 관찰하여 비음성어를 경청한다. 또한 내담자의 언어 속에 담겨 있는 사실이나 사건, 생각, 감정, 소망 등의 메시지를 파악한다. 경청은 고개를 끄덕이거나 "으흠, 아하" 등과 같이 단순한 음성반응, 관심어린 질문, 내담자의 말을 반복, 요약하기 등으로 표현된다.

(3) 이해

내담자의 생각과 감정 모두를 이해하는 것이 중요하지만 더 중요시 되는 것은 감정에 대한 이해이다. 반응은 대표적 상담기술로서 내담자의 메시지와 내담자의 현재 느낌과 과거의 느낌을 상담자가 음성, 비음성 언어로 표현해 주는 기술이다. 공감은 다른 말로 감정이입으로 불리는 것으로 이해를 바탕으로 두 명 이상의 상호작용에서 뜻과 느낌이 통하는 심리적 현상이다. 공감과 이해를 전달하는 방법은 언어적으로 뿐만 아니라 비언어적으로도 표현할 수 있다.

(4) 재구성

이 기법은 행동, 사고, 감정에 긍정적 의미를 부여하며 내담자 자신이나 다른 사람, 사건에 관한 내면의 준거틀을 긍정적으로 변화시키는 데 효과가 있다. 그 결과 내담자로 하여금 변화에 대한 동기와 기대감을 높이는 작용을 한다.

(5) 과제주기

내담자가 실천할 수 있고 그 결과가 상담목표 달성에 도움이 되는 것을 정하여 과제를 준다.

(6) 칭찬과 지지

이 기법은 내담자에게 자신감을 주어 자신의 자원을 활용하여 문제에 잘 대처하도록 하는 효과가 있다. 특히 상담 초기에 칭찬과 지지는 내담자와의 신뢰적 관계 형성과 내담자의 자존감 향상에 도움이 된다.

(7) 질문하기

가능한 한 개방적으로 질문을 하고 이중적인 질문은 삼간다. 질문을 하는 이유는 주로 문제파악과 배경정보 파악, 변화 정도 파악을 위한 것이므로 어떻게 질문하느냐에 따라 내담자의 대답과 상담의 방향이 달라지므로 신중하고 치밀한 계획하에 질문하여야 한다.

7) 상담 적용에서의 기법

(1) 가족조각기법

가족조각기법의 이론적 배경은 버지니아 사티어(Verginia Satir)의 가족치료이론을 바탕으로 한 기법이다. 그 기법의 인간관을 살펴보면 사티어는 인간을 선천적으로 선하고 잠재능력을 가진 존재로 보았다. 인간이 적절하게 양육된다면 건강한 성인으로 자랄 수 있으나 잠재능력을 발전시키고자 하는 욕구가 좌절될 때 병리가 발생한다고 보았다. 또한 개인의 성장은 학습과 환경의 상호작용에 영향을 받는다고 보았고, 특히 가족 구성원 간의 의사소통의 감정측면을 중요시 하였다. 그리고 장점을 강조하므로 약점이 소멸되는 '변형과 쇠퇴'를 통해 학습이 일어난다고 보았다.

(2) 주요개념

사티어는 오랜 임상경험을 통해서 문제가정에서는 가족생활의 네 가지 측면에서 계속적으로 문제가 나타나는 것을 발견하였고, 이를 바탕으로 네 가지 개념을 설명하였다.

① 자기존중(자신에 대해 가진 감정과 생각들): 인간의 기본 욕구를 사티어는 자기존중이라고 보았다. 자기존중은 인간의 기본욕구인 동시에 에너지 자원으로 설명하였다. 사티어는 자기존중을 항아리에 비유하기도 하였다. 즉, 자기존중이 높은 사람은 항아리에 물이 가득 찬 것과 같아서 자기 자신을 인정하고 인식하기 때문에 적절한 대인관계를 맺게 되며, 반면에 자기존중이 낮은 사람은 항아리에 물이 거의 없어 대인관계에서 쉽게 상처를 받고 자신을 원망하고 좌절, 무기력한 희생자가 되기 쉽다고 하였다. 사티어는 자기존중은 가족체계 내에서 학습되므로 잘못 학습한 것은 새로운 방법으로 인식하고 학습할 때 변화될 수 있다고 보았다.

② 의사소통(사람들이 서로 간에 의미를 나타내려고 하는 방법): 사티어는 의사소통에 있어 언어와 비언어적 메시지 간의 일치 관점에서 역기능 의사소통과 일치형 의사소통을 구분하였다. 사티어는 자존감이 높은 사람은 건강한 의사소통, 즉 일치형 의사소통을 하고, 자존감이 낮은 사람이 자신을 방어하기 위해 네 가지 유형의 역기능 의사소통을 한다고 하였다. 네 가지 역기능 의사소통 유형에 관한 설명은 다음 절에서 다루기로 한다.

③ 가족규칙: 가족들이 느끼고 행동하는 데 이용하며 결국 가족의 제도로 발전되는 규칙을 말한다.

④ 사회와의 연결: 가정 밖의 타인이나 제도와 관련을 맺는 방식을 뜻한다.

(3) 역기능 가족의 특징

사티어(1987)는 가족들의 문제를 상담하면서 역기능적인 가족들의 공통적인 문제들을 발견하였는데 일반적으로 다음과 같은 특징들을 나타내었다.

① 가족들은 자아가치가 아주 낮았고,
② 의사소통에서는 이중적이거나 애매모호하고 불투명하며 정직하지 않고,
③ 가정의 규칙은 매우 엄하며 융통성이 전혀 없고,
④ 사회참여나 활동들을 아주 두려워하며 책임 회피하는 유형들이었다.

(4) 역기능 의사소통의 유형

사티어(1975)는 자신의 오랜 상담과 치료의 경험에 준거하여 사람들이 일반적으로 스트레스 상황에서 자신을 보호하고 방어하기 위해서 역기능적으로 나타나는 의사소통을 네 가지로 분류하여 설명하였다. 역기능적인 의사소통은 회유형, 비난형, 초이성형, 산만형으로 나뉜다.

이러한 역기능적인 의사소통들은 사람들이 자아존중감정에 위협을 느낄 때에 반응하는 방식으로, 자존감이 낮은 사람들의 생존유형으로 보았다. 역기능적 의사소통 방식은 자존감이 낮은 사람이 자신들이 어떤 상황에서 자존심이 상했다고 느낄 때, 자기가치가 떨어졌다고 판단될 때, 자기 자신이 잘못되었다고 인식될 때, 다른 사람의 감정을 두려워할 때, 다른 사람과의 관계단절을 두려워할 때, 다른 사람을 존중하지 않는 경우에 나타나는 경향으로 보았다. 역기능적 의사소통 유형의 내용과 특징들을 설명하면 다음과 같다.

❶ 회유형(위로자)

회유형 의사소통의 반응을 나타내는 사람들은 아주 순종적이고 내적인 자아개념이 약하고 의존적이다. 상대방과 항상 타협과 일치를 나타내야 한다고 생각하며

차이성의 인정이나 서로 다른 것에 대하여 불안감을 느낀다. 상대방의 의견이나 행동에 쉽게 동의하며 따라간다. 상대방이 원하는 대로 잘하며 자신에 대한 비판이나 질책에도 반응하지 않으며 자기책임으로 돌린다. 자신의 욕구나 감정을 표현하지 못하며 상대방에게 자기가 원하는 것을 요구하지도 못한다. 마음 깊숙이에는 후회감과 죄책감이 항상 따른다. 자신은 가치가 없고 의미가 없으며 타인을 통해서만 자기는 의미가 있다고 생각한다.

- 회유형 의사소통의 특징
  - 단어: "내 잘못이야.", "~했으면 좋을텐데", 글쎄, 그런데 말야, "네가 없으면 난 아무것도 아니야."
  - 정서: 죄책감을 느끼며 "나는 힘이 없다."라고 우는 표현과 변명하는 표현을 주로 하며 보호 받고 싶어 한다. 목소리가 작고 힘이 없다. 상대방에게 요구를 하지 못한다.
  - 행동: 순교적으로 "너무 좋게" 처리하고, 용서하는 태도를 보이며 상대방을 위해 모든 것을 한다. 그러면서 종종 후회한다.
  - 내적 경험: 나는 아무것도 아닌 것 같이 느낀다. 나는 가치가 없다. 타인을 위해 존재한다. 다른 사람에게 짐이 될까 항상 두려워한다. 분리나 별거의 두려움이 강하다.
  - 심리적 영향: 신경과민, 우울증, 자살적인 성향, 자기 학대
  - 신체적 영향: 소화기관의 고통, 위 장애, 당뇨, 편두통, 변비
  - 초점: 자기 자신을 무시, 상황과 다른 사람을 중요시 함
  - 치료목표: 단계적으로 분노의 감정 훈련, 자기주장 훈련, 차이점 인식, 자기존중감 강화, "아니에요", "할 수 없어요."라고 말하기, 자기가 원하는 것 표현하기, 자기욕구와 감정 인식, 경계와 책임 인식, 부정적인 감정표출이 첫 단계의 목표이다.

❷ 비난형(비난자)

비난형의 의사소통을 하는 사람들은 대체적으로 완고하며 독선적이고 명령적이다. 상대방을 쉽게 비난하므로 자기를 강하게 나타내려 하고 자신의 가치와 자존감을 회복하려 한다. 상대방에게 자신의 강함과 우월성을 과시하려는 의도가 강해서 상대방을 무시하고 남의 말도 무시한다. 오직 자신의 사고가 제일이며 다른 사람들은 틀렸다는 흑백논리에 의한 이분법적인 사고의 소유자이다. 비난하는 방식으로 반응하는 사람들은 쉽게 흥분하며 다혈질적이며 혈압이 쉽게 오른다. 이성적인 사고와 합리적인 사고력이 부족하며 감정에 의존적이다. 상대방이 계속적으로 복종하고 회유적인 반응을 보이면 비난하는 태도는 더 강하게 된다.

- 비난형 의사소통의 특징
  - 단어: 주로 반대하는 단어를 사용한다. "너는 정말 무엇을 제대로 못해", "네가 하는 것은 모두 틀렸어" 비난과 질책의 표현을 하며 독재적이고 큰소리를 낸다. 항상 '모두, 절대로'라는 단어를 주로 사용한다.
  - 정서: 융통성이 없고 화를 잘 내며 분노한다. 다혈질적이고 다른 사람에게 책임을 떠넘기고 자신의 책임은 회피한다.
  - 행동: 공격적이고 비난적이며 비판적이고 명령적이다. 타인의 약점이나 단점에 민감한 반응을 보인다.
  - 내적 경험: 자신은 세상의 피해자이고 희생자라고 생각하며 다른 사람에게 공격하는 것이 자기를 방어하는 것이라고 생각한다. 가치상실과 열등의식이 강하며 내적인 상처가 크기 때문에 항상 외롭다고 느낀다.
  - 심리적 영향: 과대망상, 이탈행동, 공격적인 태도
  - 신체적 영향: 고혈압, 혈액순환의 어려움, 근육긴장
  - 초점: 다른 사람 무시, 자기의 상황만 강조
  - 치료목표: 자기감정 조절, I-메시지 전달, 정확한 규칙 설정, 부정적인 사고를 긍정적으로 유도. "너 때문이야", "그러나" 단어 사용통제, 인지적 왜곡 인식, 자기감정 통찰 훈련, 합리적 이성적 사고 훈련, 적절한 신체접촉과 경계훈련, 경청훈련

❸ 초이성형(계산자)

초이성형으로 반응하는 사람들은 매사에 분석적이며 비판하며 따지는 스타일이다. 자신의 감정표현이나 다른 사람은 무시하고 오직 상황만 중요시 여긴다. 기능적이고 합리적인 것을 중요시 여긴다. 자신의 일에 지나치게 세심하며 타인을 신뢰하지 못하고 철두철미하다. 상대방을 논리적으로 비판하길 좋아하며 자기주장을 강하게 내세운다. 강박적인 성향이 강하고 타인의 실수나 잘못된 것을 허용하지 않는다. 이런 초이성형 의사소통의 소유자들은 감정적인 부분에 매우 냉정하며 차갑고 쌀쌀맞다. 내면적으로는 따뜻하고 자상한 감정을 매우 그리워한다. 내면적으로는 약하여 쉽게 상처받기 쉽지만 외부로 절대로 표현하지 않는다.

- 초이성형 의사소통의 특징
  - 단어: 일반적인 단어 사용, 주어 생략, 이성적으로 옳고 틀린 것에만 관심 집중, 장황하게 설명, 추상적인 단어 사용, 딱딱한 용어 사용
  - 정서: 냉정하고 차갑고 이성적이다. 긴장의 연속으로 경직되어 있다. 딱딱하고 흐트러지지 않은 자세를 보인다.
  - 행동: 원리 원칙대로 행하고 권위적이다. 의도적으로 조작하므로 자연스럽지 못하다. 강제성을 띠며 이중성을 보인다.
  - 내적 경험: 감정의 동요나 흥분에 불안해하며 변화에 대한 위협을 느낀다. 자기통제의 상실에 대한 두려움을 갖는다.
  - 심리적 영향: 강박적이며 자연스럽지 못하다. 반사회적이고 긴장감을 가지며, 완벽성을 추구한다.
  - 신체적 영향: 근육 경직, 근육통, 점액, 임파조직의 문제, 심장마비, 성기능 저하
  - 초점: 자신과 다른 사람을 무시하고 상황만 중시한다.
  - 치료목표: 말의 뉘앙스나 비언어적인 메시지 표현 촉진, 감수성 훈련, 상대방에 대한 두려운 감정 인식, 신체이완 훈련, 비언어적인 의사소통인 얼굴표현, 목소리, 톤, 태도 통찰

❹ 산만형(혼란자)

주위가 산만한 유형으로 의사소통에서 다른 사람의 말이나 행동과 상관없이 행한다. 대화의 내용에 초점이 없이 적절하게 반응하지 못한다. 대화의 주제나 내용과 상관없이 상황파악을 제대로 하지 못한다. 심리적 정서적으로 불안정하며 안절부절못한다. 자신의 신체운동이 활발하며 주의집중이 어렵다.

아무도 자기를 인정해 주지 않으며 관심을 갖지 않는다고 생각한다. 분주하고 바쁜척하며 심각한 상황에서도 가볍게 생각하는 위선적인 유형이다.

- 산만형 의사소통의 특징
  - –단어: 맥락이 없이 얘기하며 내용의 요점이 없다. 주제를 자주 바꾸는 말을 사용한다.
  - –정서: 혼란스럽고 불안정하며 생각은 다른 곳에 있기 때문에 항상 불안한 마음을 갖는다.
  - –행동: 주의산만하고 부산하게 움직인다. 눈에 띄게 신체적인 활동을 활발히 한다.
  - –내적 경험: 무가치와 고독의 경험으로 인해 소외에 대한 두려움이 있다. 자신의 행동에 타인의 인정을 원한다.
  - –심리적 영향: 혼돈되어 있고 위선적이며, 정신병을 유발할 확률이 높다.
  - –신체적 영향: 신경계통의 장애, 위 장애, 당뇨, 편두통, 비만
  - –초점: 자신과 다른 사람의 상황을 모두 무시한다.
  - –치료목표: 주의집중, 상대방의 말을 끝까지 경청, 자기 생각을 마지막까지 표현하기. 자아존중감 향상, 신체접촉 받아주기, 자기감정 인식, 명상훈련 감수성 훈련

이상의 역기능적인 의사소통 유형들은 상황이나 대상에 따라서 한 가지 또는 두 가지 이상의 방식을 사용하기도 한다. 이러한 역기능적 의사소통 유형은 자신의 솔직한 내면의 감정을 숨김으로써 자신의 자아감정을 떨어뜨리지 않으려는 자기보호 방어기제이다. 사티어의 주장대로 역기능적인 의사소통의 방식들은 하나의 생

존의 방식으로 역기능적 의사소통을 하는 사람들은 자신들이 과거에 상처를 받았고 상대방으로부터 무시를 당한 경험이 있기 때문이다. 사티어는 많은 내담자들 가운데 이런 역기능적인 방식으로 반응하는 사람들은 좀 더 효과적인 일치형의 의사소통 방식을 배우지 못한 것이며, 심리적으로 신체적으로 장애를 겪는 경우가 많았다고 설명하고 있다.

❺ 일치형

일치형 의사소통은 역기능적인 의사소통의 치료 목표라고 할 수 있는 의사소통 유형이며 언어적 메시지와 비언어적 메시지가 일치하는 것을 말한다. 즉, 자신의 말과 행동, 태도가 일치하고 자신의 문제를 현실적으로 사고하고 현실적인 방법을 생각하는 유형이다. 일치형 의사소통의 특징으로는 자신의 자아존중감이 높고 자신의 유일성과 상대방의 개별성을 존중하며, 자신과 상대방을 신뢰하며, 자신의 내적·외적 자원을 활용한다. 그리고 상대방과의 관계가 편안하고 자연스러우며 상대방을 비난하지 않고 행위에 대하여 이야기한다. 상대방과의 갈등을 하나의 기회로 여기며 차이성을 인정하고 가족 안과 밖의 경계가 명확하다. 또한 감정표현이 솔직하며 메시지가 이중적이지 않고 직접적이며 자신의 행위에 대하여 책임을 진다.

(5) 사티어 가족치료의 상담 목표

사티어는 위에 설명한 기본적인 가족의 문제들을 기초로 가족치료의 목표설정을 세웠는데 자신의 자아가치와 자아존중감을 높이고 자기인생에 대한 선택을 스스로 결정하도록 돕는 데에 목표를 두고 있다.

상담자는 상담을 통해 가족들이 이러한 자기 인식과 통찰이 이루어지도록 하며 새로운 의사소통방법이나 감정표현, 상대방과 나를 존중하는 방식들을 체험교육으로 학습할 수 있는 기회를 제공한다.

사티어가 상담과정에서 지향한 것들은 다음과 같다.

① 가족들이 서로 자기 자신들이 보고, 느끼고, 생각하는 것들에 대하여 분명하게 의사소통할 수 있도록 한다. 이때 가족 조각기법을 사용한다.

② 가족들이 새로운 희망을 가질 수 있도록 하며 과거의 가슴 부풀었던 꿈들을 다시 자각하도록 한다.

③ 가족들이 어떤 상황에서 새로운 시각과 통찰을 가질 수 있도록 교육하며 어려운 상황을 대처하고 극복할 수 있도록 강화한다.

④ 원가족에서 학습하고 배운 역기능적인 대처방식들이나 틀에서 벗어나 새로운 방식들을 시도한다.

⑤ 자의식을 가지고 자신의 의사결정을 스스로 선택하게 함으로써 자신의 행동에도 책임을 지게 한다.

⑥ 가족의 규칙을 분명히 하며 부모들의 통제를 융통성 있게 하여 자녀들이 그것을 자율적으로 받아들이도록 한다.

⑦ 가족들은 서로의 차이점을 알며 자아성장을 위하여 서로 지지해 준다.

⑧ 가족들의 가정 내적·외적 자원을 새로운 차원에서 활용하도록 한다.

10 가족 조각 기법

1) 가족조각기법의 정의와 유래

가족조각기법은 한마디로 가족관계를 조각 작품으로 나타내는 기법이다. 이것은 전략적 가족치료이론에 쓰이는 한 기법으로 가족들이 어떤 특정한 사건이나 가족 구성원 간의 관계, 의사소통 유형을 언어로 설명하는 대신 시각적·공간적으로 묘사하는 기법이다. 가족 안에서 가족들의 감정적인 대립이나 갈등들을 말로만 표현하는 데는 한계가 있기 때문에 가족조각을 통해 관계규정을 시각화해서 묘사하므로 가족구조를 가족들이 사실적으로 인정하며 지각할 수 있다.

가족들은 가족조각을 시도함으로 가족 구성원 간의 위계질서, 연합, 거리감 또는 친밀감, 보이지 않은 힘의 작용과 같은 상호작용을 직접 느낄 수 있고 체험할 수 있게 되고 상담자는 가족의 역동성을 파악하고 직접적 또는 간접적으로 개입하므로 상담의 효과를 가져 올 수 있다.

가족조각기법을 개발한 사람은 칸터와 드흘(Kantor & Duhl, 1973)이지만 가족치료자인 사티어(V. Satir), 팹(P. Papp), 드홀(Duhl)이 가족치료과정에서 가족조각기법을 즐겨 사용하였다.

2) 가족조각기법이 가족치료에 쓰일 때 유익한 점

① 가족들이 개인의 존중성을 인정하고 배우는 과정이다. 가족조각 작품을 만드는 과정에서 그리고 작품 설명과정에서 가족 개인들은 자신들의 작품의 참여와 관찰로 상호 협동적이며 서로 존중하는 것을 경험하게 된다.

② 가족 구성원들 속에서 의사표현이 부족하고, 소극적이고, 희생자 역할을 하는 사람도 자기입장을 표현할 수 있는 좋은 기회가 된다. 또한 가족들이 지나치게 말이 많은 경우에도 다른 사람을 비난하는 것을 제지할 수 있는 좋은 기회가 된다.

③ 가족 개개인들이 바라보고 이해하는 가족문제나 구조에 대한 인식을 파악할 수 있고 가족들의 변화에 대한 통찰력을 키울 수 있다. 한 사람이 자신의 가족구조를 조각할 때에 다른 가족들은 관찰하며 느끼는 과정을 통하여 가족들은 서로가 원하는 것들과 변하고자 하는 부분들을 체험할 수 있다.

④ 가족조각은 가족들이 스스로 자신이 알고 인식한 것을 묘사하므로 가족의 다른 성원이 미처 알지 못하고 느끼지 못한 점을 인식하게 할 수 있는 치료의 효과가 있다. 가족원들이 조각가의 배치나 위치에 서 보면서 그 위치에 있는 것이 어떤 느낌인지 왜 그러한 행동을 하게 되는지를 이해하게 된다.

⑤ 가족조각을 만들고 설명하는 과정에 상담자의 적절하고 직접적인 개입이 가능하다. 가족 구성원의 작품 활동을 돕고 완성된 작품의 신체적인 포즈나 묘

사표현을 재배열하고 적절한 공간구성을 만들어 주면서 가족들에게 자연스럽게 변화의 동기를 줄 수 있다.

3) 가족조각기법의 절차

절차를 설명하기 전에 주의할 것은 상담의 효과적인 개입을 위해 상담자가 내담자 가족과의 상호 신뢰성과 안정감이 형성된 후에 가족조각을 사용하는 것이 효과적이다.

① 1단계: 가족의 동의를 얻는 단계이다. 상담자는 상담관계를 맺고 있는 가족에게 가족을 보다 잘 이해하기 위해 좀 색다른 것을 해도 좋은지 물어서 가족의 동의를 구한 후 가족 전원을 일어나게 한다. 이때 가족은 새로운 경험이라는 점 때문에 주저하는 경우가 있으므로 이 기법이 가족을 이해하는 데 유용한 방법이라는 사실을 부각시키고 치료자의 친절과 배려로 자세하게 가족조각의 절차나 방법들을 소개하는 것이 중요하다.

② 2단계: 상담자는 네 가지 역기능적 의사소통에 대한 조각상을 표현해 보도록 한다. 네 가지 역기능적 의사소통이 취하는 자세에 대해서 자세하게 설명하여야 한다. 네 가지 역기능 의사소통 조각상을 만들 때, 상담자는 시범을 보여 가족들이 따라 할 수 있도록 한다.

③ 3단계: 가족 구성원들이 자신에게 맞는 방식으로 모두 자세를 취해 보도록 한다. 이때 다른 가족 구성원들이 피드백을 주어서 평소의 방식으로 자세를 취하도록 조정할 수도 있다. 상담자는 다음과 같은 문제를 고려하여 가족들이 가족조각을 할 수 있도록 돕는다.

- 정서적인 측면을 위하여 공간적인 거리감각: 누구와 누구를 가깝게 그리고 누구는 멀리 세울 것인가?
- 가족 구성원 간의 위계질서를 위하여 위쪽과 아래쪽 방향설정: 누가 가장 힘이 있고 누가 지배적이고 누가 지배를 당하는 입장인가? 가족 구성원들 안에서 누가 가장 약한 위치에 있는가, 누구는 서고 누구는 의자에 앉고 누구는 바닥에 앉을 것인가?를 고려한다.

- 신체적인 동작과 얼굴 표정묘사: 누가 누구와 신체적인 접촉이 있는가? 누가 누구를 응시하는가? 어디를 주시하는가? 누가 약간 움츠린 채 주먹을 쥐고 서 있는가? 누가 누구 밑에 앉아서 떨고 있는가?

가족조각이 다 끝나면 가족들은 그 자리에서 그 위치와 모양대로 있으면서 자신들의 현재의 감정과 느낌을 체험하도록 한다. 자신의 의사소통 종류의 자세를 취해 봄으로써 가족 구성원들은 자신의 대화 유형이 무엇인지 깨닫게 된다.

④ 4단계: 앞 단계의 활동을 통해 서로 느끼는 느낌과 체험들을 이야기하도록 한다. 자신의 입장에서 위치와 감정과 느낌, 사고를 그리고 관찰하는 입장에서 이해나 공감, 죄책감, 용서, 사과 등의 감정을 서로 나눌 수 있도록 한다. 예를 들면, 어떤 위치에서 어떤 모습을 한 나는 무척 외로웠다. 조각가의 어떤 표현을 이해할 수 있었다. 공감이 갔었다. 내 모습에서 사과하고 싶다 등 자신의 느낌과 감정을 표현하도록 한다.

상담자는 가족들과 함께 조각한 작품들의 의미, 본래의 의도, 결과 등을 가족들과 함께 토의하는 데 다음과 같이 몇 가지 질문에 의거하여 연구 탐색하도록 한다.

- 각 가족에게: 가족 구성원들의 현 위치에 대해서 자신은 어떻게 느끼나요?
- 전 가족에게: 조각 작품 안에서 가족의 기능에 동의하는지, 아니면 불만이나 불평이 있나요?
- 전 가족에게: 전 가족들이 좀 더 만족스럽기 위해서는 가족이 어떻게 변화하기를 원하는가?

이때 서로의 느낌을 나눔으로써 가족들은 자신들의 행동을 조절하고 변화시켜 나갈 수 있는 동기를 가지게 된다.

⑤ 5단계: 조각가를 선정하는 단계이다. 가족 중 한 명을 조각가로 정하게 되는데 일반적으로는 문제가 있는 가족 구성원이 조각을 하지만 때로 이 제안을 기쁘게 받아들인 가족 구성원부터 시작해도 좋다. 가족 구성원의 한 사람이 조각가가 되어 자신이 원하는 가족의 모습을 조각하게 한다.

⑥ 6단계: 조각을 만드는 단계이다. 만들 사람이 정해지면 가족 앞에 서게 한 후 "지금부터 가족은 진흙덩어리입니다. 가족의 몸이나 얼굴을 맘대로 움직여서 당신이 생각하는 가족의 이미지를 나타내 주세요."라는 설명을 조각가에게 한 후 조각을 만들도록 한다.

이때 상담자는 가족들이 조각가의 지시를 따르도록 강조하는 것이 좋다. 조각과정에서 상담자는 조각가가 가장 바라는 것, 기대감, 자아존중감, 가치 등에 관하여 질문을 하고 말로 표현하기 힘든 거절감, 무시, 가치상실 등을 나타내도록 돕는다. 상담자는 가족의 상호 관계성과 역동성에 적절하게 설명을 하면서 가족 전체와 개인에게 치료적인 개입을 할 수 있다. 상담자는 특히 숙달된 훈련으로 적절한 시기에 개입하여 가족의 역동성이 균형을 이루도록 하며 가족들이 변화에 대한 가능성을 자연스럽게 경험하도록 돕는다.

전 가족의 배치를 끝내면 조각가도 이 작품의 어딘가에 들어가 자신의 모습을 만들도록 지시한다. 조각을 만드는 과정에서 어떤 사람들은 웃거나 이야기하는 것으로 자기방어를 할 수 있으므로 조각을 만드는 동안에는 이야기하거나 웃지 않게 하는 것이 중요하다.

⑦ 7단계: 감정을 나누는 단계이다. 조각으로서 가족 배치가 끝나면 상담자는 모든 가족에게 그 자세를 그대로 유지하면서 2분 정도 정지하도록 요구한다. 이것은 가족에게 자신들의 내면 감정과 접할 기회를 주기 위한 시도이다. 그 후 상담자는 가족 개개인에게 조각하는 동안 어떤 느낌이 들었는지 물어본다.

⑧ 8단계: 마지막 단계에서는 가족들이 함께 연구와 토의를 한 후 이상적으로 원하는 쪽으로 가족조각을 다시 하도록 한다. 모든 가족들이 만족스럽게 느끼거나 변화하고자 하는 가족구조나 관계, 위치 등을 조각 작품으로 표현하도록 한다. 그리고 가족들은 조각 작품을 설명하면서 이런 이상적인 가정이 된다면 나는 어떻게 해야 하는지를 이야기하도록 한다.

가족 구성원들은 조각하는 과정을 통해서 스스로 경험하면서 다른 가족원의 감정을 존중하는 것, 자신의 왜곡된 사고, 타인의 이해성과 배려 등을 자각하며 가족들이 가족 공동체의 생활을 보다 긍정적으로 깨닫고 인식할 수 있는 좋은 기회가 된다.

4) 가족조각기법의 활용

가족조각기법의 사용은 상담자의 경험과 역량에 따라서 좀 더 응용하여 내담자의 상황에 따라서 사용할 수도 있다. 앞에서 절차 외에 가족 관계극을 하거나 비디오를 촬영하여 함께 보면서 감정을 나누거나 하는 방법으로 가족조각기법을 응용하여 사용할 수 있다.

또한 온 가족이 참여하기 어려운 경우 다른 가족상담자들이 가족이 되어 역할극을 할 수 있고 때로는 인형을 가지고 가족관계를 파악한 후 특정 장면을 역할연기를 통해 표현해 볼 수 있다.

11 이야기 상담기법

1) 이야기의 역할

우리는 자신에 관해 말하는 이야기와 다른 사람이 우리에 대해 말하는 이야기에 의해 삶을 살아간다. 그 이야기들은 사회적 문화적 맥락의 대화에서 나온 우리의 삶이다.

2) 열린 마음으로 경청하기

모든 사회구성주의 이론은 비판, 비난, 확언, 평가 없이 내담자를 경청하는 것을 강조한다. 이야기치료는 인간의 창의성과 풍부한 상상력에 중점을 둔다. 내담자의 삶에 관해서 내담자보다 더 알고 있다고 생각하지 않는다. 내담자는 자기 경험의 일차적 해석자이고 자신의 경험적 세계의 의미를 이끌어 낼 수 있는 적극적인 행위자이다.

3) 상담과정

이야기상담은 순환으로 진행되는데 문제 이야기를 외재화된 기술로 바꾸고, 문제가 내담자에게 미친 영향을 조사하며, 문제 중심적 이야기에서 강점과 유능성의 신호를 듣고 마지막으로 새로운 능력 이야기를 만들고 성과를 입증하는 것이다.

4) 상담목표

내담자가 새롭고 신선한 언어로 자신의 경험을 말하도록 하는 것을 목표로 한다. 즉, 대안적 이야기를 구성하게 하는 것이다.

5) 상담자의 역할

상담자는 능동적 촉진자이다. '아는 것이 없는 자세'로 내담자가 좋은 이야기, 대안적 이야기를 구성하도록 도와야 한다. 또, 문제와 문제의 영향을 받는 사람들을 문제와 분리하는 목적으로 질문해야 한다. 이런 언어의 변화는 사람과 문제가 혼합되어 있었던 초기 이야기를 해체하고 그 문제를 내담자와 떨어져 객관화하게 한다.

6) 상담관계

상담자는 내담자를 자기 삶의 전문가로 대우해야 하고 협력과 연민, 반영, 발견을 특징으로 하는 상담관계를 만들어야 한다. 이러한 협력을 공동 권위 또는 권위 나누기라고 한다.

7) 적용

항목	내용
질문 그리고 더 많은 질문	상담자는 변화를 만드는 차이를 찾기 위해, 정보를 모으기보다 경험을 발생시키는 질문을 한다.
외재화와 해체	이야기 상담자는 내담자를 문제로 보지 않고 문제를 문제라고 본다. 즉, 문제 확인과 내담자를 분리한다. 내담자가 문제를 자신으로 보면 문제를 해결할 수 있는 방법이 없어지기 때문에 문제가 자기 밖에 있다는 사실을 알게 한다. 대화 외재화의 두 단계는 첫째, 내담자의 삶에서 문제의 영향을 조사하고 둘째, 내담자의 삶이 문제에 미친 영향도 조사한다.
구체적 결과 찾기	외재화 질문 다음에 구체적 결과를 찾는 질문을 한다. 이러한 질문은 문제가 일어나지 않았을 때 또는 문제가 성공적으로 처리되었던 순간을 부각시킨다.
대안 이야기와 재창작	사람들은 그들의 삶을 계속적으로 그리고 적극적으로 재창작할 수 있다는 가정을 한다. 상담자의 중요한 임무는 사람들이 더 풍부하고 진지하여 의미심장한 대안적 이야기를 기억하고, 되찾고, 재고안하는 것을 돕는 것이다. 내담자가 문제투성이 이야기를 통한 생활을 계속할 것인지 또는 새로운 이야기를 창조할 것인지를 선택할 때가 이야기 대화의 전환점이다.

12 재정의 기법

재정의는 가족의 패러다임에 변화를 일으키는 상담적 기법으로 전략적 가족치료나 구조적 가족치료에서 자주 사용된다. 즉, 일반적으로 부정적으로 보고 있는 증상 또는 행동에 다른 의미를 부여한다. 이것은 가족이 지각하고 있는 맥락을 바꾸어 가족의 지각을 변화시키려는 치료적인 의도가 담겨 있다. 예를 들어, 식욕부진증의 청소년문제를 사춘기 자녀의 독립에 대한 의지로 재정의한다. 이것을 증상뿐만 아니라 부모자녀관계에 대해서도 새로운 관점을 제공한다.

13 동적가족화기법

1) 동적가족화기법의 설명

동적가족화기법은 가족화에 움직임을 첨가한 일종의 투사화로 번즈와 카푸만(Burns & Kaufman)에 의해 발견되었다. 동적가족화는 가족화가 가지는 상동적인 표현을 배제하고 움직임을 첨가하여 개인을 통해 가족의 역동성을 파악하기에 더욱 용이하다. 연령순, 사회적 지위순으로 그림을 그리는 가족화의 단점을 보완하여 가족 구성원에 대한 감정이나 태도를 투사하게 된다. 동적가족화는 정신분석학과 장이론, 지각의 선택성 등과 같은 이론 등을 기초로 하고 있다. 특히 묘화자 자신의 눈에 비친 가족들의 일상생활 태도나 감정을 그림으로 나타냄으로써 묘화자의 주관적 판단에 의존한다. 이러한 판단은 묘화자의 자신의 과거경험이나 현재 상태에 의존하고 있으므로 객관적·물리적 환경으로서의 가족인지라기보다는 자신을 주체적·선택적으로 지각하는 주관적·심리적 환경으로서의 가족인지가 적용된다. 가족상담으로 볼 때 의식적·무의식적 투사기법으로서 가치가 있다.

2) 동적가족화의 장점

① 동적가족화는 가족에 대한 심상의 표출을 자극한다.
② 검사시 피험자의 부담감을 줄일 수 있다.
③ 대화를 통해 정보를 얻기 어려울 경우, 그림이라는 매개체는 간접적으로 피험자의 정신세계를 이해하는 데 도움이 된다.
④ 동적가족화는 비언어적인 방법이므로 의식의 통제를 적게 받고 방어를 감소하는 효과가 있다.
⑤ 언어가 일차원적인 의사소통 방식인데 비하여 그림에서는 공간 속에서의 연관성들이 발생하므로 경험을 동시에 나타낼 수 있다.

⑥ 가족에 대한 분노, 적대감정 등을 정신적 손상 없이 해소할 수 있는 정화의 기능을 제공한다.

⑦ 현실의 가족관계가 아니라 심리적인 측면에서 개인이 지각하는 가족상과 자신과 가족 구성원 간의 관계를 보게 해 준다.

⑧ 작품을 통해 가족에 대해 이야기할 기회가 제공되며, 이미지를 언어로 인식할 수 있게 해 준다.

⑨ 구체적인 유형의 자료를 얻을 수 있다.

14 사이코드라마기법

1) 구성요소

사이코드라마의 5가지 주요 구성요소는 극에서 자신의 문제를 드러낼 주인공(Protagonist), 극 전체를 이끌어나갈 연출자(Director), 주인공의 상대역을 해 줄 보조자(Auxiliary Ego), 관객(Audience), 무대 공간(Stage)이다.

(1) 주인공(Pt)

흔히 문제자, 선택자, 주인공 등으로 불리며 사이코드라마 공연의 주체가 되는 사람이다. 이 주인공은 충분한 워밍업을 통해 자발적으로 선택되며 자신의 진실을 집단 앞에 제시하게 된다.

(2) 연출자(Dr)

감독 혹은 연출자(디렉터)라고도 하며 사이코드라마적인 방법을 적용하여 주인공으로 하여금 자신의 문제를 무대 위에서 자연스럽게 전개하도록 분위기를 조성해 주면서 극 전체를 총 지휘하는 사람이다. 따라서 그는 극 속에서 연출자, 상담자, 분석자의 역할을 할 뿐만 아니라, 주인공을 돕고 감정을 자유롭게 표현하도록 촉진하는 촉진자로서의 기능을 한다.

(3) 보조자(A.E)

보조자는 주로 주인공의 중요한 타인의 역할을 한다. 여기서 중요한 타인은 살아 있거나 죽었거나, 사실적이거나 환상적일 수 있다. 즉, 이들은 극 속에서 주인공이 무대에서 자기 생활 내용을 극화할 때 그 장면에서 나타난 상대역을 연기하거나 주인공의 초상이 되는 이중구조를 갖는다. 효율적인 보조자는 사이코드라마에서 더 큰 힘과 강도를 줄 수 있다. 즉 그들은 주인공이 워밍업하는 것을 돕고, 연기에 몰입하게 하며, 주인공의 거울이 될 뿐만 아니라, 주인공이 극에서 '지금-여기'에 더 깊게 몰두할 수 있도록 한다.

(4) 관객(Audience)

관객은 사이코드라마에서 주인공이나 보조자가 아니라 해도 여러 방법으로 이익을 얻을 수 있다. 즉 그들은 주인공과 동일시 할 수 있고 공감을 통해 자신의 감정을 완화시키며 대인관계 갈등에서 어떤 통찰을 경험할 수 있다. 또한 주인공의 입장에서 볼 때, 관객이 다양하기 때문에 나누기 시간에 관객의 보이는 반응들은 주인공이 다른 사람에 대한 자신의 영향을 이해하는 데 큰 도움이 될 수 있다.

(5) 무대(Stage)

무대는 연기가 행해지는 장소이다. 모레노(Moreno)는 원형무대와 발코니가 있는 무대에서 사이코드라마를 진행하였는데, 이와 같은 건축 양식은 준비-행위-카타르시스의 3단계와 천상을 의미하는 것이었다. 그러나 집단이 편하게 앉을 수 있고 행위할 수 있는 공간만 있으면 가능하다. 가능하면 높은 강단이나 극장무대와 같이 의도적으로 꾸며진 설치공간은 피하는 것이 좋다. 이는 관객과 무대가 단절되어 있어 집단의 나눔이 촉진되는 아늑함을 느끼기 어렵기 때문이다. 여기에는 소품(의자, 베개, 방망이, 천 등)이 있을 수 있다.

2) 주요기법

사이코드라마 기법에는 300여 가지 이상이 있지만 우리나라 사이코드라마에서 주로 사용되고 있는 5가지 기법은 다음과 같다.

(1) 역할교환(Role Recersal)

이 기법은 다른 사람과 입장을 바꾸어 보는 것이다. 즉, 남편이 아내의 역할을 하거나 학생이 교사의 역할을 하는 등 일상생활 속의 역할을 바꾸어 해 보는 것이다. 이러한 역할 바꾸기를 통해 주인공은 지금까지 알지 못했던 상대방의 기분이나 감정을 체험해 봄으로써 자신의 상대방에 대한 잘못된 감정을 정리하고 다른 사람에 대한 입장을 이해하게 된다. 주인공은 타인과의 역할 바꾸기를 통해 자기중심적 습관의 한계를 넘어서게 된다. 주인공은 상대방과 역할을 바꾸어 그 장면에서 상대방이 어떠한 식으로 행동하는지를 보여준다. 바로 이 부분에서 보조자는 자신이 맡고 있는 역할에 대한 비언어적인 단서를 제공받음으로써 그들이 재연한 장면이 주인공의 경험과 흡사하게 진행될 수 있도록 자신이 맡은 역할의 성격을 재조정하게 된다.

(2) 이중자아기법(Double Technique)

이중자아기법은 주인공의 또 다른 자아인 내적 자아를 연기하는 과정에서 보조자아를 사용하는 것을 말한다. 주인공의 깊은 내면 감정을 표현하는 데 가장 효과적인 기법이기 때문에 이 기법을 심리극의 정수라고도 한다. 이중자아기법의 중요한 기능은 이중자아가 주인공이 실제로 표현하기 꺼려하거나 주저하는 내면심리를 대신 표현해 줌으로써 다른 인물이나 대상과의 상호작용을 자극하거나 주인공의 행위, 표현을 지지해 줌으로써 타인과의 상호작용을 좀 더 원활하게 해 주는 것이다. 이러한 이중자아기법은 둘 이상의 이중자아를 표현하는 다중자아기법으로 활용되기도 한다. 이러한 이중자아기법은 주인공의 감정을 극대화하거나 주인공을 지지, 또는 주인공의 감정을 부인하는 등 다양한 기법으로 활용되는데 사이코드라마에서의 이러한 이중자아기법은 주인공에게 강력한 자극제로써의 역할을 할 뿐 아니라 이중자아를 연기하는 사람에게 감정이입 기술을 배양시키는 기회를 제공해 주기도 한다.

(3) 미래투사기법(Future Projection Technique)

미래투사기법은 주인공의 목표를 명료화시키는 기법이다. 다시 말해 주인공의 생각이 미치는 장래의 범위 내지는 행위의 가능성을 탐색하고, 현실과 대결시킴으로써 보다 현실적으로 자신의 문제를 볼 수 있도록 하는 것이다. 주인공은 미래의 자기 자신의 모습을 그려봄으로써 자신에게 좀 더 현실적인 접근을 하게 되고, 성공을 성취할 수 있는 장면을 만들어 보면서 좌절감에서 벗어날 수 있게 된다.

이 기법은 미래의 상황을 말로 하는 대신에 주인공의 미래를 지금 이 순간에 일어나고 있는 것처럼 장면을 만들어 주고 그 상황에 주인공이 몰두할 수 있도록 해 주는 것이다. 주인공의 핵심적인 욕구에 따라 미래의 장면을 만든다는 일 자체가 어떤 의미에서는 주인공의 억압이나 책임회피의 층을 드러내는 일일 수도 있다. 그럼에도 불구하고 이러한 미래투사기법은 부정적인 요소보다는 긍정적인 요소가 훨씬 더 많은 기법이다. 왜냐하면 주인공은 결국 자신의 선택을 분명히 하는 행위를 하고 있기 때문이다.

(4) 마술가게기법(Magic Shop Technique)

이 방법은 인도의 마술에서 힌트를 얻어 모레노연구소에서 1943년부터 사용하기 시작한 방법이다. 마술가게기법은 공상적인 장면을 설정하여 거기에서 어떠한 물건이라도 사고팔 수 있게 하는 것이다. 이 방법은 우선 처음에 상담자가 가게 주인 역할을 하게 하여 거기에 참석자 누구나 와서 현실적인 물건, 공상의 물건, 가능한 물건, 불가능한 물건, 과거, 현재, 미래의 물건 등 무엇이든 살 수 있게 한다. 마술가게에서 돈은 통용되지 않으며 사이코드라마의 지도자인 상담자가 이들 연기를 이끌고 정한다. 살 수 있는 횟수, 숙면할 수 있는 밤, 과거의 부활, 서비스의 중지 등을 값이나 대가로 정하기도 하다. 그러므로 매매가 아닌 교환도 행해진다. 이 마술가게 기법을 신중히, 그리고 절제 있게 사용한 경우에는 좋은 치료효과를 나타낼 수 있다. 이 마술가게기법은 개인의 문제를 상징적인 형식으로 그리면서도 개인과 집단에 있어서 접근과 수용이 쉽게, 신속하게 전개할 수 있는 방법이기 때문이다.

(5) 빈 의자 기법(Empty chair Technique)

보조의자기법이라고도 불리는 이 기법은 보조인물 역할을 하는 사람 대신 빈 의자가 그 보조자의 역할을 대신하는 것이다. 이 기법은 주인공의 공격적이거나 착한 느낌을 보다 자발적으로 표현하게 해 준다. 주인공은 이 빈 의자를 통해 자신의 삶 속의 인물을 만나게 되고, 빈 의자로 대신했던 상대방과 역할 바꾸기를 할 수도 있다. 의자는 보통 원형 또는 반원형으로 둘러앉은 사람들의 안쪽 혹은 가까이에 둔다. 사이코드라마의 지도자는 주인공에게 의자에 누가 앉아 있는가를 상상하게 한다. 그리고는 자신이 앉아 있다고 상상한 사람과의 대화를 나누도록 하게 하는데 이 방법을 사용하면 주인공이 가지고 있는 문제를 빨리 찾아낼 수가 있다. 이 빈 의자 기법을 좀 더 확장시키면 하나의 의자가 아니라 여러 개의 의자를 동시에 사용할 수도 있다. 예를 들어 사이코드라마의 지도자는 주인공에게 몇 개의 의자를 고르게 하여 자기가 좋아하는 대로 놓게 하는 한편 의자로 모양도 만들게 한다. 그 다음에는 각 의자에 앉을 사람을 정하도록 하고 그 사람과의 관계라든가 거기에서 일어날 상황이나 사건에 대한 생각이 떠오르게 한 후 주인공으로 하여금 이들 의자에 앉은 사람과의 관계에서 일어나는 이야기를 만들게 한다. 주인공은 의자에 앉아 있다고 상상되는 인물과 자신이 일으키는 사건을 설명하기 위해서 독백, 방백, 대화, 역할 바꾸기 등의 기법을 사용하기도 한다.

CHAPTER 07

부부상담

1 부부상담 방법

부부상담은 '가족상담'의 한 부분으로 부부간의 심리적 갈등 및 적응 문제를 전문적으로 해결하는 별도의 접근방법을 말한다(이장호·이동귀, 2014: 301).

미국의 로스앤젤레스에는 심리학자·사회사업가들의 전문적 상담기능을 주축으로 하고 판사가 주관하는 '조정 재판소'(conciliation court)가 있으며, 우리나라의 경우 심리학자·변호사·가정주부 등으로 구성된 비상임조정위원제도가 서울 가정법원에서 운영되고 있다. 또한 미국과 유럽의 몇몇 선진국에서는 최근 성(性)문제와 성관계 향상을 전문적으로 하는 개인상담과 집단치료가 활발해지고 있다. 성에 대한 올바른 지식을 주입하고 온갖 교육적인 매체를 동원하여 성적 문제를 치료하는 이 성 상담치료 분야에서 두드러지게 활동해 온 사람은 매스터즈와 존슨(Masters & Johnson, 1970)이다. 이들이 기본적 연구를 바탕으로 사용하는 주요 방법은 '감각초점'(sensate focus)이라고 하는 것인데, 이것은 부부 간의 상호접촉행동의 확대 및 정기적 대화를 수반하는 유쾌한 신체감각의 계발을 체계화한 것이다.

2 부부상담의 목표

상담자나 심리치료자에게는 부부상담을 요하는 사람들에 있어서 이혼이 해결방안인지 아닌지 결정할 권리가 주어져 있지 않다. 부부문제 상담자는 다만 이혼이 해결의 한 방편인지의 여부를 합리적으로 판단하도록 도움을 줄 뿐이다. 상담자는 부부가 너무 오래 정서적으로 분리되어서 참을 수 없을 정도의 괴로움 때문에 서로 화해가 될 수 없다는 점을 인정할 수는 있다. 그렇다고 이혼이 유일한 해결책이 아니라는 것도 안다. 상담자로서는 부부 간에 결혼 당초의 1차적 목표가 불가능할 때라도 가능한 한 서로의 포용과 화해 속에서 같이 살도록 도와줄 수 있다. 가령 당분간의 별거는 결혼이 구제될 수 있는 한 가지 방법일 것이다. 간혹 별거 다음에 부부관계가 결정적으로 파괴되는 경우도 있다. 그러나 별거하는 동안 사사로운 일로 서로 비난했고 싸웠다는 사실을 알게 되고, 전문가의 도움으로 건설적인 자세에서 상대방의 개성 및 부부관계의 상호작용적 조건에 타협할 수 있게 되는 경우가 많다. 다시 말해서 상담자는 별거를 쉽게 권장하지 않고 특정한 상담의 접근방식으로 고려할 수 있는 것이다.

흔히 '아이들 때문에 이혼을 하고 싶어도 못 한다'는 말을 듣는다. 그러나 이혼이 자녀들에게 그렇게 비참한 것은 아닐 수도 있다. 왜냐하면 호적상으로는 이혼을 하지 않았으나 정신적으로 이혼상태에 있을 때 가정의 자녀들이 더 큰 피해를 입기 때문이다.

전문적인 상담과정에서 이혼이 최종 방안으로 결정되는 경우, 상담자는 내담자들로 하여금 자녀들의 복지를 최대한 보존하도록 도와주어야 한다. 특히 이혼이 자녀들의 잘못이 아니고, 부모들이 아직도 사랑하고 있고, 모든 것이 잘못되는 것은 아니고, 부모들도 신(神)이 아니라 잘못을 저지를 수 있는 인간이라는 점들을 자녀들에게 인식시켜 줄 필요가 있다. 이혼한 후 부모의 한 쪽이나 양 쪽이 재혼을 했을 때 자녀에 대한 영향은 더 복잡해진다. 자녀는 새 배우자에 대한 부모의 관심에 대해 질투하기 쉽고, 의붓부모 쪽에서도 새 배우자와의 관계에서 자녀들을 방해적 존재로 느낄 수가 있다.

3 부부상담의 과정

부부상담의 경우, 상담자는 남편과 아내 또는 부부 간의 갈등 사태에 직접 복수적으로 관계되고 있다. 그리고 남편 또는 부인을 개별적으로 상담할 때에는 개인상담의 모형과 비슷하게 보일지 모르나 그런 경우에도 부부관계가 중요한 상담내용으로 등장한다. 그래서 부부의 어느 한 쪽만을 면접하기보다 양쪽을 개별적으로 혹은 동시에 면접하는 것이 보통이다.

한편 결혼문제 및 부부관계 상담에 경험이 없는 상담자들은 먼저 부부관계에 상담의 초점을 맞추려는 경향이 있다. 즉, 부부 상호 간의 의사소통·기대·갈등에만 중점을 두어 상담하려고 한다. 그러나 효과적인 부부상담을 위해서는 남편 또는 부인 개인의 문제(기대 수행능력, 환경조건에 대한 지각 등)를 먼저 다룬 후 관계를 다루는 것이 바람직하다.

4 부부상담의 모델

첫째, 배우자의 외도로 남편이나 아내로부터 개인적 가치감이나 애정을 느끼지 못한 배우자는 혼외정사에 빠짐으로써 자존심과 여성(또는 남성)에 대한 사랑을 확인하려고 한다. 그러므로 상담자는 제3자인 정부를 제거하는 것으로 도울 수는 없고, 내담자의 가치감과 바람직한 애정관계를 회복하도록 도와야 한다. 일단 이러한 노력의 과정이 이루어지면 내담자는 정사를 필요로 했던 자기의 신경증적 욕구를 자각하게 되고, 배우자에게 자기를 충분히 더 사랑해 주도록 원만한 의사소통을 할 수 있게 된다. 이런 과정에서 내담자는 잘못을 저지른 후 배우자에 대한 의존성을 다시 인식하면서 과거와 같이 일방적이고 충동적인 반응을 보이지 않게 된다. 즉, 과거에 표현되지 않았고 안정되지 않았던 배우자에 대한 의존성 및 상호관계성을 현실적으로 자각함으로써 부부관계가 호전될 수 있는 바탕이 마련되는 것이다.

둘째, 불화문제로 부부상담의 과정에서는 부부관계가 적어도 외형적으로는 더 나쁘게 될 수도 있다. '관계가 더 좋아지기 전에 나빠진다'는 말이 여기에 적용될 것이다. 특히 불화문제로 상담에 임하는 부부는 심리적으로 서로 분리되어 있기 때문에 처음부터 화해를 시키려는 노력은 헛된 수고가 되기 쉽다. 차라리 적대감이나 불만을 상담자 앞에서 털어놓도록 하는 것이 바람직하다. 말없이 참고 지내오던 부부가 상담과정에서 서로를 공개적으로 비판할 수 있게 됨으로써 전보다 나빠졌다는 인상을 주는 것이다. 이 시기는 문제를 가진 부부나 상담자에게 하나의 고비가 된다. 내담자의 입장에서는 갑자기 분통을 터뜨리다 보면 배우자에 대한 환멸을 느껴 '더 이상 참을 수 없다'고 단정하게 되는 수가 있다. 이때 내담자들은 상담자의 도움으로 이혼을 결심하든지 아니면 결혼생활을 지속할 자신감을 회복하기도 한다. 결혼생활이 지속될 경우엔 오랜만에 처음으로 배우자와 의사소통을 제대로 하게 되는 경우가 대부분이다.

결혼관계는 상호보상이나 상호이익을 바탕으로 이루어진다. 결혼관계의 보상으로 부부가 처음 기대하는 것은 깊은 동료애, 경제적 안정, 사회적 인정 및 용인된 성관계 등이다. 결혼을 할 때에는 모두 부정적인 면을 고려하지 않고 보지도 못하며, 상대방의 기대와 욕구를 서로 충족시켜 주려 한다. 그러나 세월이 흐르는 동안 이러한 호혜적인 노력이 중단되기도 하고 열의가 식음으로써 결혼관계에서의 보상이 없어지며 결과적으로 불화가 생긴다.

부부관계의 불화를 상담할 때는 대체로 다음의 세 단계 모델을 거치는 것이 바람직하다.

첫째, 부부간의 만족·불만족의 원인행동에 대한 자각으로 사실은 서로 보상이 되고 있는데도 느끼지 못하고 있는 행동을 지적·강조하고, 상호긍정적인 행동을 할 기회를 많이 갖도록 권장할 수 있을 것이다. 가령 '내가 이상적으로 바라는 배우자 관계'와 같은 제목으로 말하거나 글을 쓰도록 하여 서로 바라고 있거나 불만으로 여기는 구체적인 행동이 무엇인지를 자각하도록 한다. 그 다음 조그만 일이라도 이미 되고 있는 보상적인 행동에 대해 고마움을 느끼도록 하는 의사소통을 권장하는 것이 중요하다.

둘째, 의사소통 장벽의 제거로 상대방에 대한 느낌을 감추지 않으면서도 비방 또는 공격적인 언행을 자제하도록 하는 것이다. 우선 사건이 일어난 상황을 자유롭게 설명하도록 하는 반응 또는 질문("어떤 생각으로 그랬는지 말해 주면 좋겠어요")을 연습시키고, 부부 간의 언사 중에 긍정적 암시가 많이 포함되도록 한다("그랬구나. 그런데 ~게 했었으면 어떠했을까?"). 마지막으로 효과적 접근방식은 '긍정 후의 부정적 언급'을 상담자가 시범을 보인 후, 부부 간의 의사소통과정에서 익히도록 지도하는 것이다. 대개의 인간관계에서는 부정적 언급을 먼저 강조함으로써 다중의 긍정적 의미는 제대로 전달되지 못하기 때문에 갈등의 소지를 안고 있다.

셋째, 호혜적 행동의 동의 및 실천의 촉진으로 만족·불만족·행동의 상호자각·긍정적 행동에 대한 감사 및 바람직한 의사소통을 부부 간에 실천하도록 구체적으로 지도하는 것이다. 여기에서는 부부간에 기대하고 실천할 수 있는 행동을 구체적으로 밝혀 서로 동의하고, 필요하다면 동의서 사본을 각자가 한 통씩 보관하도록 할 필요도 있다. 부부가 동의사항을 잘 수행할 때에는 상담자가 격려하고. 수행이 잘 안 되는 경우에는 그 이유를 협의하여 실천의 장애물을 제거하도록 도와줄 것이다. 이 과정을 거치지 않거나 너무 짧게 잡으면 상담이 끝나는 즉시 다시 불화문제가 생길 수 있다. 그래서 대개의 경우 상담의 마지막 단계에서는 면접을 월 1회 정도로 줄여 몇 주 동안은 더 상담을 받도록 하는 것이다.

CHAPTER 08

집단상담

1 집단상담의 방법

집단상담이란 개인상담과 비교하여 내담자가 최소 2명 이상으로 구성된 집단으로 이루어지는 상담이다. 지금까지 여러 학자가 개관했던 집단상담의 정의들을 바탕으로 노안영은 집단상담에 대해 "집단상담은 전문적 훈련을 받은 집단 지도자로서 상담자(들)와 조력을 필요로 하는 2명 이상의 집단 구성원이 집단상담 활동의 공동 주체로서 집단 역동의 이해 및 적용을 바탕으로 집단 구성원들의 자기 자각 확장을 통해 문제 예방, 발달과 성장, 문제해결을 달성함으로써 그들의 삶의 질을 향상하기 위해 합께 노력하는 집단과정이다."(2011: 23) 그리고 집단상담에서는 상담자가 전문적 상담기법을 통해 일방적으로 집단원들을 변화시키려고 하는 것이 아니라, 집단 구성원들 모두 집단상담의 주체로서 참여하며, 서로 간의 상호작용을 통해 구성원 개개인의 자각과 통찰을 촉진하고 이를 바탕으로 변화를 추구해 나간다고 하였다(노안영, 2011: 30). 이 같은 집단상담의 유형(Velasquez et al., 2001)은 다음과 같이 요약된다.

첫째, 행동주의 집단상담으로 행동주의 집단상담은 치료자가 동참자로서라도 청소년 내담자 집단에서 행동에 대한 자기관찰과 과제분석을 활용하고 행동주의 다양한 기법을 활용한다. 행동치료는 표적행동의 변화가 목적이며 전제는 부적응적 행동이 재학습을 통하여 치료되거나 수정될 수 있다는 것이다. 행동치료는 기본적으로 내담자 문제영역의 분석, 유관계약, 목표의 구체화, 기저초선의 규정, 통제 조건과 강화, 그리고 행동변화를 위한 목표의 구체화, 행동치료기법, 객관적 평가를 통해 행동을 변화시킨다(김동일 외, 2014: 36).

둘째, 표현적 집단상담으로 표현적인 집단상담은 정신과 임상에서 가장 많이 쓰이는 방법으로 아동과 청소년의 정신분석집단, 게슈탈트 집단치료, 교류분석 집단치료 등의 집단치료는 이 범주에 들어간다(Yalom & Leszcz, 2001). 원탁에 둘러앉아 각자의 감정을 자유롭게 표현하고 비지시적이지만 청소년 자신에 대한 통찰력을 위해 집단의 역동성을 받아들이는 치료집단이며 적당한 시기에 해석과 병인식에 대한 재구조화가 중심이 된다. 치료자의 권의나 지시 등은 최소한으로 줄이고, 집단원들의 역동관계를 중요시하며 상호 의존하도록 한다.

셋째, 지시적 집단상담으로 지시적 집단치료는 치료자의 위계와 정서적인 라포를 활용하여 청소년 내담자들에게 충고나 지시 등의 직접적인 방법을 활용한다. 교훈적 교육과제, 집단지도, 치료적 오락 활동 등을 통해서 집단 구성원들이 환경에 적응하는 것을 도와주는 구조화된 집단치료의 한 형태이다. 종교적 모임, 단주동맹(A.A) 등이 여기에 포함된다.

넷째, 심리극 집단상담으로 심리극은 아동이나 청소년이 자신의 갈등상황에 대해 스스로 말하기보다는 그 상황을 연극함으로써 아동·청소년 자신이 가지고 있는 심리적 차원의 문제들을 탐구하도록 돕는 집단상담 방법이다. 심리극의 목표는 병에 대한 인식뿐만 아니라 관계에서의 공감반응, 자발성, 인간관계 성장이나 반응감, 대처 방안과 현실감 등의 발전을 가져올 수 있다. 심리극의 초점은 특수영역뿐 아니라 가족 혹은 상징적 역할, 무의식적 태도, 미래의 상황 등에 초점이 맞추어진다.

다섯째, 예술적 집단상담으로 청소년 내담자의 그림이나 작품 등은 통찰정신치료에 활용될 수 있고 자유연상을 활용하여 그림 내용과 관계 있는 자신의 미해결된 문제에 대해 집단에서 이야기하도록 하여 심리치료를 도와준다. 예술요법은 그림, 미술, 조각, 공장 등이 포함된 치료기법이다. 아동과 청소년이 예술을 중심으로 표현과 함께 억압된 감정의 카타르시스 등을 위하여 성취감을 갖도록 한다. 정신과적 문제의 청소년 집단과 장애인에 대한 심리평가 및 재활 등을 위한 예술치료는 아동·청소년 내담자가 자유롭게 예술을 표현하도록 하며 자신의 경험을 표현하도록 함으로서 진단과 치료를 가능하게 한다.

여섯째, 교육적 집단상담으로 교육적 집단 구성원들이 그들의 환경에 적응하는 것을 돕도록 구체적으로 계획된 집단상담의 한 형태이다. 교육적 집단치료는 자유로운 집단에 적응하거나 환경에 견디기가 어려운 아동·청소년 집단에 적용된다. 덜 엄격한 교육적 세팅에서 강의실과 같은 분위기에 교육적 형식을 활용하기도 한다. 교훈적 목표를 위한 아동·청소년 집단 지도모임, Al-Anon집단, 단주모임 청소년 집단 등이 적용된다.

일곱째, 무용집단상담으로 무용집단상담은 아동·청소년의 동작을 변화매개체로써 사용하는 집단심리상담의 한 형태로서 신체의 율동과 운동을 통한 자기표현과 정체성 확장이 치료주제가 된다. 무용요법은 아동과 청소년의 자아인식, 타인에 대한 지각과 만족스러운 관계의 개발, 선택하는 힘 등을 개발하는 능력 등(Chodorow, 1991)을 목적으로 한다.

여덟째, 집단적 작업요법으로 작업요법은 정서적 장애를 극복하고 가정, 사회에 적응할 수 있게 하는 회복이나 재활에 그 목적이 있다. 작업요법에서 중요한 것은 일관된 목표와 삶이다. 프로그램은 긴장완화, 증진된 정신과 운동의 통합, 집단참여를 위한 집단의 동일성을 유지하며 다른 사람의 욕구에 대한 이해, 소규모 활동, 재활을 위한 사후 대안 등이 제공된다. 또한 개개인에 따라 정서적 요구를 표현하게 하고 만족시킬 기회를 위해 집단 안에서 개별 활동이 허용된다(김동일 외, 2014: 37-38).

이와 같이 집단은 그 목표, 사용된 기법, 리더의 역할, 훈련의 필요조건 및 관련된 사람의 유형에 따라 다르다(Corey & Corey, 2001). <표 8-1>에서 보는 바와 같이, 집단의 유형은 학자에 따라 다양하게 분류된다. 여기서는 주로 정신건강과 인간적 성장을 도모하는 대표적인 집단 유형에 대해 정리해 보면 다음과 같다.

〈표 8-1〉 **학자별 집단의 유형**

학자명	연도	집단의 유형
Toseland & Rivas	2001	• 처치집단(treatment groups) – 지지집단(support groups) – 교육집단(educational groups) – 성장집단(growth groups) – 치료집단(therapy groups) – 사회화집단(socialization groups) • 과업집단(task groups)
Gladding	2003	• 집단지도(group guidance) • 집단상담(group counseling) • 집단 심리치료(group psychotherapy)
Trotzfey	2006	• 생활지도·생활기술 집단(guidance & life skill groups) • 상담집단(counseling groups) • 심리치료집단(psychotherapy groups) • 지지·자조집단(support & self-help groups) • 자문집단(consultation groups) • 성장집단(growth groups)
Jacobs, Masson, & Harvey	2011	• 교육집단(education groups) • 토론집단(discussion groups) • 과업집단(task group) • 성장·경험집단(growth & experiential groups) • 상담·치료집단(counseling & therapy groups) • 지지집단(support groups) • 자조집단(self-help groups)

자료: 강진령(2001).

① 교육집단: 교육집단(educational groups)은 주로 정의적·인지적 측면의 정신건강교육과 이와 관련된 다양한 주제에 대한 정보를 제공할 목적으로 구성되는 집단을 말한다. 예를 들면, 인터넷 중독 예방, 스트레스 관리, 자기주장 훈련, 진로 탐색, 수험생 학부모 교육 등과 같은 주제 분야에서 이루어지며, 주로 리더가 먼저 강의 형식으로 참여자들에게 필요한 정보를 제공하고, 질의응답 및 토의 후 소감을 나누는 방식으로 진행된다. 특정한 주제에 초점을 맞추어 일정한 주제, 구조, 내용을 가지고 진행되는 이러한 구조화 집단

(structured group)이 정부기관, 학교, 대학상담센터에서 점점 더 많이 이용되고 있다. 특정 주제는 리더의 관심과 집단의 구성원에 따라 달라지지만, 이런 집단들은 집단원들에게 인생의 어떤 문제를 더 잘 인식하게 하고 그에 더 잘 대처할 수 있는 수단을 제공한다는 공통의 목표를 갖는다.

② 성장집단: 성장집단(growth groups)은 자신과 타인과의 보다 의미 있는 만남과 접촉을 통해 집단원들의 성장과 발달을 촉진하기 위해 구성되는 집단을 말한다(강진령, 2011). 성장집단의 기본 가정은 구성원이 안전한 분위기 속에서 집단의 치료적 요소를 경험하게 되면, 자기 자신을 정직하게 평가하여 자신의 참모습을 깨닫는 한편, 사고, 감정, 행동의 변화를 꾀하게 되면서 궁극적으로 인간적 성장을 실현한다는 것이다(강진령, 2011). 따라서 성장집단에서는 특정한 구조나 프로그램 없이 집단원들이 솔직한 현재의 느낌을 자유롭게 표현하고 허용적이고 수용적인 자세로 격려하는 촉진자, 함께하는 참여자의 역할이 강조된다(김계현 외, 2009).

③ 상담집단: 상담집단(counseling groups)은 집단참여자들의 치료적·예방적·교육적 목표를 위해 집단 역동과 과정을 활용하여 일상의, 그러나 종종 힘겨운 삶의 문제들을 해결하고 돕고자 한다. 이를 통해 참여자는 현존하는 문제해결 능력을 개발시켜 미래에 닥칠 유사한 성격의 문제들에 보다 쉽게 대처할 수 있다. 상담집단의 초점은 보통 특정 유형의 문제인데, 대인관계 문제, 자기 이해 증진, 부적응 행동의 극복 등 개인·사회·발달적 관심을 자주 다룬다. 이는 학교, 대학상담센터, 지역사회의 정신건강소 및 진료소와 같은 기관에서 종종 실시된다. 이 유형의 집단은 의식적인 문제를 다루고 주된 성격 변화를 목표로 삼지 않으며, 보통 특정의 단기 문제들의 해결에 치중하며, 보다 심각한 심리적·행동적 장애의 치료에는 관심을 두지 않는다는 점에서 치료집단과는 다르다. 상담집단은 비교적 건강한 사람들의 대인관계 수준에서 더 잘 기능하도록 돕는 것을 목적으로 집중 경험을 제공한다.

④ 치료집단: 치료집단(therapy groups)은 상담집단에 비해 보다 심각한 정도의 정서·행동문제나 정신장애를 치료하기 위한 목적으로 구성되어, 각 집단원의 심층 심리적 문제들의 재조정을 돕는다. 치료집단에 참여하는 사람들은 일반적으로 우울, 분노, 불안, 공포, 성적장애 및 정신·신체장애와 같은 특정한 증상이나 심리적 문제들을 완화시키려고 집단치료에 참여한다. 심리장애의 심도와 범위가 중요하기 때문에 성격의 주요 차원을 재구성하는 데 있어 개개인을 돕는 것이 목표다.

⑤ 자조집단: 자조집단(self-help groups)은 공통의 문제나 관심을 가지고 있는 사람들이 모여, 문제로 인한 스트레스를 해결하고 자신의 생활양식을 바꾸거나 효율적으로 대처해 나갈 수 있도록 동기를 갖게 하는 지지체계를 형성하는 집단을 의미한다(김계현 외, 2009). 이러한 자조집단은 전문가보다는 특정 문제를 이미 겪었거나 극복한 사람 또는 구성원들이 차례로 돌아가면서 집단의 리더 역할을 맡는다. 대표적인 자조집단의 예로는 비만, 음주, 흡연의 통제를 위한 집단, 가족 중 알코올, 도박 중독자가 있는 사람들을 위한 집단, 암 환자 가족 집단 등을 들 수 있다.

집단상담의 치료적 요인에 있어 '치료적 요인(therapeutic factor)'이란 내담자의 성장과 변화를 촉진시키는 요인으로서 집단상담자, 집단원, 또는 집단 활동의 상호작용을 통하여 집단원의 현재 상태의 개선과 변화 및 성장을 촉진하는 기제라 할 수 있다(권경인, 2001). 대표적인 학자별 치료적 요인을 정리하면 <표 8-2>와 같다.

집단상담의 치료적 요인은 학자나 임상가들의 이론적 접근이나 치료적 관점에 따라 조금씩 다를 수 있지만, 여기에서는 공통적으로 꼽을 수 있는 중요한 변화 촉진 요인들을 중심으로 정리해 보려 한다.

〈표 8-2〉 **대표적 학자별 치료적 요인**

Bloch et al.(1979)	Coret & Coret(2001)	Kottler(2001)	Yalom & Leszcz(2005)
희망의 고취 보편성 수용 이타주의 대리학습 대인관계를 통한 학습 카타르시스 자기 이해 자기노출 지도	희망 보편성 관심과 이해 실험을 해 보자는 자유 변화하겠다는 결단 인지적 재구조화 감정 정화 피드백 응집력 자기 개방 직면(맞닥뜨림), 유머, 힘	지지 소속감 정화 대리학습 인식 가족 재연 공정 책무 과업 촉진 모험 시도 시연 직면, 피드백 마법	희망 고취 보편성 정보 공유 이타주의 일차 가족 집단의 교정적 재현 사회화 기법 발달 모방 행동 대인관계 학습 집단 응집력 정화 실존적 요인

자료: 권경인(2001).

① 희망의 고취: 희망은 변할 수 있다는 믿음이다(Coret & Coret, 2001). 집단상담에서의 희망은 집단원 개개인이 과거의 희생물이 아니라 변화를 위해 기꺼이 새로운 결정을 내릴 수 있는 힘과 능력이 있는 존재임을 믿는 것이다(강진령, 2011). 심한 좌절감에 빠져 스스로 할 수 있는 것이 아무것도 없다고 느끼는 집단원들은 집단에서 고군분투한 끝에 삶을 효과적으로 통제할 수 있게 된 사람들을 만나게 되고, 그런 사람들과 함께 경험을 나누다 보면 그들 자신의 삶도 달라질 수 있다는 희망을 가질 수 있게 된다.

② 보편성: 보편성이란 자신의 문제가 자신만 경험하는 것이 아니라 다른 사람도 비슷한 문제를 겪고 있다는 것을 깨닫게 되는 것을 의미한다. 집단원들은 집단상담에서 상호 교류를 통해 자신들이 안고 있는 고민거리가 너무도 비슷하다는 사실을 경험하면서 서로를 더 이해하게 된다. 이 요인은 개인상담에서 경험하기 어려운 변화 요인이며, 특히 사회 인지 발달과정에 있는 청소년들에게 매우 중요한 치료적 요인이라고 볼 수 있다.

③ 이타주의: 이타주의는 다른 사람을 도와주는 경험을 함으로써 변화가 촉진되는 현상이다. 집단상담이 진행되면 각 집단원은 다른 사람에게 도움이 되는 자신을 발견하는데, 이러한 경험은 개인의 자긍심을 고양시키는 데 도움이 된다(김계현 외, 2009). 이러한 이타적인 행동을 하는 기회와 그 결과로 자긍

심이 향상되는 경험은 수동적이고 개인적인 상담관계를 형성하는 개인상담보다는 다른 사람과 직접 상호작용하는 집단상담에서 경험할 수 있는 치료적 요인이다. 특히 주로 수동적이고 의존적인 위치와 능동적이고 독립적인 위치의 중간에 있으면서 갈등하는 청소년들의 경우, 집단상담에서 다른 사람을 돕는 경험을 통해 자신이 누군가에게 도움이 되는 사람이라는 것을 경험함으로써 자긍심을 형성하고 성인으로 성장해 나가는 계기가 될 것이다(김창대, 2009).

④ 모방 행동: 집단원들은 서로에 대한 관찰과 상호작용을 통해 다른 집단원이나 집단상담자의 행동 중에서 받아들일 만한 것을 모방함으로써 바람직한 행동을 습득하게 된다. 반드시 자신의 문제에 대해 이야기하지 않더라도 다른 사람들의 문제해결과정을 지켜봄으로써 대리학습의 효과를 얻을 수 있다. 이는 다른 사람들의 문제나 관심사가 자신의 것과 흡사하거나 상호 개방을 통해 간접적인 학습이 일어나기 때문이다(강진령, 2011).

⑤ 대인관계 학습: 대인관계 학습은 집단 내에서 집단원들 간의 상호작용을 통해 새로운 지식을 습득하거나 새로운 경험을 하는 것을 의미한다. 집단상담에서 배움을 얻을 수 있는 가장 중요한 방법 중 하나는 집단원들 간의 상호작용을 통해서다. 집단원은 다른 집단원이 제공하는 정보를 습득하거나 다른 집단원으로부터 받는 피드백, 다른 집단원들 간의 상호작용에 대한 관찰 등을 통해 학습하게 된다. 진심에서 우러난, 또 상대를 배려하는 피드백은 집단원들에게 자신이 타인에게 미치는 영향력을 이해하게 하고 대인관계에서 무엇을 변화시키고 싶은지 확인하도록 한다(Coret & Coret, 2001).

⑥ 정화(카타르시스): 정화란 자신의 억눌렸던 여러 가지 감정과 생각을 표현함으로써 억압된 정서를 해소하는 것을 말한다. 집단원들은 이를 통해 마음의 안정을 찾으며 현실에 대해 한결 객관적인 시각을 가지게 된다. 억압된 감정의 표출은 그 자체만으로도 치료적 효과가 있는데, 그것은 위협적인 감정을 억누르는 데 쓰였던 에너지가 분출되기 때문이다. 쌓여 있던 고통과 그간 나타내지 않았던 감정들을 표현하고 나면 사람들은 대개 엄청난 육체적·정신적

해방감을 느낀다. 이러한 감정 표출은 집단상담에서 매우 중요한 역할을 하며 감정의 표현은 신뢰와 응집력을 촉진시킨다.

⑦ 응집력: 응집력은 대표적인 집단 고유의 치료적 요인이다. 얄롬(Yalom)은 집단 응집력을 "집단에 대한 소속감 또는 집단에 대한 매력을 개별적으로 표현한 집단의 특성"이라고 정의했다(Lieberman, Yalom & Miles, 1973). 응집력은 여러 형태로 정의될 수 있지만, 공통적 특질로는 지지하는 분위기, 결속력, 흥미, 경험의 공유, 집단 내의 상호관계, 집단원을 단결시키는 일체감, 소속감, 포근함과 친밀감, 관심과 이해 등을 들 수 있다(Corey & Corey, 2001). 집단상담에서 집단 응집력이 없을 경우 집단원들은 집단에 대한 매력을 느끼지 못하고 집단 구성 자체가 어려워지기 때문에 어떤 치료적 요인보다 기초적이고 중요한 요인이라고 볼 수 있다.
상처받고 실망하게 되는 상황은 사람마다 혹은 문화마다 다르겠지만, 그로인해 느끼는 감정에 공통적인 특성이 있다. 언어도 다르고 속해 있는 사회도 다르지만, 인간은 모두 기쁨과 고통이라는 감정으로 연결되어 있다. 집단원들이 일상적인 사사로운 사건을 이야기하는 대신 이런 보편적인 주제에 대해 서로의 마음을 나눈다면 집단의 응집력은 최고조에 이른다.

⑧ 사회적 가족관계 재현: 집단상담에서 집단원들은 원하든 원하지 않든 자신을 낳아준 부모와 형제자매들과 함께 지내면서 대인관계에서 왜곡된 원인을 제공했던 시절의 재연을 경험한다(강진령, 2012). 예컨대, 집단원들은 의식적·무의식적으로 집단상담자나 보조 상담자를 아버지나 어머니로 간주하고 집단원들을 형제자매로 보는 경우가 있다. 집단상담자는 이러한 현상이 일어날 때 가족관계에서 일어나는 대인관계 패턴이 집단 속에서 반복되지는 않는지 잘 관찰할 필요가 있다(김계현 외, 2009). 집단원들은 집단원들 간의 상호작용을 통해 그동안 자신이 깨닫지 못했던 가족 내에서의 자기 고유의 역할을 깨닫게 되고, 집단 작업을 통해 새로운 행동을 실험해 봄으로써 그동안 의식하지 못했던 역기능적 대인관계 패턴을 변화할 수 있는 계기를 마련하게 된다.

2 집단상담 목표

집단상담을 운영할 때에는 발달 단계와 또래와의 상호작용을 고려한 목표 설정에 기울여야 한다. 여기서는 집단상담과 관련하여 보이는 주요 목표 중 하나로 상담에 참여하려는 동기와 자발성이 낮다는 점을 들어, 집단상담 운영 시 사전에 고려할 목표를 간략히 설명한다.

① 집단상담이 유용하지 않은 청소년을 선별하라: 모든 집단상담이 유용한 것은 아니다. Meeks & Bemet(1990)은 집단상담이 유용하지 않은 경우에 대해 세 가지 유형을 제시하였다(김창대, 2009 재인용). 첫째, 자아가 고갈되거나 와해되어 상담자에게 극도로 의존적인 경우 집단상담이 유용하지 않다. 왜냐하면 상담자에게 극도로 의존적일 때 개인상담에서는 개인의 자아를 점차적으로 강화하는 작업을 개별적으로 할 수 있으나, 여러 사람이 참여한 집단상담에서 이러한 작업을 하기가 현실적으로 어렵다. 둘째, 다른 사람이나 친구들의 의견 및 지시에 가치를 두지 않는 경우다. 집단상담에서 여러 가지 변화 요인이 가능하지만 그중에서도 타인으로부터 받는 피드백은 강력한 도구다. 그런데 특정 이유로 타인이나 친구들의 의견 및 지지에 가치를 두지 않는 경우는 집단상담의 이러한 변화 요인이 작용하기 어려워진다. 따라서 그러한 집단상담에 적합하지 않다. 셋째, 극도로 비사회적이거나 충동적인 행동을 하는 경우이다. 이런 유형에는 대부분 반사회적 대상이 많은데, 적절한 대상관계나 애정이 있는 대상관계의 형성 능력이 없는 경우 집단의 압력이나 기대에 적응하지 못한다. 따라서 이러한 경우에는 집단상담보다는 개인상담을 제공하는 것이 효율적이다.

② 집단상담에 대한 충분한 오리엔테이션 시간을 할애하라: 집단상담과 관련하여 가장 중요한 특징 중 하나는 그들이 상담에 참여하려는 동기와 자발성이 낮다는 점이다. 이러한 낮은 동기와 비자발성의 원인에는 집단에 대한 이해부족, 집단 내 흥미로운 요소 부족, 부모나 교사의 강압에 의한 참여 등을 들

수 있다. 따라서 그들에게 집단에 대해 충분히 소개하는 시간을 미리 가지는 것이 무엇보다 중요하다(김창대, 2009).

③ 구체적인 목표를 설정하라: 집단상담에서의 목표는 집단상담 운영 목적에 따라 다양할 수 있지만, 어떤 목적의 집단상담이든지 참여하는게 학생 개개인의 목표를 현실적인 수준에서 달성 가능하도록 구체적으로 생각해 보게 해야 한다. 예를 들어, 상담 초기는 아직 성격 형성이 완전히 이루어지지 않은 시기이기 때문에 이 시기에 집단상담의 성격 패턴을 발견한다는 것은 논리적으로 타당하지 않다. 따라서 성격 패턴의 발견이나 치료 또는 수정을 목표로 하기보다 자기 이해와 상호 교류를 통한 자긍심의 형성, 진정성의 지속적 경험, 타인의 피드백이나 보편성의 경험을 통한 현실 검증, 인지적으로는 합리적 신념과 비합리적 신념의 구별, 감정과 사고의 변별과 분화만으로도 큰 도움이 될 수 있다(김창대, 2009).

④ 재미있는 활동들로 구조화된 프로그램을 활용하라: 발달기는 자신의 생각을 언어로 조직하고 적절하게 표현하는 능력, 자신의 정서에 대한 통찰력, 집단에서 일어나는 역동을 활용하여 다른 사람들과 원활하게 관계하는 능력 등이 부족하므로 프로그램이 없는 비구조화된 집단상담을 운영하는 것이 상당히 어렵다(홍경자, 2009). 특히 초기부터 전이의 유발이나 해석, 정서적인 측면에 대해 논의하는 것은 청소년들이 매우 받아들이기 어려운 작업이다. 따라서 초기에는 오히려 추상적인 논의보다는 체험과 경험을 통한 학습, 인지적인 작업, 흥미를 북돋는 작업 등으로 이루어진 구조화된 프로그램을 활용하는 것이 좋다. 집단상담에서 치료적 요인을 가장 많이 촉진하는 대표적인 활동으로 '장점세례', '인생 그래프', '피드백 주기', '나의 장단점', '나에게 영향을 준 사람들', '역할놀이', '빈 의자 기법', '심리극(드라마) 만들기'를 들 수 있다(이숙영·권경인, 2003). 이러한 구조화된 프로그램을 통해 자연스럽게 참여하는 가운데, 청소년들은 제한된 시간 내에 상담자와 집단 구성원들이 원하는 바람직한 행동의 변화를 이루어 내고, 그들이 발달 과업을 성취해 나가는 데 그리고 성장기의 어려움을 극복해 나가는 데 도움을 받을 수 있다.

3 집단상담 과정

1) 사전준비 단계

집단을 운영할 때 그 시작은 집단을 계획하는 것에서부터 출발한다. 사전준비 단계는 집단상담을 시작하기에 앞서 집단상담자가 집단상담을 계획하는 것에서부터 집단상담이 실제로 시작되기 전까지 집단의 목적과 내용, 운영 방식 등을 미리 준비하고 집단 구성원을 선발하는 과정을 포함한다. 집단을 시작하기 전에 체계적이고 계획적으로 집단을 준비하는 것은 성공적인 집단 운영에 직접적으로 영향을 미친다. 집단상담의 목적에 따라 집단상담의 유형을 결정하고, 실제적인 고려사항을 철저하게 검토하여, 집단 회기 수와 시간, 모임 장소, 집단 구성에 필요한 인원, 집단 구성원 선발 방법, 홍보 내용과 방법, 사전 오리엔테이션 등을 구체적으로 준비해야 한다.

(1) 집단원의 모집과 선발

아무리 좋은 집단을 계획하더라도 집단원이 없다면 무용지물이다. 어떤 잠재적 집단원들을 대상으로 어떻게 홍보할 것인가를 고려하는 것이 우선적으로 필요하다. 홍보 대상, 홍보 방법, 홍보물 제작에 대한 아이디어를 구체적으로 구상해야 한다. 예를 들어, 집단 구성을 동질 집단으로 할 것인가 또는 이질 집단으로 할 것인가는 집단 목표에 따라 달라질 수 있다. 알코올 치료집단, 재활집단, 체중조절 집단 등 특수한 문제가 있을 때는 집단의 결속력에 도움이 되는 동질성을 갖는 것이 적합하다(Corey & Corey, 2001). 이러한 집단의 동질성은 집단의 응집력을 높이고 그들의 삶의 위기에 대한 개방적이고 깊숙한 탐색을 할 수 있게 한다. 집단원들은 사적인 부분으로 감춰 왔던 그들의 감정을 표현할 수 있게 되고, 집단이라는 상황은 그들에게 다른 사람들과 하나 되는 경험을 제공한다. 이와 달리 사회 현실적인 구조의 축소판이 필요할 때도 있는데, 이때에는 물론 이질적인 집단을 구성하는 것이 좋다. 자기성장집단과 특정 치료집단의 경우를 예로 들 수 있는데, 이런 집단에서 집단원들은 현실 사회와 같은 환경에서 다양한 사람으로부터 주어지는 피드백을 통해 새로운 행동을 실험하거나 대인관계의 기술을 개발할 수 있다.

일단 집단의 대상이 결정되고 모집이 이루어지면, 지원한 모두를 참여시킬 것인가, 아니면 일정한 선발 절차에 의해 선발할 것인가를 결정해야 한다. 이상적으로는 집단에 참여하고자 하는 잠재적 집단원들을 사전 개별면담을 통해 지원자가 집단상담에 적합한지를 살펴보는 것이 필요하다. 집단에 참여하고자 하는 사람 또한 집단의 절차와 기본적인 목적 그리고 집단의 다른 측면에 대해서 사전에 질문할 수 있도록 하는 것은 집단에 대한 정보를 얻을 수 있을 뿐만 아니라 생산적인 작업을 위해 꼭 필요한 요소인 집단상담자에 대한 신뢰를 높일 수 있다. 그러나 여러 가지 현실적 여건이 허락하지 않는다면 충분한 안내를 통해 집단에 대한 정보를 제공하고, 기본적인 스크리닝 절차를 통해 집단에 적합하지 않는 집단원을 선별하는 장치를 마련해야 한다. 예를 들어, 적대적인 사람이나 독점하려는 사람, 극도로 공격적인 사람, 그리고 과잉행동을 보이는 사람들은 집단의 영향을 잘 받지 않으면서 집단의 생산적인 작업에 필요한 에너지를 고갈시킨다(Corey & Corey, 2001). 집단상담자는 이러한 사람들이 집단에 참여함으로써 얻게 되는 유익과 집단 전체가 감수해야 할지도 모르는 손실을 견주어 보아야 한다. 자살 가능성이 있는 사람, 극도로 혼란스러운 정서를 가진 사람, 지나치게 예민하고 정신병적인 사람, 반사회적인 사람, 아주 위험한 위기를 맞은 사람, 심한 편집증 환자, 심하게 자기중심적인 사람들은 대체로 집단상담에 적합하지 않다. 이런 사람들의 경우는 집단상담보다는 개인상담을 권유하도록 한다.

(2) 집단의 형식

① 장소: 집단은 좋은 분위기를 형성할 수 있는 장소에서 이루어져야 한다. 집단원들에게 편안하고 사생활이 존중되는 느낌을 제공함으로써 집단원들이 집단을 일상의 사회적 상호작용과는 다른 '신성한 공간'으로 경험할 수 있도록 해야 한다(Early, 2004).

② 집단의 크기: 집단은 구성원들의 나이, 성숙 정도, 프로그램의 내용, 집단의 특성에 따라서 그 크기가 달라질 수 있다. 그러나 집단상담은 7~8명으로 이루어지는 것이 이상적이다(Salvendy, 1993: 79; Yalom, 1995: 276; Early, 2004 재인용). 집단이 너무 크면 각 사람을 위한 시간이 충분하지 않고, 집단원 간의 친밀한 상호작용이 어려워진다. 반대로 집단이 너무 작으면 다양성이 결여될 수 있다. 집단에서 다룰 소재를 제공할 정도로 충분히 다양한 관계성을 결여하게 되면 집단에서 개인 작업을 필요 이상으로 더 많이 하는 결과를 초래하게 된다.

③ 집단 회기의 빈도와 시간: 얼마나 자주 만나야 하는가? 그리고 얼마만큼의 기간 동안 회기를 지속해야 하는가? 매 회기 1시간씩 일주일에 2번 만나야 하는가? 아니면 일주일에 1시간 반에서 2시간이 더 나은가? 아동과 청소년을 대상으로 한 집단의 경우, 짧은 시간 동안 자주 만나도록 하는 것이 주의 집중하는 데에 더 좋다. 학교에서 집단 프로그램을 진행할 경우에는 정규 수업 시간에 맞춰서 할 수도 있다. 대학생이나 비교적 참여를 잘 하는 성인의 경우에는 매주 1회기 2시간이 적합하다. 한 회기 2시간은 집중적인 작업이 가능할 만큼 충분하며, 지루하지는 않을 정도의 적당한 시간이다. 집단상담자의 집단 운영 스타일과 집단에 참여하는 사람들의 유형에 따라 회기의 시간과 기간을 선택하여 정할 수 있다.

④ 전체 집단 회기의 길이: 전체 집단 회기는 어느 정도 지속되어야 하는가? 마치는 날짜를 정해 두는 것이 현명한가? 대부분의 집단 프로그램은 시작할 때부터 종결 일시를 명시하기 때문에, 집단원들은 자신이 참여하고 있는 프로그램의 시간적 한계에 대하여 명확히 알 수 있다. 대학생을 대상으로 하는 집단은 일반적으로 15주(한 학기) 동안 운영되는 것이 보편적이며, 고등학생 집단도 이 정도의 기간으로 운영하는 것이 이상적이다. 이는 신뢰감을 쌓고, 행동적인 변화를 일으키기에 충분하고, 지루할 만큼 길지는 않은 기간이다.

2) 초기 단계

집단의 초기 단계에서 핵심적인 과정은 오리엔테이션과 탐색이다. 와이너(Weiner, 1984)는 초기 단계에서 다루어야 할 다섯 가지 과제로 '걱정 다루기', '집단 구성원의 목표와 계약 검토하기', '집단 규칙을 보다 명료하게 구체화하기', '한계 설정하기', '집단 구성원들 간에 긍정적 교류 촉진하기'를 제시하였다(노안영, 2011 재인용). 이러한 초기 단계의 다섯 가지 과제를 좀 더 자세히 살펴보도록 하자.

① 걱정 다루기: 초기 단계에서 집단원들은 집단 경험을 통해서 무엇을 얻고 싶은지가 불확실하고 모호하다. 집단원들은 처음에 서로 서먹해하거나 자기의 이야기를 터놓는 것에 대해 불안감을 느끼고 주저하는 것이 일반적이다. 집단상담자는 집단 초기에 이러한 불안에 대해 이야기할 수 있도록 하고, 충분히 다루는 것이 필요하다. 이 시기에 집단원은 '집단에 속할 것인가, 배제될 것인가?'와 '이 집단이 얼마나 안정하고 신뢰할 만한가?'의 두 가지 주제가 주로 부각된다. 집단상담자는 집단참여자로서 모델을 제시하고 구성원으로 하여금 집단의 목표와 개인의 목표를 정하도록 도와주며, 집단원들이 자신에게 지나치게 의존하지 않도록 자신의 책임 한계에 대해서도 분명히 선을 그어야 한다. 초기 단계는 이렇게 집단의 안전에 대한 탐색과 전체적인 구조화가 함께 이루어져야 한다(김계현 외, 2009).

② 집단 구성원의 목표와 계약 검토하기: 초기 단계에서 이루어야 할 중요한 과제 중 하나는 집단의 목표와 개인의 목표를 세우는 일이다. 집단원들의 집단 목적에 대한 이해나 의미 있는 목표 없이 집단이 운영된다면 불필요한 많은 실수가 발생할 수 있다. 집단원들이 집단에 속하게 된 이유와 그들의 목표를 달성하기 위해서 집단을 활용하는 방법에 대해 자신들이 충분히 알기 전에는 집단이 앞으로 진전하기 매우 어렵다. 집단에서 일반적으로 세우는 목표에는 신뢰와 수용의 분위기 형성하기 및 의미 있는 방식으로 자기노출하도록 하기, 위험으로 무릅쓰도록 격려하기 등이다. 집단 초기에는 이러한 목표가 명백하게 거론되고 이해되며 집단원들에게 수용되는 것은 꼭 필요하다. 그렇지 않으면

이후의 단계에서 많은 논쟁과 혼란이 발생한다. 집단의 목표는 집단이 진행되면서 차차 규정되는 것이지 결코 한 번에 모두 규정되지는 않는다. 집단의 전체 과정을 통해 집단원들이 자신들의 개인적 목표가 어느 정도 달성되었는지를 평가하도록 하고, 만일 적절하다면 그들이 자신의 목표를 수정하도록 돕는다.

③ 집단 규칙을 보다 명료하게 구체화하기: 초기 단계에서는 집단 목표에 도달하기 위한 규칙과 규범들이 형성된다. 집단 규범이란 집단을 효과적으로 가능하게 하는 데 필요한 행동에 대해 집단원들이 공통적으로 가지고 있는 믿음이다(Corey & Corey, 2001). 집단에서 규범, 즉 집단원들의 행동을 규정하는 기준들이 모호하면 시간이 낭비되고 무엇이 적절한지 또는 부적절한지에 대해 긴장감이 발생한다. 특히 집단 장면에서 발생할 일에 대해 확인되지 않은 짐작 때문에 암묵적인 규범이 형성되지 않도록 주의할 필요가 있다. 예를 들어, 집단원들은 사적인 비밀을 하나도 가져서는 안 되는 장소, 곧 모든 것을 말해야 하는 장소라고 가정할 수 있다. 집단상담자가 집단원들에게 자기 노출을 하면서 동시에 사적인 비밀을 가질 수 있는 가능성에 대해 주의를 환기시키지 않으면, 집단원들은 개방성과 솔직성을 비밀은 하나도 가질 수 없는 완벽한 노출 같은 것으로 오해할 우려가 있다(Corey & Corey, 2001).
많은 집단에 공통적으로 적용할 수 있는 집단 규범으로는 ① 집단원은 집단에 정기적으로 참여하고 시간을 지켜야 한다는 것, ② 나 자신의 이야기를 진솔하게 표현한다는 것, ③ 집단원에 대해 관심을 갖고 다른 사람의 이야기를 평가하고 판단하기보다는 경청과 수용의 태도를 가져야 한다는 것, ④ 집단에서 '지금-여기'의 상호작용에 초점을 맞추고 '생각'보다는 '감정'을 표현한다는 것, ⑤ 비밀보장을 엄수한다는 것 등을 들 수 있다.

④ 한계 설정하기: 집단 규칙과 함께 집단상담자는 집단원들이 자신의 권리를 유지하고 주장하기 위한 전제 조건으로서 일정한 한계 내에서 행동할 것을 알려 줄 필요가 있다(노안영, 2011). 집단원이 집단 규칙을 위반할 경우에 어느 정도까지는 허용이 되지만 그 이상이 될 경우에는 집단을 떠나도록 한계를 설정하는 것이다. 예를 들어, 정기적으로 몇 회기 동안 진행되는 집단의

경우 '3번 이상 지각하면 결석으로 간주하고, 2번 이상의 무단결석은 집단을 더 이상 참여하지 않은 것으로 간주한다'와 같은 한계를 설정하는 것이다.

⑤ 집단 구성원들 간에 긍정적 교류 촉진하기: 집단상담자는 첫 회기에서 집단원들 서로가 자기소개를 통해 친숙해지도록 하고, 서로 신뢰하는 분위기를 바탕으로 집단원들 간에 긍정적인 상호작용이 이루어지도록 촉진하는 것이 필요하다. 이를 위해 집단상담자는 편안하고 진솔한 태도로 집단의 목적과 탐색할 수 있는 주제에 대해서 개괄적으로 설명해 주는 것이 좋다. 이러한 소개 시간은 집단에 참여해야 할지 말아야 할지 잘 결정하지 못하는 사람들에게 매우 큰 도움이 된다. 이 시간을 통해 앞으로 집단에 참여할 가능성이 있는 사람들끼리 서로 만나게 되고 집단이 제공할 수 있는 것들에 대해 탐색할 수 있게 된다.

3) 과도기 단계

집단이 작업 단계로 진행되기 전 집단은 일반적으로 과도기를 경험한다. 이 단계에서 집단은 보통 불안, 방어적인 태도, 저항, 지배권에 대한 추구, 집단원들의 갈등, 상담자에 대한 도전이나 상담자와의 갈등, 그 밖에 다양한 형태의 문제행동이 나타나는 등의 특징을 보인다(Corey & Corey, 2001). 이 단계에서 집단상담자는 집단원들 자신의 불안감을 표현하게 하고, 갈등 자체를 건강한 것으로 인식하는 긍정적이고 개방적인 태도를 가지게 함으로써 그들의 힘으로 갈등을 건설적으로 해결할 수 있도록 돕는다. 이를 위해 집단상담자는 집단원들이 자신에게 하는 도전과 저항에 대해 솔직하고 개방적인 태도로 접근하는 모범도 보여 주어야 한다(김계현 외, 2009). 집단이 작업 단계로 발전하기 위해 이러한 문제는 충분히 이해되고 효과적으로 다루어져야 한다. 여기서는 과도기 단계의 대표적인 특징에 대해 살펴보기로 한다.

① 방어와 저항: 집단참여자들은 과도기 단계에서 작업 단계로 발전하기 전 상담자와 집단원들을 시험해 보곤 한다. 집단원들은 안전한 상태에 안주하려는

마음과 그것을 극복하고 위험을 감수하여 집단에 더 적극적으로 참여하려는 마음 사이에서 갈등한다. 이때 상담자는 집단원들이 자신들의 주저하는 태도나 불안에 대해 털어놓도록 격려하는 일이 반드시 필요하다. 집단원들은 저항을 하게 마련이다. 더욱이 그러한 저항은 집단원들의 입장에서는 지혜로운 반응이라고 볼 수도 있다. 정신분석이론의 관점에서 보면 저항이란 자신에게 위협이 되기 때문에 억압되거나 부정되던 자료들을 의식 세계로 끌어올리지 않으려는 것으로 정의할 수 있다(Corey & Corey, 2001). 더 넓은 의미로 저항은 자신이나 다른 사람들이 개인적인 문제나 고통스러운 감정을 탐색하지 못하게 방해하는 행동으로 볼 수 있다. 저항은 존중되어야 한다. 즉, 상담자는 저항적인 집단원을 벌하기보다는 그러한 저항의 근원을 탐색하도록 해야 한다. 집단원들이 저항하거나 뒤로 물러나 있는 데는 그럴 만한 이유가 있는 경우도 많다. 집단상담자는 저항을 이해하고 생산적으로 탐색함으로써 집단 작업에 활용해야 한다. 저항을 다루는 가장 좋은 방법은 집단원의 저항적 행동에서 상담자가 관찰하고 있는 것을 집단원에게 있는 그대로 기술하고, 집단원의 저항적 행동 때문에 상담자가 어떤 영향을 받고 있는지 알려 주는 것이다. 이런 방식을 사용함으로써 상담자는 집단원의 행동이 원래 자신이 성취하려고 했던 목적을 달성하고 있는지 깨닫게 하는 기회를 줄 수 있다. 저항을 존중하지 않는다면 그들은 내담자 자체를 존중하지 않는 것이다.

② 갈등: 한 집단 내에서 갈등이 발생할 때 상담자나 집단원들은 그 갈등을 해결하기 위해 충분한 시간을 가지기보다 그것들을 피하고 싶어 한다. 그러나 갈등이란 집단을 포함한 모든 관계에서 피할 수 없는 것이고, 오히려 그것을 피하려는 태도 자체가 잘못된 결과를 초래하는 경우가 많다. 갈등이 충분히 탐색되지 않았을 때 집단원들은 방어적인 행동, 적개심, 우회적으로 말하기, 신뢰감 결여 등의 반응을 보인다. 집단의 과도기에는 갈등이 효과적으로 다루어지는 것이 매우 중요한데, 갈등이 효과적으로 다루어짐으로써 집단 내 신뢰감의 수준이 상승하기 때문이다. 따라서 집단상담자가 해야 할 가장 우선적인 과제는 집단 내에서 갈등이 발생했을 때 그것을 건설적으로 다루는

것이 중요하다는 것을 집단원에게 가르치는 것이다. 상담자는 갈등을 표현하는 것을 가로막지 않고 그것을 통해서 집단원들이 마음속에서 가진 생각과 감정을 좀 더 직접적으로 표현하도록 돕는 것이 중요하다. 집단의 응집력은 집단원들이 그들 간의 갈등이나 분노 감정을 알아차리고 표현한 후에 더욱 강해진다. 왜냐하면 그러한 감정을 표현함으로써 집단 내에서 느낄 수 있는 자유로움이나 신뢰감을 가늠해 볼 수 있기 때문이다. 갈등이 건설적으로 다루어지면 집단원들은 그들의 관계가 강력해서 서로 솔직한 상호작용이 오가도 괜찮을 정도라는 것을 알게 된다.

4) 작업 단계

초기 단계의 불안정함과 과도기 단계의 어려움을 거친 후 작업 단계에 이르면, 참가자들은 집단에 자신들이 꺼내 놓는 중요한 문제들을 집중적으로 탐색하며 집단 내의 역동성에 주의를 기울이게 된다. 작업 단계는 집단상담의 응집력이 생기고 생산적인 활동이 활발하게 이루어지는 단계로, 집단원들이 집단에 대해 신뢰감을 느끼고 각별한 애착을 느끼게 된다. 집단원들이 자신의 이야기를 털어놓기 시작함에 따라 감정의 정화 작용이 일어난다. 그리고 보다 더 깊은 수준에서 자기 표출과 더불어 자신의 문제에 대한 통찰력을 가지게 된다. 그리하여 집단원은 새로운 행동을 시도하고 피드백이 교환되는 가운데 성장을 경험한다.

이 단계에서 집단원들은 지금-여기에 초점을 맞추게 되고, 집단에 강한 소속감을 느끼며, 집단에 대해 반복적으로 만족감을 표현하는 특성을 보인다. 집단원들은 자신들의 문제나 목표를 쉽게 개방하고, 자신이 주도적이고 독립적으로 해야 할 부분과 집단상담자에게 의존할 부분을 분명히 알게 된다. 이 단계의 집단원들은 집단에서 발생하는 모든 작업에 대해 높은 책임감을 갖게 되므로 일종의 집단 지도력이 형성된다. 그것은 집단원들이 공동의 상담자가 된다는 뜻이 아니라, 그들이 좀 더 수월하게 작업을 시작하고 상담자가 물어볼 때까지 기다리지 않고도 스스로 다른 사람들의 작업에 동참하여 개인적인 피드백을 제공한다는 뜻이다. 집단원들은 이야기하는 것과 타인의 이야기를 듣는 것이 조화롭게 이루어지며, 집단에 대해 만족감을 표현하고, 행동의 변화를 위해 집단 내에서 연습한 것을 밖에서도 시도한다. 이 단계에서 집단상담자는 집단의 응집력을 강화하고, 공감과 직면 같은 적절한 반응에 대해 모범을 보이며, 집단 전체와 개인이 보이는 패턴에도 관심을 가지고 자신이 관찰한 것을 개방한다(김계현 외, 2009).

5) 종결 단계

종결 단계는 지금까지 했던 작업을 다지고 집단상담과정을 마무리하는 시기다. 종결 단계에서 집단원들은 집단상담에서 자신이 경험한 것의 의미를 명확히 하고 자신들이 얻은 깨달음을 더욱 공고히 하며 일상생활에 적용하고 싶은 새로운 행동이 무엇인지 결정한다. 이 단계에서는 주로 종결과 헤어짐에 대한 감정을 다루고, 지금까지 집단이 집단원 각자에게 주었던 영향을 평가하며, 서로에 대한 피드백과 해결되지 않은 주제를 마무리하고 앞으로 개인의 성장을 위해 어떻게 살 것인가를 전망하는 활동이 전개된다(김계현 외, 2009). 여기서는 종결 단계에서 이루어지는 주요 과제들을 중심으로 설명하고자 한다.

① 이별에 따른 감정 다루기: 집단원들은 집단이 곧 분리될 것이라는 사실에 우선적으로 슬퍼하고 있으므로 이 단계는 무척 힘든 시간이다. 집단상담자는 종결의 시기가 다가오기 전에 미리부터 얼마 지나지 않아 상담이 끝날 것이라는 사실을 언급해 주어야 한다. 각자의 작업을 돌아보고 정리하면서 상담을 마칠 시간적 여유를 주고, 집단 밖 현실 세계로 돌아갈 준비를 할 수 있도록 해야 한다. 후반기에는 작업의 강도가 떨어지기도 하는데, 참가자들이 새로운 문제의 탐색을 꺼리기 때문이다. 상담자는 이러한 상실감에 초점을 맞춰 탐색하고 규명해야 한다. 집단원들은 상담이 끝난다는 현실을 직면하고 작별하는 법을 배워야 한다. 그러면 집단 바깥세상에서 슬픔과 상실감을 느끼는 가운데에서도 더 많은 것을 배워 나갈 것이다.

② 미해결 문제 다루기: 상담의 후반기에는 집단원들 간의 관계나 집단의 과정 및 목표에 관련된 미해결 문제를 표현하고 작업하는 데 시간을 할애해야 한

다. 아직 자신의 문제가 완전히 해결되지 못한 집단원들에게는 그 문제를 다룰 수 있도록 격려해 줘야 한다. 미해결 문제를 꺼내 놓지 않은 것은 자신의 책임이지만 상담자는 집단원이 그 문제를 털어놓을 수 있도록 도와주는 것이 필요하다. 현실적으로 생각해 볼 때 탐색을 시도한 문제들이 모두 해결될 수는 없다. 그러나 집단상담을 통해 상담이 끝난 이후에도 계속 작업해야 할 다양한 문제점을 발견하고, 또 다른 상담에서 계속 탐색할 준비를 하도록 할 수 있다. 성공적인 집단의 지표 가운데 하나는 집단원들이 이번 상담에만 만족하지 않고 이런 종류의 도움(혹은 다른 의미의 개인적 성장)을 다른 곳에서도 구한다는 것이다(Coret & Coret, 2001).

③ 집단에 대한 평가 및 추수모임의 예고: 종결 단계에서 집단원들 각자가 이번 상담을 통해 배운 것이 무엇이고 어떻게 그런 교훈을 얻게 되었는지 돌아보는 시간이 필요하다. 집단원들 각자가 개인적 목표를 어느 정도로 달성했는가를 평가해 보는 시간을 가져야 한다. 집단상담을 마무리 지을 때 사용하는 방법 중의 하나는 집단원들과 이번 상담에서 배운 것들, 가장 좋았던 점과 아쉬웠던 점, 피드백하기, 전체적인 소감에 대해 나누도록 하는 것이다. 의미 있는 평가 작업을 위해서는 집단원들 각자에게 구체적으로 진술하도록 해야 한다. 마지막으로 후속 모임을 계획할 때는 일시와 장소를 협의하여 공고할 수 있다. 또한 상담이 끝난 후에도 비밀보장에 대한 약속을 지켜 나갈 것을 다시 한 번 강조한다.

6) 추후작업 단계

추후작업은 지금까지 해 온 집단의 효과를 재검토하고 집단이 어떤 부정적인 영향은 없었는지, 일상생활에 어떤 긍정적 영향을 끼치고 있는지, 집단의 효과가 지속되고 있는지 등을 돌아보는 단계다. 이것은 정규 집단상담이 끝나고 일정 기간이 지난 후에 개인적으로든 집단 전체로든 여건이 허락되면 가질 수 있는 회기로, 집단상담자는 집단원과 집단에 대해 평가하고 의뢰가 필요한 경우에는 그에 대한 정보를 제공하기도 한다(김계현 외, 2009).

4 집단상담 모델

집단상담은 일반적으로 두 사람 이상의 치료사로 구성되는데 주 상담사와 보조 상담사로 구성된다. 집단상담을 시작할 때 가장 중요한 요인은 집단의 목표로서 집단 구성원들에게 구성원의 목표나 특성에 따라 치료자의 역할이 달라진다 (Brabender et al., 2000).

1) 지시적 역할 모델

상담사는 각 구성원들에게 대인관계에 대한 통찰력을 관찰하도록 하여, 구성원 상호 간의 관계에 대처하며 적응하도록 도움을 준다. 상담사는 청소년 집단 구성원들로 하여금 자신들의 통찰력을 현실에 활용하도록 지시적 역할을 해야 한다.

2) 해석적 역할 모델

집단치료에서 어느 특정한 구성원이 병인식을 받아들일 준비가 되어 있을 때, 집단 구성원의 부적응 행동을 치료할 수 있도록 적절한 해석을 해 주게 된다. 상담사의 중요한 역할은 집단상담에서 전이감정을 끌어올리는 시간을 유지할 수도 있고 질문과 설명 등으로 해석을 줄 때가 있으며 부적절한 행동에 대해 적절한 해석을 통하여 행동을 재구조화하는데 해석에 대한 적절한 시기가 집단과정에서는 중요하다.

3) 자극적 역할 모델

상담사는 집단치료과정이 비생산적일 때 청소년들의 과거에 미해결되었던 문제들에 대해서 스스로 이야기하거나 토의하도록 자극하거나 문제를 제기하는 지시적 역할을 해야 한다.

4) 확장적 역할 모델

아동·청소년 집단상담이 어느 특정한 문제에 빠져 더 이상 진전되지 못할 때, 상담사는 그 문제에 대해 설명해 주고 집단의 경계와 역동을 재구조화하여 다시 대화의 문을 열어주는 역할을 한다.

이 같은 역할별 모델을 활용하여 집단상담의 집단을 구성할 때 기본적으로 갖추어야 할 요소들이 있다. 우선 집단이 어떠한 목적을 가지고 구성되는가를 분명히 알아야 하며, 그 목적에 따라 상담자는 집단원의 선정, 장소, 집단의 크기, 상담 시간 및 횟수 등 집단의 형성과정에 세심한 주의를 기울여야 한다.

① 집단원의 선정: 집단원을 선정하기 위하여 지도자는 먼저 집단원이 되기를 원하는 내담자들을 한 명씩 면담하여 집단의 목표에 적합한지를 확인해야 한다. 이때 기본적인 기준은 이 사람이 집단에 기여할 것인가 혹은 그 반대일 것인가 하는 것이다. 또한 지도자는 성별·연령·성격적으로 문제가 있는지 등을 고려해야 한다. 무엇보다 중요하게 고려되어야 할 것은 응집성이다. 비록 집단원의 배경이 이질적으로 응집될 수 있는 사람들을 선별하는 것이 좋다 (Yalom, 1985). 연령과 사회 성숙도에서는 동질적인 편이 좋으나, 성별은 발달 수준에 따라 고려하는 것이 좋다. 아동의 경우에는 남녀를 따로 모집하는 것이 좋으며, 청소년기 이상에서는 남녀가 섞인 집단이 더 바람직하다. 그리고 일반적으로 직업이나 취미가 비슷한 사람들을 모아야 한다고 생각하지만 반드시 그런 것은 아니다. 때로는 문제의 다양성이 집단의 경험을 더 풍부하게 할 수도 있는 것이다.

② 장소: 집단상담 장소는 너무 크지 않으면서 외부의 방해를 받지 않는 물리적으로 편안한 곳이어야 한다. 이런 장소가 친밀감 형성에도 도움이 된다. 그리고 집단원의 효과적인 참여를 위해서는 모든 집단원이 서로 잘 볼 수 있고 서로의 이야기를 잘 들을 수 있는 곳이어야 한다. 원형으로 앉는 것이 일렬로 앉거나 장방형으로 앉는 것보다는 효과적이다. 또한 바닥에 앉거나 의자를 사용하게 되는데 의자는 등받이가 있는 것으로 하며, 집단원이 자기 자리

를 골라 앉도록 하는 것도 중요하다. 책상을 사용하는 것은 장단점이 있다. 둥근 책상에 둘러앉으면 보다 안정감을 느끼게 되지만, 집단원 간에 자유롭게 상호작용하는 데에는 방해가 될 수 있다.

③ 집단의 크기: 집단의 크기는 집단의 역동 및 집단상담의 효과와 직접적으로 관련된다. 집단의 크기는 어느 정도가 가장 적절한가에 대해서는 학자에 따라 서로 다르지만, 일반적으로 6~12명 정도가 가장 적절한 것으로 보고 있다. 집단원이 너무 많으면 각 집단원이 개인적인 문제를 제대로 탐색할 기회를 갖지 못하게 되며, 지도자가 집단원 간의 상호작용을 따라가는 데 곤란을 겪게 된다. 반대로 인원이 너무 적으면 내담자들의 상호관계나 행동의 범위가 좁아지고, 집단원 개개인에게 미치는 압력이 커져서 오히려 비효율적일 수 있다.

④ 상담 시간 및 횟수: 적절한 집단상담 시간은 내담자의 연령이나 모임의 종류 및 빈도에 따라 달라질 수 있따. 예를 들어, 1주에 한 번 만나는 집단이라면 1시간에서 1시간 반 정도 지속되는 것이 좋으며, 2주에 한 번 만나는 집단이라면 2시간 정도가 알맞다. 또한 청소년의 경우에는 1시간에서 1시간 반 정도가 적당하지만, 아동의 경우에는 20~40분 정도가 적절하다. 일반적으로 1회의 상담 시간은 준비 시간을 포함해서 1시간 반 내지 2시간을 잡는 것이 보통이다. 시간 간격은 주 1회 내지 2회로 하는 것이 좋다.

어떤 집단은 몇 해 동안 계속하기도 하지만 1년 이상은 바람직하지 않다. 즉, 1년이 지난 후에는 대부분의 개인적인 문제가 이미 한 번씩 다 다루어지기 때문에 집단이 그 목적을 모두 수행했다고 볼 수 있다. 예를 들어, 학교에서 이루어지는 집단상담의 경우는 한 학기를 단위로 하는 것이 좋다. 일반적으로 집단상담의 전체 지속 횟수나 기간은 최소한 8~10회 정도로 잡는 것이 바람직하다.

⑤ 개방집단과 폐쇄집단: 집단의 구성은 개방적으로 하거나 폐쇄적으로 할 수 있다. 폐쇄집단에서는 집단을 시작할 때 참여한 사람들만으로 전 기간 동안 집단을 계속하고 새로운 구성원은 받아들이지 않는다. 그러나 개방집단에서는

집단의 전 기간을 통해 아무 때나 새로운 구성원을 받아들인다. 그래서 개방 집단의 경우에는 집단 내의 신뢰, 수용, 지지 등에서 문제가 야기될 수 있으며 집단 응집력이 약해질 수 있다(George & Cristiani, 1981).

⑥ 집단 경험 보고서: 집단상담의 매 회기가 끝날 때마다 집단원으로 하여금 그날의 집단 경험에 대하여 보고서를 작성하여 다음 회기 때 제출하게 하고, 그에 대해 지도자가 피드백을 해 주는 것이 집단의 발달과 개인의 성장에 도움이 된다. 보고서의 내용으로는 우선 그날 활동의 사실적인 내용에 대해 간단히 기술한다. 두 번째로 집단 경험이 시작되기 전, 경험 중, 경험이 끝난 후 현재까지의 과정을 통하여 일어났거나 일어나고 있는 일에 대한 자신의 느낌을 쓴다. 마지막으로 그날의 집단 경험을 통하여 얻은 지적인 통찰이나 자신 및 타인에 대해 새롭게 깨닫고 학습한 것을 적는다.

CHAPTER

09 청소년상담

1 청소년상담의 개념

청소년기는 인생의 새로운 출발이 시작되는 제2의 탄생기라고 할 수 있다. 이 시기에는 신체적·심리적 측면에서 질풍노도와 같은 급격한 변화를 경험하는 시기이기도 하다. 그런데 현대사회는 다양한 가치와 생활양식이 복합적으로 이루어진 다문화적 사회이므로 청소년들이 자신의 삶의 목표와 정체의식을 발전시키기가 매우 어렵다. "나는 누구인가?", "나는 무엇을 할 수 있는가?", "이 세상에서 어떻게 살아야 되는가?" 등의 실존적인 물음에 봉착하게 되는 시기이다. 특히 입시위주의 교육풍토로 인하여 자율적이고 자주적인 생활습관을 형성하여 전인적인 성장과 발달을 기대하기 어렵다(유 옥, 2011: 124-126).

이러한 상황 속에서 청소년들이 전문적인 상담을 통하여 자신을 바로 알고, 건강한 성격과 자율적이고 자주적이며, 책임감 있게 일을 수행하여 건강하고 용기 있는 전인적 인격체가 되도록 도와주는 것이 청소년상담이다.

2 청소년상담의 필요성

다양한 청소년문제에 대처하기 위한 방법으로 상담과 생활지도를 들 수 있다. 청소년문제에서도 비행문제를 가장 중요한 문제로 볼 수 있고, 이는 청소년 범죄의 양적 증가, 질적 횡포화, 연령의 연소화 등은 이런 비행 예방을 위한 청소년상담활동이 필요하게 된 계기이다. 요즘 청소년들의 문제가 되는 학업성적으로 인한 스트레스, 입시제도, 집단 따돌림 등의 비행으로 이어지는 경우가 많으므로 예방을 위한 활동으로 청소년상담이 필요하다. 또한 청소년의 정신병과 관련된 소인이 있거나 과중한 스트레스, 부적합한 환경, 충격적인 사건 등의 원인으로 정신건강상의 문제가 발생하므로 전문적인 청소년상담을 필요로 한다. 청소년의 정신건강상의 문제는 가정의 여러 가지 사정 등으로 발견이 어려울 수 있으며, 주로 많은 생활을 하는 학교 내에서 교사나 친구들에 의해 발견되는 경우도 있다. 그러므로 학교에서는 이러한 청소년의 정신건강문제는 물론 여러 가지 문제를 조기에 발견해서 예방을 할 수 있는 적절한 활동이 필요하므로 청소년상담은 반드시 필요하다.

3 청소년상담의 목표

청소년상담의 목표에서 무엇보다 중요한 것은 내담자의 자기노출이다. 내담자의 자기노출이 이루어질 때 자기 이해가 되며 행동 변화가 일어난다. 그 다음으로 문제해결과 확실한 의사결정 선택을 할 수 있도록 돕는 것이다.

지오르지와 크리스티안은 청소년상담의 목표를 ① 행동변화의 촉진, ② 적응기술의 증진, ③ 의사결정기술의 함양, ④ 인간관계의 개선, ⑤ 내담자의 잠재력 계발, ⑥ 내담자의 자아정체감 정립, ⑦ 긍정적 자아개념 형성, ⑧ 건전한 가치관 정립 등으로 정하였다.

4 청소년상담 방법

1) 무조건적 존중

청소년상담에서는 내담자의 배경이나 능력, 행동의 잘잘못에 관계없이 한 사람의 인간으로 무조건 존중하고 수용해야 한다. 특히 비행청소년을 상담할 경우는 그들의 성장과정에서 존중을 받은 경험이 극히 부족하기 때문에 상담자는 이들을 무조건 존중하는 태도를 보이는 것이 중요하다. 그리고 상담자의 온정적이고 수용적인 태도를 청소년들이 받아들일 수 있도록 신뢰를 주는 것도 매우 중요하다.

2) 공감적 이해

청소년상담자는 어떤 내담자이든 항상 내담자의 입장에서 공감적으로 이해해야 한다. 비행청소년을 상담할 경우는 특히 그 청소년이 비행행위를 할 수밖에 없었던 이유와 과정, 배경, 복잡한 생각과 느낌과 바람 등을 그 청소년의 입장에서 공감적으로 이해해야 한다. 그래야 그 청소년이 스스로 인식하지 못했던 자신의 모습을 수용하게 되고, 행동변화를 가져오는 동기를 유발하게 된다.

3) 한계 내의 자유롭고 안전한 분위기 형성

청소년상담자는 정해진 공간의 정해진 의자에 앉아서 이야기만 나누는 상담보다는 운동이나 연극, 음악, 미술활동, 만들기 등 다양한 방법을 활용할 수 있어야 한다. 내담자와 함께 산책을 하거나 간식을 나누는 등 분위기를 변화시켜 긴장을 풀고, 편안하게 이야기를 나눌 수 있도록 하는 융통성이 필요하다.

자유롭고 편안한 분위기를 조성하여 내담자가 무엇이든 자유롭게 자신의 내면을 이야기할 수 있도록 하며, 상담자는 수용적인 태도를 보임으로써 내담자가 건강한 행동양식을 키울 수 있도록 도와야 한다.

4) 긍정적 측면의 인정과 활용

변화의 동기가 낮고 상담에 비협조적인 내담자라 할지라도 그들이 가지고 있는 긍정적인 측면을 인정하고 인식할 수 있도록 도와야 한다. 특히 비행청소년들은 그동안의 반복된 좌절로 인하여 자신이 문제해결에 기여할 수 있다는 생각을 인식하지 못하기 때문에 그들이 비행을 저지르기 전의 긍정적인 면을 찾아서 인정해 주고, 긍정적 변화를 위한 씨앗을 심어주는 것이 매우 중요하다.

5) 긍정적인 대인관계 증진을 위한 훈련

청소년상담자는 내담자의 능력들 중에서 부족한 부분이 무엇인지를 파악하고 그것을 증진시키기 위하여 교육과 훈련을 제공할 필요가 있다. 하지만 이러한 훈련은 내담자가 충분한 이해를 할 수 있고, 변화의 동기를 보일 때 가능한 일이다.

지나치게 빠르게 시작하거나 강요해서는 안 되며, 변화의 주체가 항상 내담자임을 강조해야 한다(김계현 외, 2008: 172-177).

CHAPTER 10

노인상담

1 노인상담의 개념

노인상담은 일반 상담과는 다르게 노인의 특성을 감안하여 노인에 대한 전문적인 지식과 상담 훈련을 받은 노인상담사와 내담자 간에 이루어지는 전문적인 상담관계를 말한다. 즉, 노인상담이란 도움을 필요로 하는 노인의 문제를 해결하기 위한 목적을 가지며 일상적인 인간관계와는 다른 직접적 대면을 통한 전문적 협력관계이다.

우리나라는 고령화시대를 넘어 이제 초고령화시대로 접어들고 있는데 현재 우리나라에서 노인으로 규정하는 연령은 만 65세로 정하고 있다.

이들은 은퇴 등의 역할상실과 역할재조정으로 인한 불안과 소외감, 죽음에 대한 두려움, 또는 질병으로 인한 신체적·심리적 좌절 등의 문제들을 안고 살아가고 있다. 이러한 현상을 노인의 발달에 따르는 정상적인 과정으로 보고 자신의 심리사회적 상황과 신체적 상황에 대한 적절한 적응을 하도록 노인 당사자와 가족 구성원들에게 전문상담사가 객관적이고 공적인 개입을 하는 것이 바로 노인상담이다.

노인상담은 노인에 대한 직접적인 상담과 함께 의학적 개입, 지지적 서비스의 제공, 환경수정, 수발자에 대한 지지와 교육을 포함한다.

2 노인상담의 필요성

노인상담은 노인의 욕구를 반영하는 가장 기본적인 복지과제로서 그 중요성은 날로 커지고 있다. 노인문제가 사회화되고 있는 오늘날의 상황에서 노인상담은 새로운 시점과 의의가 있다. 따라서 각종 노인문제를 직·간접적으로 해결 또는 완화하기 위한 기초적인 노인복지사업으로서 노인상담이 그 어느 때보다 필요한 시기이다. 퇴직 후의 역할상실에 따른 노인의 사회적 고립문제가 발생하고 있으므로 노인들이 상실감과 정체감의 위기를 잘 극복하도록 하여 노인의 적응력을 향상시키는 데 노인상담의 필요성이 있다.

3 노인상담의 목표

노인상담의 목적은 노인의 신체적인 면과 사회 경제적인 제약에도 불구하고 인간으로서의 존엄성과 자기결정권을 가지며 삶에 대한 통찰력을 유지할 수 있도록 돕는 것이다. 그러기 위해서 노년기에 요구되는 제반 서비스를 제공하여 노인문제를 예방하고 치료함으로써 노인의 삶의 질을 높이는 것을 그 목표로 한다.

이러한 노인상담의 목적을 달성하기 위해서는 노년기의 발달과업을 성취하는 데 요구되는 각종 서비스를 제공하며, 노인의 신체적·심리적·경제적·사회적 변화에 적응할 수 있도록 도와야 한다. 또 노인이 제시하는 생활문제에 대한 대처기술과 능력을 증진시키며 노인을 부양하고 있는 가족을 지원함으로써 노인과 함께 가족의 문제를 예방하고 치료할 수 있도록 지원해야 한다.

4 노인상담의 역할

노인상담은 종래에 가족과 친척, 가까운 친구들에 의해 이루어지던 정서적 지지와 지원, 문제해결과 예방의 역할을 객관적으로 대행하여 현대 사회에서 고립되고 소외된 많은 노인들에게 1차적 사회관계망의 역할을 해 준다.

그리고 노인들로 하여금 변화하는 현대 사회에 기능적으로 잘 대처할 수 있도록 새로운 정보를 제공하여 복잡하고 주눅 들게 하는 현대인의 생활양식에 잘 적응할 수 있도록 해 주는 정보 제공자의 역할을 한다. 또한 노인뿐만 아니라 노인을 부양하는 가족 구성원들로 하여금 노인들에 대한 이해를 돕고 서로 더불어 지낼 수 있도록 하는 정서적 지지와 정보를 제공한다. 즉, 가족들이 노인의 성공적인 노후생활을 할 수 있도록 돕는 사회관계망의 역할을 잘 할 수 있도록 가족 구성원들을 돕는 역할을 한다. 뿐만 아니라 노인의 숨은 욕구와 필요에 대한 실증적 탐색을 가능하게 하는 역할을 한다.

5 노인상담의 특성

일반 상담과 달리 노인상담의 특성은 첫째, 노인은 신체적·사회심리학적인 노화의 과정을 겪고 있는 사람이다. 노화로 인한 시력 및 청력의 약화와 더불어 표현력의 부족 등은 타 연령과의 대화에서 보다 많은 인내심과 기술을 요하는 특성이 있다. 둘째, 노인이 지니고 있는 사고나 감정의 변화를 알아내는 데에 중점을 두는 것보다는 지지의 과정을 통한 지금-여기에서의 생활의 변화에 더욱 관심을 두어야 하는 특성이 있다. 셋째, 노인의 체면이나 자존심을 손상시키지 않기 위해서는 방어기제나 저항, 전이 등을 다룰 때 직면이나 도전 등 직접적인 방법을 사용하는 것보다는 해석이나 경청 등 온화한 방법을 사용해야 하는 특성이 있다.

넷째, 노인에게 적합한 상담방법으로 회상요법이 많이 활용되고 있다. 회상을 통해 노인들은 과거를 돌아보고 과거의 긍정적 자아상과 현재의 생을 동일시함으로써 상실감이나 우울, 죄책감 등이 감소되며 그 결과 자아성취감이나 자아통합감을 획득할 수 있다. 다섯째, 노인은 다른 연령층에 비해 임종이나 시설로의 입원 등과 같은 경우가 많이 발생하게 되므로 종결과정에서 세심한 배려를 필요로 하는 특성이 있다.

6 노인상담기법

1) 회상기법

노인상담에서 가장 많이 활용되고 있는 회상기법은 노인이 자신의 과거를 돌이켜 생각하고 그런대로 만족하고 최선을 다해 노력해 온 의미 있는 일생이었다는 느낌을 가지고 통합적으로 바라보게 하여 문제를 노인 스스로 자각하고 해결하며 효과적인 대인관계와 정서적 지지를 통해 자존감을 향상시키는 상담방법이다.

회상기법을 활용한 상담의 긍정적 결과로는 죄의 배상, 내적갈등의 해결, 가족관계의 화해, 지식과 가치의 전달, 정상적인 발달 등이 있으며, 부정적 결과로는 걱정, 후회, 슬픔, 공황, 강한 죄의식, 극심한 우울 등이 나타난다.

회상기법은 혼자 회상할 때 부정적 결과가 더 많으며 다른 사람에 의해 받아들여지고 지시될 때 삶의 재고와 의미를 찾을 수 있는 능력을 가지게 된다.

회상기법을 통해 내담자로 하여금 지나온 삶에서 새로운 의미를 찾도록 하여 현재의 삶에서 소망을 가질 수 있도록 한다. 지난날에 있었던 사건이나 물건을 통한 기억을 떠올리도록 하여서 그것에 얽힌 사연과 의미를 재정립할 수 있도록 한다. 그리고 좋았던 때와 힘들었던 때를 구분하여 긍정적 측면의 자기 개방을 할 수 있도록 하고 남은 여생에 소망을 갖고 살아갈 수 있도록 돕는다.

2) 여가활동 상담기법

노인 내담자들로 하여금 현재 생활을 가장 만족스럽고 실제적인 삶이 될 수 있는 하나의 방법으로 여가활동을 잘 활용하도록 돕는 상담기법이다. 자신이 선택한 여가활동을 즐길 수 있는 시간과 장소를 발견할 수 있도록 조력하는 과정으로 자기인식, 여가인식 및 자아존중감을 증진시켜 삶의 만족도를 향상시키려는 기법이다.

노인 자신이 만족하고 즐거운 여가활동을 할 수 있는 것을 선택할 수 있도록 돕고, 선택한 여가활동을 방해하는 장애요인을 점검하여 그 요인을 제거할 수 있는 전략을 세우도록 한다. 여가활동장애 제거기술의 하나로 의사소통기술을 습득하는 방법을 소개한다.

3) 이야기를 통한 상담기법

노인은 다양한 삶의 이야기를 갖고 있는 연령층이다. 그러므로 이야기를 통한 상담기법은 경험이 다른 내담자와 상담자의 삶의 이야기가 대화를 통해 만날 수 있으며 그 이야기를 통해 서로의 세계를 파악하게 된다. 그리고 서로 다른 삶의 이야기가 교차하면서 각자 이야기의 주제가 수정되고 바뀌는 것을 경험하게 된다.

상담자는 그러한 경험을 정리해 주고, 의미를 재창조할 수 있도록 도우며, 각 개인의 특성에 적합한 이해의 틀을 형성해 주는 상담기법이다. 이야기를 통해 진정한 자신을 깨닫고 삶의 의미를 발견하게 되어 치유 받게 하는 기법이다.

노인 내담자에게 미래의 이야기를 요청하여 미래와 희망에 관한 이야기를 만들어가도록 한다. 의미 발견을 위한 질문을 통해 5년 뒤에는 내담자의 삶이 어떻게 변해 있을 거라고 생각하는지? 만일 아무 변화도 없다면 어떻게 할 것인지? 가장 걱정스러운 것은 무엇인지를 질문하여 미래에 대한 희망을 갖도록 한다.

4) 현실요법 상담기법

현실요법 상담기법은 노인 내담자들이 삶의 만족을 위해서 일시적인 오락보다는 스스로 책임감 있는 행동을 하도록 돕는 기법이다. 노인들이 자신의 삶을 통제해서 자녀들과 좋은 관계가 유지될 수 있도록 돕는 기법으로 이 기법은 노인 내담자의 현재행동에 초점을 둔다.

노인 내담자에게 바람(want)에 관련된 질문을 하여 자신에게 어떤 일이 일어나기를 바라는지 명확하게 생각해 보게 한다. 그리고 노인 내담자에게 상담의 전반적인 방향, 내담자가 어디로 가고 있는가를 탐색하도록 도와준다.

또 개인의 행동과 욕구와의 관계를 점검해 보고 스스로 자기평가를 하도록 돕는다. 그 다음 상담자는 노인 내담자의 가능성을 신뢰하며, 용기와 희망을 불어넣는다. 마지막으로 상담자는 노인 내담자의 진정한 욕구와 바람을 충족시킬 수 있는 계획을 수립하고, 그 계획이 실행될 수 있도록 강화시켜주는 상담기법이다.

CHAPTER 11 다문화상담

1 다문화상담의 개념

다문화상담은 의도적·무의도적인 차별과 압제를 하기도 하는 '주류문화'에 과감하게 도전하며 소수민의 권익을 지킴으로써 우리 사회의 모든 구성원들이 주인의식을 갖고 생활하도록 돕기 위한 상담이다.

한국문화도 세분하면 다양한 문화로 분류할 수 있으며, 한국사회도 이미 다문화사회가 되었다. 산업의 발달로 해외근로이주자가 급증했으며, 결혼이민자들의 수가 급증하여 다민족, 다문화 사회로 진입했다. 한국의 경제 개발과 도시화로 인해 젊은이들이 농촌 지역에서 도시로 이동하는 현상이 급격히 진행되었다. 도시화가 급속히 진행되는 동안 농촌 총각의 결혼문제, 노동자의 문제가 사회적 문제로 대두되면서 외국인 특히 동남아시아를 중심으로 한 국제결혼이 보편화되었다.

그러므로 우리 사회는 이미 다인종·다문화 사회로 들어가고 있다고 할 수 있다. 전체 결혼의 13.5%, 그 가운데 농어촌 남성의 35.9%가 외국인 여성과 결혼하고 있다(김남국, 2005). 문제는 국제결혼과정에서 문화부적응과 사회부적응으로 인한 피해 사례가 속출하고 있다. 이러한 가운데 다문화상담은 다문화에 접한 당사자들뿐만 아니라 그 가족과 주변사람들이 직면하고 있는 많은 문제들을 윤리적이며 효율적으로 해결하도록 지원하는 데 필수불가결한 요소가 되고 있다. 한국사회의 다문화상담은 한국문화에 적합한 상담이론과 기법의 개발은 물론 이에 관한 연구가 함께 촉진되어야 한다.

다문화상담은 정신분석, 행동주의, 인본주의에 이어 네 번째의 주요 상담이론으로 형성되고 있으며, 한국사회의 다문화상담은 두 가지 측면에서 의미가 크다.

첫째, 한국사회에서 활동하고 있는 대부분의 상담자들이 주로 북미문화에서 발달한 상담이론들을 습득하여 활용하고 있으므로 동서 문화 차이를 세심히 고려하지 못한 채 다문화상담이 이루어지고 있다. 이러한 다문화상담은 내담자에게 피해를 줄 수 있으므로 윤리적이고 효율적인 다문화상담을 모색하고 발전시키기 위한 노력이 필요하다.

둘째, 다문화에 속한 내담자의 문화에 적절한 상담방법과 치료기법을 한국전통의 토속적 문화에서 탐색할 수 있다(한재희, 2004).

이러한 의미에서 다문화상담은 지속적으로 연구되어 다인종, 다문화 사회로 접어든 한국 사회에서 보다 윤리적이고 효율적인 상담이 이루어지도록 노력을 기울여야 할 것이다.

2 다문화상담의 필요성

우리나라는 최근 10년 사이에 인구 고령화와 인구 역외 유출, 결혼이주여성의 증가 등 엄청난 변화가 일어났다. 이 변화의 중심에 다문화가정이 자리 잡고 있다. 지금은 농촌에서 결혼하는 부부 5쌍 중 2쌍이 국제결혼이다.

현재 국내 거주 외국인이 100만여 명에 이르면서 전체 인구의 2%를 넘어서고 있는 실정이다. 우리는 중국, 베트남, 필리핀 등을 비롯하여 동북아시아와 동남아시아에서 온 결혼이주여성들과 한국인 남편, 그 사이에서 태어난 자녀들로 이루어진 다문화가정들을 자연스럽게 이웃으로, 친구로, 직장 동료로 만나며 살고 있다.

이렇듯 한국사회는 이제 명실 공히 다문화사회로 진입하였다. 그러한 가운데 결혼이주여성들은 낯선 언어와 낯선 문화, 풍습으로 인해 적응에 어려움을 겪고 있으며, 남편 하나 믿고 먼 이국땅에 시집와서 보수적인 남편과 가부장적인 시댁과의 갈등으로 고통을 겪기도 한다(설기문, 1993).

가족관계 연구소의 조사에 따르면 다문화 가족의 42%가 '가족상담이 필요하다'는 욕구를 표현하였고, 이는 갈등과 불화를 겪을 수 있는 다양한 요인이 많은 다문화가족에게 있어 전문 상담서비스와 위기상황을 극복할 수 있는 사회적 차원의 지원이 반드시 필요하다는 것을 나타내고 있는 것이다.

3 다문화상담과정에서 고려할 점

① 다문화상담자는 다양한 세계관을 가지고 있어야 한다.
② 내담자의 문화적 특성을 알아야 한다.
③ 내담자의 인종적 정체성과 특성을 충분히 이해해야 한다.
④ 내담자의 세계관, 내담자가 속해 있던 나라의 역사, 내담자가 가지고 있는 고정관념에 대해 충분히 이해하고 있어야 한다.
⑤ 내담자의 선택을 제한하는 인종/민족적 요인의 영향에 대해 알고 있어야 한다.
⑥ 상담과정에서 내담자의 모국어 사용, 통역자 활용, 통찰과 방향을 제시할 수 있는 지역사회 구성원을 참여시키는 것 등을 고려할 수 있어야 한다.
⑦ 상담과정은 상담이 진행되는 동안 계속적으로 평가되어야 한다.
⑧ 다양한 추후상담이 이루어져야 하며 필요하다고 판단되면 재상담이 진행되어야 한다(박외숙, 1996).

4 다문화상담의 과정 및 기법

1) "생략된 모델 되찾기"를 통한 상담기법

내담자와 상담자 간의 언어적 소통을 통해서 내담자 내면의 상처가 치유되기도 하고 변화되기도 한다. 다문화상담에서는 다문화인 내담자가 무엇을 도움받기 위해서 상담을 받으러 왔는지, 어떤 변화를 원하는지를 알아내려면, 먼저 내담자가 어떤 표현을 쓰는지를 살펴보는 것이 중요하다. 예를 들어 내담자가 "나는 싫어요."라는 말을 했다면 누구를 싫어하는지, 아니면 무엇을 싫어하는지 대상이 생략되어 있다. 이처럼 내담자가 자신의 내면을 언어적으로 표현할 때 생략된 부분이 있다는 것을 알고 그것을 찾도록 하는 상담기법이 "생략된 모델 되찾기" 기법이다.

내담자의 내적 경험에 생략된 부분이 있을 때 그것을 "생략된 모델"이라고 부르며, 생략된 모델은 곧 내담자에게 제한된 행동 선택으로 나타나며 억압된 내면의 표출을 의미한다. 그러므로 다문화상담자는 내담자의 표현된 언어의 근원을 완전하게 표현했는지를 알아차리는 것이 중요하다(김미윤, 2004).

이런 상황에서 상담자는 내담자의 생략된 모델을 그냥 받아들이든지, 생략된 부분을 내담자에게 물어보든지, 생략된 부분이 무엇일지 추측해 볼 수 있다. 내담자의 생략된 모델을 그냥 수용하는 것은 치료과정을 느리고 지루하게 만들 수 있다.

왜냐하면 도움을 받기 위해 온 내담자에게 자기의 생략된 모델을 혼자 알아서 찾도록 전적으로 내담자에게 책임을 지우기 때문이다. 또 한 가지 방법은 내담자가 말한 부분에서 생략된 모델을 직접 질문하는 것이다.

생략된 모델이 무엇인지 혹은 누구인지를 질문하면 내담자가 생략되었던 모델을 발견하게 된다. 이러한 과정에서 내담자는 자기발견과 변화의 과정을 겪기 시작하고 세상에 대한 자기의 모델을 확장하기 시작한다.

이와 같이 다문화상담자는 내담자가 말한 표현에서 생략된 모델을 회생시켜줌으로써 내면세계에 대한 완전한 표현을 하도록 도와주어야 한다.

2) "왜곡된 모델 되찾기"를 통한 상담기법

상담과정에서 내담자들을 꼼짝 못하게 만드는 것 중 한 가지는, 현재 진행과정에 있는 일을 이미 끝난 사건으로 규정하는 것이다. 내담자는 현재 진행 중인 것들마저 자기가 조절하거나 통제하지 못할 것이라고 느끼는 경우가 많다. 이러한 현상, 즉 과정이 사건화하는 현상에 대해 명사화(nominalization) 현상이라고 명명하기도 한다(김계현, 2000: 122).

예를 들어 내담자가 "나는 내 결정을 후회합니다"와 같은 표현에서 '결정(decision)'이라는 명사는 '결정하고 있다'거나 '결정할 것이다'는 용언으로 표현하는 것보다 더 결과 중심적인 표현이다. 결정이라는 명사로 표현한 것을 듣고 상담자는 "당신의 결정을 재고하지 못하도록 막는 것은 무엇이지요?"라고 질문한다. 상담자의 말은 이미 끝난 사건을 현재 진행 중인 과정으로 재조정해 주는 역할을 할 것이다. "당신은 이미 결정을 내린 것으로 이야기하는데, 결정을 변경시킨다는 것으로 상상해 볼 수는 없겠어요?"라는 식으로 내담자를 일깨울 수 있다. 이것이 "왜곡된 모델 되찾기" 기법이다. 명사화 현상으로 왜곡·변환된 것을 그것의 본래 상태, 즉 과정 동사로 되돌려 보내는 것이다. 이 과정에서 내담자는 지신의 내적 모델을 충실하게 표현할 수 있게 되어 내적 치유가 이루어진다(윤갑정·고은경, 2006).

그러므로 다문화상담자는 내담자로 하여금 더 풍부한 선택 가능성을 취할 수 있는 방향으로 세상을 볼 수 있도록 안내해야 한다.

3) "긍정화"를 통한 상담기법

긍정화라는 말은 부정적인 것들로부터 긍정적인 면을 발견하는 시각의 변화를 의미한다(김계현, 1995: 180). '반밖에 없다'고 말하는 사람과 '반이나 있다'고 말하는 사람 간에 관점의 차이를 흔히 논한다. 같은 상황도 긍정적인 방향으로 보는 것이 부정적인 방향으로 보는 것보다 좋은 결과를 가져오게 할 수 있다. 상담에서도 이러한 지혜가 필요하다.

다음은 다문화가정의 자녀를 상담사가 긍정화를 통해서 내담자의 태도와 행동을 변화시킨 사례이다.

- 다문화가정의 자녀는 책가방이 자주 비어 있었다.
- 그러나 상담사가 꾸중하지 않고 다음과 같이 말하였다.
- "어머~ 내일 책 가지고 오면 선생님은 ○○이 덕분에 행복할 것 같아!"
- 그 후 ○○이는 상담실에 오면 다음과 같이 말하였다.
- 선생님, 책 가져왔어요. 숙제도 벌써 다 했어요.

상담사의 말 한마디와 긍정적인 표현 한마디가 내담자에게 어떻게 작용하는지를 잘 보여주는 사례이다.

상담사 자신이 긍정적 표현을 사용할 뿐 아니라 내담자도 긍정화를 통해서 표현을 변화하고 태도를 변화하도록 유도한다.

다문화가정의 자녀 문제는 개인의 개성과 성향만으로 치부할 수 없는 문제이다.

다문화상담자는 다문화에 대한 이해를 바탕으로 다문화가정 자녀들의 자조(自助)를 위한 촉진자의 역할을 우선시해야 한다는 관점에서 상담을 해야 할 것이다(한재희, 2008: 364-369).

CHAPTER 12

위기와 위기상담

1 위기

1) 위기의 유형

위기의 유형에 따른 분류는 크게 대분류로 정상적 위기, 상황적 위기, 과도기적 위기의 세 가지로 분류된다. 그리고 소분류로는 상황적 위기, 예상되는 생활변화의 위기, 외상적 스트레스에 의한 위기, 성숙된 혹은 발달과정상의 위기, 정신 병리에 의한 위기 등 다섯 가지로 분류된다. 그러나 그 같은 구체적인 상황을 정리하면 일반적으로 발달적 위기(Developmental Counseling)와 상황적 위기(Situational Crisis)의 두 가지로 분류한다(김흥규, 2015: 192).

① 발달적 위기: 오츠(Oates, 1966)는 발달과정상의 위기로서 출생, 이유(離乳), 용변 가리기, 오이디푸스 갈등, 입학, 청소년기, 직업 선택, 가정을 떠남, 학교졸업, 약혼, 결혼에의 적응, 임신, 어버이가 되는 것, 중년기의 위기, 부모 상실, 폐경기, 퇴직, 배우자의 사망, 친구의 사망에 따른 발달 단계별 위기가 그것이다.

② 상황적 위기: 우발적 위기라고도 한다. 예기치 않은 가운데 유발되는 위기로 실직, 금전의 상실, 도움을 받는 사람의 상실, 질병 혹은 외과적 수술, 자녀사

망, 결혼생활에서의 부정과 이혼, 정신병 혹은 알코올중독, 신체장애, 원하지 않는 임신, 전쟁이나 불경기 같은 거대한 사회적 재난(Oates, 1966)을 들 수 있다.

2) 위기의 단계

위기의 단계는 크게 네 가지 단계로 나뉘는데 이를 세분화시켜보면 다음과 같다.

① 첫 번째 단계: 충격으로 위기에 처하면 충격으로 인하여 일단 우울상태가 된다. 자존심은 위협 당하고 사고와 행동은 분열된다. 계획을 세우거나 논리적으로 이유를 대거나 상황을 이해하는 능력이 저하된다. 이 단계는 대개 몇 시간이나 1~2일간 지나면 끝나게 된다(김흥규, 2015: 193).

② 두 번째 단계: 방어적 후퇴로 이전에 성공적으로 즉응했거나 문제가 해결됐던 방법을 이용하려고 노력하는 단계를 말한다. 그러나 긴장과 불편은 줄어들지 않고 상황이 경감되지 않는다. 이는 점차 당황하며 쓸모없게 느낀다. 현실을 회피하여 부정하고 환상적이 되기도 한다. 이 시기에 쓰이는 방어기제로는 주로 합리화, 투사 등이 있다.

③ 세 번째 단계: 승인으로 상황이 객관적인 현실을 깨닫기 시작하면서 긴장과 불안이 다시 올라가고 현실이 가혹하게 보이거나 나타나는 단계이다. 만일 이 시기에 새로운 방법이든 이전 방법이든 문제해결 방법이 적용되어 효과가 있을 경우 4단계로 넘어가서 위기를 해결하기도 한다.

④ 마지막 단계: 적응으로 위기상황을 긍정적인 면으로 인정하여 낡은 자아는 잃어버리고 새로운 자아로 통합될 때 일어난다. 바람직한 문제해결을 할 수 있게 되고 그 사건에 대한 감정을 표현할 수 있게 되는 단계를 말한다. 새로운 가치관을 느끼고 정체감은 더욱 확고하게 되고 불안은 점차 감소된다. 적당한 자원과 능력을 이용하여 사고와 계획을 조직하고 신체적으로는 쾌적한 상태에서 가능하게 된다. 사회적으로 자신의 지위와 역할을 회복하고 적응하기 위하여 자기행동을 재구조화하고 그럼으로써 앞으로 유사한 위기를 피한다.

문제해결이 비효율적으로 되거나 위기상태에 대한 감정표현이 부족했을 때는 문제가 억압되고 계속 부정되어서 해결되지 못하면 신경증, 정신증, 사회적으로 부적응 행동 등이 일어나기도 한다.

만일 부정이 계속되면, 기질적, 병리적 변화를 일으킬 수도 있고 자살기도로 나타날 수도 있다. 그리고 격리감, 무가치감, 절망감, 죄책감 등으로 자살기도에 이를 수 있고 긴장해소의 부적당한 방법으로 술이나 약물을 사용하기도 한다(김홍규, 2015: 194).

3) 위기의 유발

위기의 유발조건은 주요 생활목표의 좌절 또는 생활양식의 혼란에서 오는 과도한 긴장감이라고 할 수 있다. 즉, 평상시의 적응방법이나 생활양식으로는 해결하지 못할 만큼 심리적인 긴장을 느끼는 상태를 말한다. 이러한 '긴장'에는 흔히 계속되는 선택적인 갈등과 해소 및 평형을 되찾으려고 하는 압력 또는 생리적인 긴장감 등이 포함된다(이장호·이동귀, 2014: 309).

이러한 긴장에서 오는 위기감을 단계별로 살펴보면 다음과 같다.

① 처음에는 약간의 긴장을 경험하여 평소의 습관적인 반응으로 대처하는 단계이다.

② 전 단계보다 긴장이 증가하여 해소하려고 하는 노력을 해도 실패하는 단계로서 좌절감과 비능률적인 반응을 보이게 된다.

③ 응급수단까지 동원해서 긴장을 해소하려고 하나 긴장이 계속 고조되는 단계로서 지금까지의 목표를 포기하거나 타인에게 도움을 청하게 되는 상황이다.

④ '위급 단계'로 행동의 혼란이 증가하고 정서적 통제가 불가능한 단계이다. 그리고 당시 위기상황에 따른 특징에 있어서도 이러한 위기상황의 특징으로는 첫째, 대체로 위기를 촉발시키는 사건이나 생활여건의 변동이 있게 마련이고 둘째, 갑자기 위기의식이나 긴장감을 느끼게 되는 특징이 있고 셋째, 당사자는 심리적 불편감과 고통을 느끼며 넷째, 행동 혼란의 증거들이 나타나는 것이 보통이다.

4) 위기의 조건

이러한 위기감을 느끼게 하는 조건은 대체로 세 가지로 나눌 수 있다.

① 정서적으로 깊은 유대감을 가졌던 사람의 상실이다. 주로 가족들이 포함되는데 그 사례로는 깊이 연관되어 있던 사람이 사망이나 실직을 했을 때 재난을 당했을 때 혹은 이혼이나 감옥에 투옥되었을 경우 등을 들 수 있다.

② 내면적인 고통이나 슬픔이 촉발된 경우이다. 지향하던 목표가 장애에 부딪혔을 때 습관적인 노력이나 과거의 경험으로는 해결이 곤란하고 결과적으로 절망을 느끼게 되는 경우이다. 또는 생활이나 행동고정에서의 가치를 상실함으로써 행동의 동기 및 보람을 잃어버리고 우울감에 빠지는 경우도 이러한 경우에 속한다. 이러한 내면적인 고통이나 슬픔의 경우에는 대체로 결정을 하지 못하고 모험에 지면하기를 회피하는 소극적인 상태가 된다.

③ 과도적인 변화라고 말할 수 있는 경우이다. 정서적으로 유대를 가졌던 사람이나 가족이 전직 또는 이사를 한 경우, 새 식구가 들어온 경우 등 집안에 갈등이나 분쟁이 일어날 수 있는 경우가 이에 속한다.

5) 위기상담의 특징과 진단

위기상담은 스트레스(stress)와 위기(crisis)의 차이점을 이해해야 하고 스트레스와 위기의 구체적인 상황에 맞추어 대처해야 한다(김명희·이현경, 2014: 28-29).

가족 내 갈등이나 불안감, 내적 심리적인 문제와 가족 환경과의 상호작용 그리고 여러 자극에 대하여 가족 내에서 일어나는 생물반응으로 발생된다. 개인 치료에서 즉각적인 반응인 스트레스는 정신적인 문제보다는 생리적이며 정서적인 문제를 포함한다. 스트레스는 캐나다의 내분비학자 셀리에(H. Selye)가 처음 명명한 것으로 스트레스 상황이 되면 아드레날린이나 다른 호르몬이 혈중 내로 분비되어 위험에 대처하는 에너지 등이 제공된다.

스트레스는 외부적 사건에 의한 긴장감을 의미하며 짧은 시간에 일어나는 특징을 갖는다. 따라서 파괴적인 문제는 발생하게 하지 않으나 시간이 길어지고 장기간 해체기간으로 빠져들 때 가족의 위기가 시작된다. 이때는 내담자에 대한 긍정적인 반응과 극적인 재활은 불가능하게 된다(Parad & Parad, 1990).

여기서 스트레스와 위기의 두 가지 상황의 의미는 명확히 구별되어야 한다. '스트레스'와 비교하는 '위기'는 청소년이 처하는 '위험한 어떤 일의 전환점'이라고 할 수 있는데 결정적인 변화, 위험, 긴장의 의미를 가지고 있으며 생활양식의 혼란에서 오는 외적 위험에 대한 개인의 내적인 반응을 의미한다(Boss, 1990). 위기의 경우 스트레스를 일으키는 예기치 못한 사건이 발생하거나 스트레스가 너무 오랫동안 지연되는 경우 곧바로 위기상황이 발생하는 것은 아니다. 힐(Hill)의 ABCX 모델에서 매개변수인 B요인과 C요인이 상호작용하면서 스트레스가 지속되면 위기의 상황을 맞는다고 하였다.

보스(Boss, 2005)가 제시한 스트레스 모델과 위기모델은 차이가 있다. 맥커빈과 패터슨(McCubbin & Patterson, 1983)의 ABCX 모델은 스트레스 원(stressor), 가족자원(family resource) 그리고 가족의 지각(family perception)은 가족의 적응력과의 상호작용을 하고 가족적응에 영향을 끼친다. A요인은 스트레스 요인이 되는 사건, B요인은 위기에 대응하기 위한 개인적이거나 가족자원 C요인은 위기와 스트레스 사건들에 대한 지각이며 X요인은 A, B, C 각 요인들의 상호작용 결과이다. 여기에서 위기상황에 대한 평가는 그 상황에 대한 개인의 독특한 지각이나 평가를 의미한다. 위기상황에 대한 청소년의 평가는 그 상황에 대한 개인의 독특한 지각이나 평가를 의미한다.

가족 내 위기의 형태로는 보편적 위기와 우발적 위기로 구분된다. 보편적 위기는 예측 가능하며 우리 모두가 발달과정에서 겪는 위기이다. 우발적인 위기는 전혀 예측하지 못했던 충격이 발생할 때 느껴지는 위기이다. 이것은 예외적이고 예측하기가 불가능하다(Boss, 2005). 아동과 청소년들은 일련의 보편적 위기들과 우발적인 위기도 경험하는데 에릭슨의 성격 발달 단계적 위기 안에서는 아동이나 청소년이 성공적으로 대처함에 따라 성장을 경험하게 되는 것으로 나타냈다.

이와 같이 위기적인 갈등이나 어려움이 반드시 정신적 질환과 동일시 될 수 없고 정신질환의 징후도 아니다. 다시 말하면 정서적으로 위험한 상황에 처한 한 사람의 정상적인 반응인 것이다. 위기로 경험하는 사람이 있는가 하면 그렇지 않은 사람도 있다. 더 나가서 위기촉발 사건과 위기 사이에 직접적인 인과관계는 없지만 위기에 대한 지각도 각각 다르다. 정서적 위험상황에 대한 개인의 주관적 평가 내지 인식은 위기가 발생할 것인지 혹은 얼마나 심각한 사건이 될 것인지를 결정한다(Figley, 1989).

자존감은 가족으로부터 대물림된다. 가족 안에서 자존감이 높은 부모가 높은 자존감의 자녀를 만들고 자존감이 높은 대상과의 애착 경험을 많이 가질수록 위기에 대한 대처 능력 또한 증가한다. 어떠한 상황에서도 불필요한 개입을 하지 않고 통찰을 갖게 해 주는 방식으로 배려하고 스스로의 경험이 되도록 돕는 것은 효과적인 위기개입방법이 될 수 있다.

6) 위기모델과 상황

위기모델을 설명하는 보스(Boss, 1990)의 롤러코스터 모델(roller coaster model)을 청소년 위기상담에 적용시킨다면 청소년의 위기상황이나 사건들은 스트레스 상황이나 그 사건들 안에서 해결되지 못하거나 회복할 수 없는 문제들과 그 상황 안에서 일어나는 것을 알 수 있다. 오랜 기간 동안 스트레스가 해결되지 못하면 위기상황으로 확대되며 사건들은 회복되지 못한다. 조직해체(disorganization), 회복(recovery), 재조직(reorganization) 과정의 순서로 롤러코스터가 그려지는 듯이 적용된다하여 롤러코스터 모델이라 한다.

위기상황에서 방황하는 청소년이 어딘가의 전환점에서 서서히 회복되면서 세 가지 유형의 자아 혹은 가족기능을 갖게 된다. 전환점에서 회복의 정도에 따라 회복각도가 달라지며 개인의 기능결과 또한 달라지는데, 내담자는 회복되거나 위기 이전의 기능이 되거나 역기능이 되기도 한다. 여러 기능으로 오랜 시간 이후 전환점을 중심으로 위기를 회복하게 되면 내담자의 자아기능은 더 증폭되고 성숙해진다. 만일 이전보다 자아기능이 낮아지면 종전의 방어기제가 약화되고 분리되므로 대처방안이 부적절해지면 가족관계에서 고립되거나 사회적으로 인간관계가 퇴행되며 충동적인 행동이 나타나 정신증상이나 자살을 할 수도 있다. 기능장애 등이 나타나고 정신적 변화에는 인지기능, 기억력 감퇴, 시각-공간적 능력 등의 변화, 자살 등의 행동이 나타날 수 있다(Boss, 1990).

7) 위기진단과 접근

위기상담의 목적은 개인들로 하여금 우발적인 위기들을 잘 대처하도록 돕는 것으로 발단이 된 위기사건의 충격을 가능한 한 감소시키는 것을 의미한다. 또한 현재의 위기에 뒤이어 나타날 미래의 위기를 더 잘 대처할 수 있는 능력을 길러주고 새로운 도전으로 새로운 대처방안을 자극하는데 대처 방안은 개인의 적응 능력으로 심리적, 정신적 건강 수준을 향상시키는 데 있다(Lee, 1999).

위기상황에 대한 대처 능력의 상실에 대한 치료 목표는 위기 이전의 기능 혹은 더 성숙한 기능수준으로 복귀하는 것이며 위기상담의 제한된 목표는 균형상태의 회복에 있다.

위기상담은 먼저 위기를 성공적으로 해결하기 위해 자신들의 장점이나 가능성을 촉진하도록 돕는 상담가의 역할이 부각되어야 한다. 단기적 치료기간을 가진 위기상담은 위기상황을 위하여 특별히 채택된 치료의 독특한 형식을 가지고 접근해야 한다. 위기상담은 여러 회기를 통하여 진행되는 전형적인 상담이나 치료가 아니다(김명희·이현경, 2014: 31-32).

첫 번째, 위기상담은 신체적, 심리적 혼란이 일어나는 상황에서 치료자의 적절한 도움이 균형 있게 제공된다면 효과를 가져 올 수 있다. 내담자가 불안과 죄의식 그리고 긴장과 극한 감정에 사로잡혀 있을 때 안정을 시키는 것이 중요하다. 무기력과 절망에 빠진 내담자는 그의 감정을 표현할 수 있도록 격려하고 경청해 주어야 한다. 그러나 극단적인 결과가 예상되는 긴박한 내담자는 즉각적으로 개입을 통하여 엄청난 결과를 막고 심리적 균형을 회복을 시도해야 한다. 다양한 심리학 이론들과 모든 치료 개념들의 절충적 특성을 갖고 있는 위기상담은 긴장이론, 위기모델의 롤러코스터 모델, 항상성 모델, 사회적 역할이론 등에 기초하고 있다(Boss, 1990).

두 번째, 아동과 청소년의 위기에 대한 이해를 가지고 상담의 목표를 설정해야 하는데 구체적인 위기에 대한 치료사의 접근으로서 문제감정을 확인하며 문제를 평가하는 작업은 적의 반응을 보이거나 자포자기하고 위험한 위기상황을 가지고 있는 내담자에게 중요하다.

세 번째, 위기상담에서 위기상황에 대한 가족 구성원 혹은 내담자 자신은 죄책감을 가지게 되고 위기사건을 내담자 책임이나 과실처럼 느끼게 되며 질책하며 자포자기하게 된다. 중요한 것은 이런 상황의 방황에 대해서 내담자가 대척이나 조언을 해 주기보다는 그러한 상황을 받아주고 담아주며 지지하여 충분한 애도작업을 할 수 있는 방안과 대책이 계획되어야 한다.

네 번째, 자신의 자원이나 가족자원을 발견하여 활용할 수 있도록 도움을 준다. 내담자의 노력을 의미 있게 보는 것으로 이러한 노력을 위해 치료자의 역할은 간접적인 개입보다는 치료자의 능동적 참여와 직접적 개입이 필요하다.

내담자의 일상생활에서 가족 상황에서 아주 작은 예측 가능한 일을 찾아내고 해결할 수 있는 전략을 조금씩 상담에 적용하고 이러한 상황에서 내담자가 안정을 찾으면 적극적인 대처 방안을 논의하며 적극적인 대응책을 시도한다.

다섯 번째, 정확한 인지적 지각, 감정의 조절, 적절한 도움의 활용을 통하여 대처할 새로운 행동패턴을 재통합시키고 상담이 발전하는 과정을 추구해야 한다. 위기상담의 마지막 단계에서 항상 중요한 것은 상담자가 내담자들에게 지금까지의 상담을 통해서 알게 된 것을 정리하여 설명해 주고 장차 분명히 발생하게 될 문제들과 위기들에 대해서는 새로 발견한 힘과 대응책들을 활용할 것을 격려해 주는 것이다(김명희·이현경, 2014: 33).

그 밖에 상담자는 내담자가 실제적으로 어떤 위기에 놓여 있는가를 신속하고 정확하게 진단하는 것이 매우 중요하다. 위기상황의 내담자를 진단할 때 평가 목록표를 작성하여 사용하는 것도 효과적이다.

보스(Boss, 2005)에 의하면 진단과정은 먼저 내담자 주변에서 일어난 사건이 무엇이며 현재 상황에 대한 위험이나 상실감을 느끼는지 내담자 자신에게 비현실적인 요구를 하고 있는지 등의 인식상태를 진단하고 지금까지 내담자가 위기극복을 어떻게 해왔는지 내담자의 행동상태를 점검해야 한다. 더 나가서 내담자가 위기를 극복할 수 있는 힘이 있는지 혹은 해결대안을 적극적으로 모색하는지에 대한 내적 세계를 점검한다. 그 다음 내담자는 어떤 사회집단에 속해 있고 그 집단은 내담자를 어떻게 도울 수 있으며 그에게 도움을 줄 수 있는 기관은 어떤 것들이 있는지에 대한 외적인 상황을 점검하고 내담자가 자살 폭력, 살인이나 기타 극단적인 행동을 취할 가능성과 타인에게 해를 끼칠 가능성, 대처 능력 등도 점검한다.

8) 위기대처와 해결

위기적 조건에서 고도의 긴장을 느끼는 내담자를 상담하는 데에는 환경적인 상태, 일반적인 지원, 포괄적인 해결 노력 및 개인적인 상담접근 등의 네 가지로 나누어서 대처할 수 있다(이장호·이동귀, 2014: 310-311).

① 환경조직: 환경의 변화에 따른 위기유발조건에 대해 순전히 환경적으로 접근하는 것으로 반드시 상담에만 의존하지는 않는 접근방법이라 하겠다. 그래서 상담실에서만 만나기보다는 내담자의 가족이나 주위 사람들과 접촉하는 등 내담자가 위기의식을 보다 덜 느끼도록 여러 가지로 노력할 수 있다.

② 일반적인 지원: 관심 있게 경청하고 비위협적으로 또는 비판적인 태도를 취하지 않는 등 내담자가 긴장을 보다 덜 느낄 수 있는 방향으로 조언을 해 주는 경우이다.

③ 포괄적 해결노력: 내담자가 부딪힌 위기의 성질을 파악하고 이에 따라서 그 해결방법을 합리적으로 모색하도록 협조해 주는 것이다. 즉, 내담자가 부딪힌 위기의 근본원인을 파악하고 대처해 나갈 수 있는 대안을 내담자와 함께 모색하는 협의과정이며 문제해결과정이라고 할 수 있다.

④ 개인상담: 포괄적인 접근과 아울러 내담자의 성격이나 이상심리에 관해서도 노력하는 것을 말한다. 즉 장기적이고 보다 전문적인 심리치료에까지 연결하도록 도와주는 과정이다.

2 위기상담

1) 위기상담의 개념

위기상담(Crisis Counseling)은 촉발요인에 의해 생긴 정서적 혼란과 심리적 불균형 상태와 동시에 기존의 상황대처 전략이 효과적으로 작동하지 않는 상태를 다루는 것을 말한다(Caplan, 1964). 가족이나 배우자의 사망, 이혼, 약물남용, 자녀의 비행, 실직 등으로 인해 파괴적 정서에 휩싸이면서 자신 또는 남을 해칠 수 있으므로 즉각적인 조치가 필요하다. 삶의 성숙과정에서 자연스럽게 나타나는 발달과정적 위기와 달리 홍수, 폭풍, 교통사고, 전쟁, 이혼, 실직 등과 같이 정상적인 삶의 일과를 일탈하여 예측하지 못한 상황에서 발생하는 위기는 그것을 경험하는 개인에게 심각한 신체적 심리적 위협을 주게 된다(James & Gillialand, 2001). 이때 내담자에게 심리적 안정감을 주고 상황을 객관적으로 바라 볼 수 있도록 돕는 것이 위기상담이다(박준섭, 2014: 30).

2) 위기상담의 의미

위기상담은 위험한 상태에 직면해 있거나 심각한 문제로 위기상태에 처한 사람을 도와주는 전문적·임상적 봉사활동을 말한다(김흥규, 2015: 191).

위기(crisis)라는 용어는 그리스어의 'krisis'에서 나온 것으로 결정(decision) 혹은 전환점(turning point)이라는 의미를 내포하고 있으며 한자의 위기(危機)는 위험(危險)과 기회(機會)의 뜻을 나타내고 있다. 따라서 위기라는 말이 풍기는 뉘앙스는 반드시 나쁜 것이며 부정적인 뜻만을 상징하는 용어는 아니다.

아길레라와 메시크(Aguilera & Messick, 1978)는 "한 인간이 지금까지 자신에게 도움이 되어 왔던 행동기제(merchanism)로 용이하게 해결할 수 없는 문제에 직면할 경우, 위기에 처한 인간은 하나의 전환점에 서 있다고 보았다. 여기서 긴장과 불안의 강도는 높아지는데 해결책을 강구하는 자구능력은 저하되고 무력감을 느끼게 되며 정서적으로 심각한 혼란 상태에 빠지게 되어 자신의 문제를 스스로 해결할 수 없다고 생각하는 경지에 다다르게 된다"(Eversteine & Eversteine, 1983)고 하였다.

이러한 관점에서 본다면 위기는 위험을 내포한 말이고 '극적 전환점'을 이룰 수 있는 기회가 될 수 있으며, 절박한 상황에 처해 있음을 의미하고 개인으로 하여금 위험에 이르게 된 어떤 사건의 발생을 의미하며 개인에게 있어서 '약한 상태'를 의미한다.

이 같은 위기는 다음의 다섯 가지 특성에 따라 분류된다(Wright, 1990; 하상훈 역, 1996: 7-12).

① 위기는 병리적 사건이 아니다.
② 위기의 기간은 무한히 지속되는 것이 아니고 시간적으로 제한된다.
③ 위기는 발생으로부터 회복까지 확인할 수 있는 일정한 단계와 과정이 있다.
④ 위기 상태는 불안정한 시기이고 변화하기 쉬운 상태이다.
⑤ 위기는 인간의 성숙과 발전을 위한 좋은 기회이다.

3) 위기상담의 특징

예기치 않았던 환경적인 자극이나 그 밖의 이유로 위기감을 느끼는 내담자에게는 위기상담이 필요하다. 즉 생활조건의 변화나 가족 및 주위의 사람들에게 큰 변동이 생김으로써 내담자가 심한 긴장과 불안을 느끼는 경우이다. 이러한 경우 내담자들은 대개 긴장감을 느끼고 심한 불안감과 심리적 혼란을 경험하게 된다. 이 때 내담자의 불안의 성질 및 정도와는 다르지만 상담자도 자칫하면 불안이나 당혹감을 느낄 수 있다. 상담자 쪽에서 모호하고 불안한 감정을 느끼게 되면 원래의 상담능력을 발휘하기 힘들어진다. 따라서 위기상담을 할 때에는 내담자에 대해 이해적인 관심을 가지되 결코 놀라서는 안되고 내담자의 문제를 보다 합리적인 해결방향으로 도와줄 수 있는 객관적인 태도를 상실해서도 안 된다(이장호·이동귀, 2014: 308).

그리고 내담자가 처해 있는 위기 상황은 상담자 혼자서 처리하거나 해결해 주기 힘든 경우가 대부분이다. 따라서 상담자 혼자서 처리하려 하지 말고 주위의 부모나 선생님 혹은 타인들과 협의해서 해결하는 것이 바람직하다. 이때 먼저 내담자가 어떤 위기를 느끼는지 그러한 위기의 해결을 위해 어떤 조건이 필요하고 가능할 것인지에 대해 생각해 보아야 한다. 다시 말해서 위기는 여러 가지 생활환경적인 조건에서 촉발되는 것이고 이러한 외부적 조건이나 또는 내면적 변동 상황에 대해 내담자가 어떻게 반응하느냐에 따라 위기의 정도도 달라질 수 있다. 즉 같은 조건의 변동이라 해도 내담자의 반응에 따라 위기의식을 느낄 수도 있고 느끼지 않을 수도 있는 것이다.

이 같은 위기상담의 목표를 보면 위기상담의 기본목표는 첫째로 내담자의 긴장을 포함한 다양한 심리적 증상 및 고통을 해소하는 것이고, 둘째로는 내담자가 더 이상 혼란되지 않도록 하고 과거의 정상적인 상태를 회복할 수 있는 적응 수행력의 회복이며, 셋째로 내담자에게 위기의식을 촉발한 환경적인 요인에 대해 이해를 하도록 돕는 것이다. 그리고 위기상담자의 기본요건으로서는 위기를 조종하고 상담해 나갈 수 있기 위해 상담자가 갖추어야 할 기본적인 요건들은 다음과 같다. 첫째, 내담자의 위기 및 긴장에 대해 공감적 이해나 경청을 할 수 있는 능력, 둘째, 내담자의 환경적 여건이나 심리적인 반응에 대해 정확히 평가 할 수 있는 능력, 셋째, 내담자의 문제를 보다 효과적으로 이해할 수 있는 주변 자원(기관 및 사람)에 대한 충분한 지식의 준비 등을 들 수 있다.

4) 위기상담의 방법

전화를 통한 위기개입의 단계와 요령(방법)을 다섯 가지 과정으로 요약해 보면 다음과 같다(이기춘, 1991).

첫째, 위기상황에 대한 진단적 평가이다. 전화 상담에 있어서 위기개입은 면접상담과는 달리 시간의 제한성 속에서 진행된다. 내담자의 언어표현, 감정, 의도, 위기의 심도 등을 빨리 파악하여 적절한 시간의 구조 속에서 문제에 대한 진단적 평가를 내려야 한다.

둘째, 위기를 맞고 있는 내담자와의 관계를 발전시키는 단계로서 정서적인 '조율잡기(turning)'이다. 즉 터베징과 터베징(Tubesing & Tubesing, 1973)은 조율잡기란 타인의 정서적 상태에서 발신되는 신호를 수신하고 파악하는 것이다라고 하였다. 이는 곧 경청과 공감의 단계이다. 또한 햄블리(Hambly, 1984)는 전화상담에 있어 경청은 말하는 이와 듣는 이 사이에 걸쳐 있는 상황(Context)속에서 정보, 언어, 감정 및 태도의 총체적 메시지(total message)가 원활하게 투여되고 수용될 때 목소리를 통해 내담자가 의미하는 원래의 의미를 파악하는 것이다. 그러므로 경청은 음악을 감상하듯 목소리의 높낮이와 미세한 감정과 끊어지고 이어지는 호흡의 박자까지 섬세하게 점검하면서 이루어져야 한다.

셋째, 내담자로 하여금 대면하고 있는 문제의 성격을 파악하게 하는 것이다. 이는 위기에 직면한 사람들은 혼란에 빠져 있기 때문에 문제의 성격과 핵심을 파악하게 도우려면 상담자는 내담자의 문제 발생의 전반적인 배경을 빨리 파악하도록 도와야 한다.

넷째, 내담자 속에 남아 있는 잔여능력과 자원을 가동시키도록 돕는 것이다. 위기에 노출된 사람은 '자신을 도울 만한 친구나 유용한 자원이 주변에 없다'는 식의 극단적인 생각을 한다. 전화상담은 바로 이 같은 위기를 당한 사람에게 도움의 자원들을 일러 주고 또한 찾아내도록 격려하는 것이다.

다섯째, 내담자의 행동은 내담자의 상황에서 실천이 가능한 것이어야 하며 부담없이 자신을 추진할 수 있는 전망이 보여야 한다.

이와 같은 방법을 단계별 특징에 따라 정리하면 다음과 같다(김흥규, 2015: 196-197).

- 1단계: 위기를 당한 사람과의 접촉으로 위기를 겪는 사람과 접촉하여 내담자들이 긴장을 풀게 하고 감정을 정화시켜 행동화 단계로 이끌어 갈 터전을 만들어 주는 것이다. 관심 있는 행동을 통해 안정된 분위기를 조성해야 한다. 적극적 경청을 통해 상대에 대한 배려와 관심을 전달하고 희망을 주도록 한다.
- 2단계: 문제의 핵심 파악으로 상담자는 상대방의 감정과 생각에 대해 반응(공감)을 보여 주고 위기를 겪고 있는 내담자가 그 위기에 대해 어떤 의미와 느

낌을 갖고 있는지를 파악한다. 그리고 위기 촉발 사건이 무엇이며 문제를 해결할 수 있는 그의 능력에 영향을 주는 요인이 무엇인지 발견하는 데 초점을 맞춘다. 또한 위기를 경험한 내담자는 사실을 회피하고 고통에 대하여 자신을 방어하고 있기 때문에 상담자가 할 일은 내담자가 사실에 직면하도록 돕는 것이다. 그 밖에 상담자는 위기자극 사건, 내담자가 중시하는 관계, 내담자의 대응책, 내담자의 대응책을 무효화시킬지 모르는 새로운 요소들에 집중하여 관련성이 없는 지식이나 사실들을 걸러 내는 것도 중요하다.

- 3단계: 문제에 대한 적극적인 대응으로 문제해결을 위한 목표를 수립하고 목표 달성을 위한 내·외적 자원을 파악해야 한다. 여기서 내적 자원은 자기 안에 지니고 있는 대처 방법과 과거에 위기를 처리했던 경험들이 해당되므로 이를 환기시켜 주는 것이고, 외적 자원은 내담자의 친구들, 가족들, 교회, 정신적 자원 그리고 재정능력이 포함된다. 그리고 상담자와 내담자는 함께 관련성이 깊고 구체적인 행동으로 옮길 수 있는 대안들을 확정한다. 그리고 그 대안들을 내담자의 입장에서 심사숙고한 후에 내담자가 한두 가지 대안을 선택하게 한다. 그리고 선택된 대안을 실천하겠다고 약속을 한다. 또한 내담자의 의존 경향을 역전시키는 단계로서 행동화할 수 있도록 격려해 준다. 그 밖에 반성 및 재검토를 한다. 이는 상담자와 내담자 사이에 위기 해결이라는 목표에 도달하기까지의 평가를 하고 수립된 목표가 현재 적절치 않다면 바꾸어야 한다.

다음은 위기적인 상황에 직면한 내담자들을 상담하는 기본적인 방법 일곱 가지를 살펴보면 다음과 같다(이장호·이동귀, 2014: 312-313).

① 정서적 지원: 위기에 처한 내담자들은 고도의 긴장과 불안을 느끼게 마련이다. 이런 불안과 긴장은 위기에 대처하는 경험이나 지식이 없을 때에 더 심하다. 그래서 공포·무력감·무가치감 등이 함께 일어나기도 한다. 따라서 위기를 극복하기 위한 대안을 제시하기 전에 필요한 것이 정서적 지원이다. 정서적 지원은 첫째 상담자가 내담자의 환경을 이해하고 있다는 것을 전달함으로써 둘째 상담자가 문제를 수용하고 온정으로 대하고 있음을 내담자에게

경험하게 함으로써 셋째 진지한 마음으로 책임을 갖고 도와준다는 사실을 전달함으로써 가능하다. 위기에 직면한 내담자에게는 이처럼 직접적인 정서적 지원 내지 조력이 필요하다. 극도로 불안한 내담자에게 "그러한 상황에서 당신의 처사가 최선일 수 있었겠군요"라고 언어적 격려를 해 줌으로써 자기 문제의 범위·정도를 인식하게하고 적어도 이야기를 계속할 수 있도록 해 준다. 정서적 지원을 받은 내담자는 불안과 긴장은 물론 의존적 감정도 표현하게 되고 문제를 해결하기 위한 실제적 노력을 할 수 있게 된다.

② 정서적 발산기회의 제공: 위기상담을 받으러 온 내담자는 압박해 오는 여러 가지 감정·불안·갈등으로 괴로워하고 있다. 따라서 상담자는 감정을 자유롭게 표현할 수 있도록 유도하거나 허용적인 분위기를 제공해 주는 것이 필요하다. 예를 들면 입원해 있는 아버지에 대한 공격적인 태도나 적개심이 보일 때 "당신 마음의 일부는 아버지가 세상을 떠나시기를 원하고 있군요"라고 말해 줌으로써 대리적 발산을 촉진시킬 수도 있다. 또는 상담자에게 아버지에 대한 감정을 직접 말하게 함으로써 아버지에 대한 감정표현의 체험을 갖게 해 준다. 한편 문제해결에 대한 대안이 없거나 극도로 심한 우울증을 가진 내담자의 방어기제는 초기에는 그대로 두는 것이 좋다.

③ 희망·낙관적 태도의 전달: 위기에 부딪힌 내담자는 절망감과 비탄에 사로잡혀 생에 대한 희망을 잃고 위기를 불가피한 것으로 생각한다. 이 방법은 위기 중 적응능력의 상실을 메우기 위한 것으로 내담자의 절망감 및 무력감을 상담자의 희망적인 태도로 보충하는 것이다. 먼저 실패에 대한 원인 및 내담자의 태도를 평가하는 것이 필요하다. 문제를 정확히 평가한 후 태도를 성실하게 전달하는 것이 바람직하다. 만약 이러한 전달방식이 피상적으로 되어 버리면 상담이 실패로 끝나기 쉽다. 상담자는 긍정적인 관심을 갖고 적극적으로 참여하면서 공감적 태도를 취하는 것이 필요하나, 결코 모든 것에 호의적일 필요는 없다.

④ 선택적 경청: 상담자는 위기상담이 짧은 시간에 진행되어야 한다는 점과 간혹 내담자의 방어적인 허위반응의 가능성이 있다는 것을 유념해야 한다. 내담자

가 신체증상만을 말하거나 장기적인 문제로 화제를 바꿀 때, 상담자가 끌려들어가서는 안 되며 실제 위기문제와 관련된 자료에 집중하도록 주의해야 한다. 요컨대, 내담자의 능란하고 교묘한 진술을 무시하고 선택적인 경청을 하는 것이 필요하다. 또한 내담자의 방어기제를 잘 파악하여 존중할 것은 존중하고 무시할 것은 무시하면서 실제적으로 변화가 가능한 측면만 다루어야 한다.

⑤ 사실적 정보의 제시: 불안과 긴장이 정보부족으로부터 초래되거나 사실에 대한 왜곡과 오해로부터 생기는 수가 많다. 이런 경우 사실적 정보를 제공하여 불안을 제거하는 것이 바람직하다. 예를 들면 자위행위에 대한 심한 죄의식과 불안을 느끼고 있는 젊은이에게 자위행위를 너무 많이 하지 않는 이상은 건강에 해롭지 않고, 실제로 많은 미혼 남녀들이 하고 있다는 사실을 말해 줌으로써 위기감이나 불안을 줄여 줄 수 있는 것이다. 정보를 제공할 때는 긴 설명이나 강의식으로 하지 말고 간단명료하게 전달하는 것이 좋다. 또는 정보를 제시하고 나서 내담자의 반응이 어떻게 나타나는가를 확인하고 상담의 흐름이 자연스럽게 지속될 수 있도록 유의해야 한다.

⑥ 문제 상황의 규명: 위기상담에 있어서 문제를 파악·해결하기 위해 먼저 기초적인 자료를 얻은 후 문제 상황을 이해하고 규명하는 데 필요한 내용들은 첫째로 위급한 상황에서 내담자가 다루어야 할 문제가 무엇인가를 분명히 해야 한다. 문제가 불분명할 때에는 기초자료를 참조하여 문제 상황을 가능한 한 정확히 이해해 들어가야 한다. 둘째로 내담자의 문제 상황이 분명해지면 문제해결을 위한 목표를 설정한다. 셋째로 목표달성을 위한 자원수단이 어떠한 것들인가를 파악한다. 이러한 수단에는 환경의 개선, 가족관계나 대인관계의 개선 등 여러 가지가 있겠으나 내담자가 직접 활용할 수 있는 수단이어야 할 것이다. 이러한 문제 상황을 규명하는 자체가 불안의 소재를 표면화하는 것이고 내담자로 하여금 위기가 어떻게 발생했는가를 파악하게 하고 위기사태에 대처할 수 있는 정신적 준비를 갖추게 하는 데 도움이 된다.

⑦ 문제에 대한 공감 및 구체화: 위기에 대한 내담자의 감정표현에 대한 적절한 공감 및 구체화는 자신의 문제를 파악하여 삶에 대한 태도변화 및 문제해결

로 이끄는 방법이 된다. 상담자는 필요적절하게 공감하면서 내담자 자신이 문제를 볼 수 있도록 세분화하여 구체화시키는 것이 필요하다. 이때 상담자가 유의해야 할 점은 첫째로 문제와 무관하거나 목표에서 벗어난 반응은 하지 않는 것이 좋다. 둘째로 반응 횟수는 매회의 초반에는 10% 정도 적게 반응하고 후반에는 50% 정도 증가시키는 것이 좋다. 셋째로 긴 해석이나 강의식 반응은 피하고 직선적이면서도 정직하게 해야 한다.

지금까지 위기상담의 방법을 살펴보았는데 위기상담의 진행과정은 전체 일곱 단계로 요약할 수 있다. 즉, 상담자는 관심을 가진 효과적인 협조자라는 것을 나타내고 내담자로 하여금 위기에 관련된 감정표현을 하도록 촉진시키고 내담자의 표현된 정서와 생각의 주요 내용을 확인해야 한다. 그리고 상담자는 내담자가 표현한 주요 정서와 생각에 공감을 해 준다. 특히 위기를 유발시킨 상황에 관련된 정보를 수집한다. 또한 내담자가 인정하는 범위에서 위기상황이 형성된 과정을 포괄적으로 언급한다. 또한 문제를 해결하기 위한 전략을 상담자와 내담자가 함께 탐색함과 동시에 장차 다시 경험하게 될지도 모르는 긴장을 해소하기 위한 방법 및 전략을 서로 협의하여 결정한다(이창호·이동귀, 2014: 214-315).

5) 위기상담의 유형

인간이 위기상태에 직면하게 되면 그 위기에서 탈출하기 위해 도움을 요청하게 되는데 그 특징을 보면, 첫째, 너무 급하게 도움을 요청한다. 둘째, 그들은 당신에게 너무나 많은 것과 기적을 요구한다. 셋째, 그들의 기대는 지나치며 비현실적일 수 있다. 넷째, 그들은 쉽게 실망하거나 엉뚱한 당신에게 화를 낸다(김흥규, 2015: 194).

그러나 이 같은 경우 위기상담에 임하는 사람(카운슬러) 입장에서는 당황해 하거나 놀라워 할 필요가 없다. 왜냐하면 위기에 처한 그들에게는 마지막 희망이기 때문이다.

아론 라자르(Aaron Lazare)는 정신과 의사를 찾는 환자들의 유형을 다음과 같이 14가지로 정리한 바 있다.

① '제발 내 대신 처리해 주세요' 형

② '내가 지금 어떤 상황에 처해 있는지 알고 싶어요' 형

③ '날 좀 돌봐 주세요' 형

④ '항상 거기 계시죠' 형

⑤ '내 죄를 용서해 주세요' 형

⑥ '털어놓고 놓고 이야기 하고 싶어요' 형

⑦ '어떻게 해야 할지 알고싶어요' 형

⑧ '정신이 맑아지게 도와주세요' 형

⑨ '상담을 원합니다' 형

⑩ '전 의사가 필요해요' 형

⑪ '전 좀 특별한 도움이 필요해요' 형

⑫ '날 위해 그렇게 해 주세요' 형

⑬ '제가 필요로 하는 것을 얻을 수 있는 곳을 가르쳐 주세요' 형

⑭ '전 원하는 게 없어요' 형

이상과 같이 상담과 도움을 청하는 많은 사람(클라이언트) 중에서 어떤 사람들은 위기에 잘 대응할 것이지만 반대로 어떤 사람들은 제대로 대응하지 못하는 사람들도 있을 수 있다.

즉 위기상황에 잘 대응하지 못하는 사람의 특징을 보면 다음과 같다.

① 위기에 거의 압도당한다.

② 허약한 신체조건을 들 수 있다.

③ 현실을 부정하는 유형이다.

④ 문제에 대한 대처시기를 놓치는 유형이다.

⑤ 지나친 죄의식과 싸우는 사람들이다.

⑥ 남을 비난하는 사람들이다.

⑦ 매우 의존적이거나 독립적인 사람이다.

⑧ 신학과 관련된 종교적 입장에서 설명하려 한다.

잠시도 입을 쉬지 않고 먹고 마시고 흡연하고 수다를 떠는 사람들이 위기에 잘 대응할 수 없다는 것은 상식이다. 말하자면 입으로 무언가를 하지 않으면 불안해지는 구강 성격자로서 하버드 대학의 심리학자인 랠프 히르쇼비츠(Ralph Hirshowiz)는 입의 마술(magic of the mouth)이라고 칭했다.

참고문헌

국내문헌

강갑원(2004). **알기 쉬운 상담이론과 실제**. 경기: 교육과학사.

강성애(1997). 정신과 개방병동 환자를 위한 사회기술 훈련 프로그램 효과에 관한 사례연구, 광주대학교 경상대학원.

강진령(2011). **집단상담의 실제(제2판)**. 서울: 학지사.

강진령(2012). **집단상담과 치료**. 서울: 학지사.

고영희(1995). **심리학**. 서울: 양서원.

고원자(2006). 가정폭력 피해여성을 위한 사이코드라마 프로그램의 개발과 효과. 경성대학교 대학원 박사학위 논문.

곽형식(2001), 행동주의 상담과 인본주의 상담의 특성 비교. **학생생활연구 Hournal of student guidence**. 경상북도 학생생활연구소.

구본용(1988). 우리나라 대학에서 집단상담의 활용현황. **대학생활연구, 6**, 17-40. 한양대학교 학생 생활연구소.

권경인(2001). 집단상담활동의 유형화 연구: 치료적 요인을 중심으로. 서울대학교대학원 석사학위논문.

권석만(2004). **젊은이를 위한 인간관계 심리학**. 서울: 학지사. 123-125.

권육상(2003). **인간행동과 사회 환경**. 서울: 유풍출판사.

김계현(1995). **카운슬링의 실제**. 서울: 학지사.

김계현(1998). **상담심리학: 적용영역별 접근**. 서울: 학지사.

김계현 외(2000). **학교상담과 생활지도**. 서울: 학지사.

김계현 외(2009). **학교상담과 생활지도(제2판)**. 서울: 학지사.

김규수 외(2001). **교류분석치료**. 서울: 형설출판사. 14.

김명권 외 공역(2000). **집단상담과정과 실제**. 서울: 시그마프레스.

김명희 외(2014). **상담과 심리평가**. 서울: 교문사. 27-39.

김병석(1999). 관계문제로서의 정서행동장애: 대상관계이론적 접근. **특수교육학연구, 34**(2), 257-275. 특수교육학회.

김병옥(2000). **성상담의 이론과 실제**. 서울: 한국심성개발연구원.

김봉환 외(2000). **학교진로상담**. 서울: 학지사.

김성이(1996). **청소년비행상담**. 서울: 청소년대화의 광장.
김수연(2001). 부부폭력과 결혼불안정성의 관계. **한국가정관리학회지, 19**(1), 53-62.
김승업 외(1990). 정신치료 집단 Supervision 경험. **신경정신의학, 29**(4), 875-884.
김유숙(1998). **가족치료: 이론과 실제**. 서울: 학지사.
김재은(1998). **그림에 의한 아동의 심리진단**. 경기: 교육과학사.
김정규(1995). **게슈탈트 심리치료**. 서울: 학지사.
김정규(2008). 게슈탈트 심리치료와 종교성. **한국심리학회지: 임상, 27**(2), 481-498.
김진숙(1993). **예술심리치료의 이론과 실제**. 서울: 중앙적성출판사.
김창대 외(1994). 성적이 떨어지는 아이들. **청소년상담문제 연구보고서, 9**. 서울: 청소년 대화의 광장.
김충기(1998). **생활지도 상담 진로지도**. 경기: 교육과학사.
김충기(2000). **교육심리학**. 서울: 동문사.
김충기 외(2001). **현대 상담이론과 실제**. 경기: 교육과학사.
김택호(2009). 비행 및 청소년의 진단과 평가. 한국교육치료학회 연수자료집.
김형태(2003). **상담의 이론과 실제**. 서울: 동문사.
김혜선 외(2002). **가족상담 및 치료**. 서울: 한국방송통신대학교출판부.
김혜숙(2003). **가족치료이론과 기법**. 서울: 학지사.
김희정(2005). 초등학교 생활상담직무연수교재. 부산광역시교육연수원.
노안영(2005). **상담심리학의 이론과 실제**. 서울: 학지사.
노안영(2011). **집단상담 이론과 실제**. 서울: 학지사.
노종희(1997). **인간관계론**. 서울: 양서원. 121.
대학카운셀러협의회(1998). **상담의 이론과 실제**. 서울: 중앙적성출판사.
마가렛 머켄하우프트, 김문영 역(2002). **정신분석과 프로이드**. 서울: 바다출판사. 133-134.
마르트 로베르, 이재형 역(2000). **정신분석 혁명**. 서울: 문예출판사. 174.
문정민(2002). 프로이드와 마슬로의 성격이론 분석. 대전: 복음신학대학원대학교 석사학위논문.
문형미(2005). 인지행동치료의 제3동향. **한국심리학회지: 상담 및 심리치료, 17**(1), 15-33.
민병배(2002). 인지치료의 이론과 실제. 부산학교상담학회 연수자료집.
박병탁·강석헌(1986). 한국에 있어서 정신치료 supervision 현황. **대화, 3**(2), 5-15.
박선자 외(2001). 부산대 여학생의 취업의식 실태와 취업 활성화 프로그램에 관한 연구. **부산대학교여성연구소, 11**(1), 1-19.
박순득(2007). 단기 학교 개인상담모형 개발과 적용. 경성대학교 대학원 박사학위논문.
박아청(2003). **성격심리학**. 서울: 교학사.

박윤수(1994). 상담과 심리치료. 대전: 경성기획.
박진생(2002). 제2회 추계 교육연수워크숍 자료집. 아동청소년상담연구회.
백지영·임효덕(1994). 정신치료에서 일어나는 난관의 극복(I): 치유인자의 규명을 위한 예비 연구. **신경정신의학, 33**(1), 98-116.
빅터 프랭클, 김영철 역(2006). **태초에 의미가 있었다**. 서울: 분도 출판사. 94-95.
빅터 프랭클, 이봉우 역(1986). **로고테라피의 이론과 실제**. 서울: 분도 출판사. 5-6.
빅터 프랭클, 이봉우 역(1986). **로고테라피의 이론과 실제**. 서울: 분도 출판사. 22-29.
빅터 프랭클, 이봉우 역(1986). **로고테라피의 이론과 실제**. 서울: 분도 출판사. 29-31.
빅터 프랭클, 이봉우 역(2000). **심리요법과 현대인**. 서울: 분도출판사. 23.
빅터 프랭클, 이봉우 역(2000). **심리요법과 현대인**. 서울: 분도출판사. 44.
빅터 프랭클, 정태현 역(1985). **무의식의 신**. 서울: 분도 출판사. 106.
설기문(1998). 한국집단상담 운동의 발전과정과 전망. **한국집단상담학회지, 1**, 7-33.
설기문 외(1994). 본성실현집단상담프로그램. **발달상담연구, 2**, 한국발달상담연구소.
성상담지침서(2002). 아하청소년 성문화센터. http://aha.ymca.or.kr
신민섭 외(2003). 그림을 통한 아동의 진단과 이해. 서울: 학지사.
우재현(1995). **에고그램 243패턴**. 대구: 정암서원. 23.
우종화(2001). **인간심리의 이해**. 경기: 교육과학사.
우혜진(2012). 행동주의 학습이론을 적용한 중학교 감상수업 지도방안. 교육대학원 석사학위논문.
윤가현(2006). **성문화 심리(2판)**. 서울: 학지사.
윤순임 외(1995). **현대상담·심리치료의 이론과 실제**. 서울: 중앙적성출판사.
윤주영(2002), 프로이드와 마슬로의 성격이론 분석. 대전: 복음신학대학원대학교 석사학위논문.
이기춘(1998). **교류분석으로 본 한국인의 의식구조**. 서울: 감신대학출판부. 96.
이도영 외(2005). **교류분석: 이론과 실제-교류분석 훈련프로그램: 훈련자매뉴얼-**. 서울: 중앙적성출판사.
이동식(1988). 상담의 동양적 접근. 대학카운셀러협의회(편). **상담의 이론과 실제**. 서울: 중앙적성출판사.
이미자(2004). 모듬북놀이를 활용한 집단음악치료 프로그램이 우울경향 중학생의 우울, 불안 및 자아존중감에 미치는 효과. 경성대학교 교육대학원 석사학위논문.
이상로 외(1971). 행동변화를 위한 소집단 활동으로서의 encounter운동. **학생지도연구, 4**(1), 30-46. 경북대학교 학생지도연구소.
이상훈(1990). **봄조짐**. 서울: 도서출판 샤론.

이성태(1995). 의사거래 분석적 인간관계 훈련 프로그램의 구성을 위한 이론적 기초. 서울: 중앙적성 출판사. 54-55.
이숙영 외(2003). 집단상담활동의 치료적 요인에 대한 청소년상담자의 평가. **청소년상담연구, 11**(1), 68-83.
이영실(1999). 클라이언트의 인간관계 문제해결에 있어서 교류분석의 자아 상태에 대한 연구. 성결대학교 석사학위논문. 100-104.
이장호 외(2005). **상담심리학의 기초**. 서울: 학지사.
이장호(2005). **상담심리학**. 서울: 박영사.
이형득(1979). **집단상담의 실제**. 서울: 중앙적성출판사.
이형득(1982). **상담이론**. 서울: 교육과학사. 34-35.
이형득(1992). **상담이론**. 경기:교육과학사.
이형득 외(2005). **상담의 이론적 접근**. 서울: 형설출판사.
임갑빈(1993). **인간관계론**. 서울: 동문사. 55-56.
임승환 외(2003). LCSI 성격검사 개발. **한국심리학회지: 상담 및 심리치료, 제15권** 1호, 35-36.
전태옥(2002). 초등전문상담과정 자료. 탐라교육원 연구교재. 131-155.
정미향 외(2001). 결혼 전 관계향상 프로그램 구성 및 효과검증. **한국가정관리학회지, 19**(4), 69-83.
정방자(1998). **정신역동적 상담**. 서울: 학지사.
정원식(1982). **카운슬링의 원리**. 경기: 교육과학사.
제석봉(2002). 참 삶과 행복을 가꾸는 TA심리학. 대구가톨릭대학교 성장상연구소.
조셉 페브리, 고병학 역(1999). **의미치료; 빅터 프랭클의 생애와 로고테라피**. 서울: 하나의학사. 39-45.
조안나(2004). 학습이론에 기초한 수학교육지도방안: 행동주의와 인지주의를 중심으로. 홍익대학교 석사학위 논문.
조창섭(2004). **학교 공부 바로하기**. 서울: 황금가지.
채규만(2000). **성피해심리치료**. 서울: 학지사.
천성문 외 역(2013). **심리치료와 상담이론**. 서울: 센게이지러닝코리아.
천성문 외(2015). **상담심리학의 이론과 실체**. 서울: 학지사.
청소년상담원(1997). 청소년문제행동의 이해와 지도.
최병철(2006). **음악치료학**. 서울: 학지사.
최승훈(2006). 교류분석(TA)과 성격에 따른 갈등관리 유형에 관한 연구(인천 남구 수봉산교회 청년부를 중심으로). 총신대학교 석사학위논문 재인용. 16.

최승훈(2006). 교류분석(TA)과 성격에 따른 갈등관리 유형에 관한 연구. 총신대학교 석사학위논문. 18.

최헌진(2003). **사이코드라마: 이론과 실제**. 서울: 학지사.

톰 버틀러 보던, 이정은 역(2008). **내 인생의 탐나는 심리학 50-프로이드에서 하워드 가드너까지 인간 탐색의 흐름과 그 핵심**. 서울: 흐름출판. 288.

한국미술 심리치료협회(2007). **그림으로 마음읽기 - 첫 번째 이야기 -**. 서울: 도서출판 교문사. 230.

한국미술치료학회(1995). **미술치료의 이론과 실제**. 대구: 동화문화사.

한국청소년상담원(2000). 청소년 비행예방 및 개입전략 개발을 위한 기초연구: 비행수준별, 유형별 위험요소 및 보호요소 분석. 한국청소년상담원.

홍경자 외(2009). **청소년 집단상담**. 한국청소년상담원.

홍숙기(2000). **성격심리학(상)** 서울: 진영사. 45-46.

국외문헌

A. Elleson(1982). *Human relations*. New Jersey: Prentics Hall. 23-24.

Albert, R. E., & Emmons, M. L. (1995). *Your perfect right: A guide to assertive behavior* (6th ed.). San Luis Obispo, CA: Impact.

Axline, V. A.(1969). *Play therapy*. New York: Ballantine Books.

Ayllon, T., & Azrin, N.(1968). *The token economy: A motivational system for therapy and rehabilitatiom*. New York: Appleton-Century-Crofts.

Bandura, A.(1969). *Principles of behavior modification*. New York: Holt, Rinehart & Winston.

Berne, E.(1958). Transactional analysis: A new and effective method of group therapy. *Journal of Psychotherapy 12*, 735-743.

Berne, E.(1970). *Sex in Human Loving*. New York: Simon and Schuster. 120-121.

Bloch, S. Reibastein, J., Crouch, E., Holrotd, P., & Themen, J.(1979). A Method for the therapeutic factors in group psychotherapy. *British joumal of psychiatry, 134*, 257-263.

Burks, H. M. Jr. & B. Steffire(eds.(1979). *Theories of Counseling* (3rd ed). New york: McGraw-Hill. 23-24.

Clarkson, P.(1992). The interpersonal Field in Transactional Analysis,m *TA Journal, 22*(2), 89-94.

Coret, M. S., & Coret, G.(2001). *Group: Process and Practice* (7th ed).

Davis, K.(1987). *Human Relations in Business*. New York: McGaw-Gill. 65-66.

Dusay, J. M.(1977). *Egogram: How I see you and you see me*. New York: Mantom press. 55-56.

Dusay, J. M. & Dusaym K. M.(1984). Transactional Anaysis. In R. Corsini (ed), *Current Pshchotherapies* (3rd ed). New York: Peacock. 25-26.

Early, J.(2004). *Interactiv group therapy: Interacting, interpersonal, action-orientated, and psychodynamic approaches*. 김창대 외 9인 역. **상호작용중심의 집단상담**. 서울 시그마프레스.

English, F.(1971). The substitution factor: Rackets and real feelings. *TA Journal, 1*(4), 225-230.

Exner, J. E.(1993). *The rorschach: A comprehensive system*. New Jersey: John Willey & Sons, Inc.

Exner, J. E. & Weiner, I. B.(1994). *The rorschach: A comperhensive system Volume 3* (2nd Eds). Assessment of Children and Adole scents.

Exner, J. E. & Weiner, I. B.(2002). *The rorschach, basic foundations and principle of interpretation volume 1*. New Jersey: John Willey & Sons, Inc.

Goulding, R. L.(1972). *New Directions in Transactional Analysis*. New York: Brunner/ Mazel. 105-134.

Griffths, D. E.(1956). *Human relations in school administration*. New York: Appleton Century Crafes Co. Inc. 45-46.

Karpman, S.(1968). Fairy tales and script drama analysis. *Transactional Analysis Bulletin, 7(*26), 39-43.

Kottler, J. A. (2001). *Learning group leadership: An experiential approach*. Boston, Ma: Allyn and Bacon.

Lieberman, M., Yalom, I., & Miles, M. (1973). *Encounter groups: First facts*. New York: Basic Books.

James, M. & Jongeward, D.(1971). *Born To Won Reading*. MA: Addison-Wesley. 34.

Machover, K.(1978). *Personality Projection in the Drawing of the Human Figure(A Method of Personality Investigation)*. Springfield, IL: Charles C. Thomas Pub Ltd. New Jersey: John Willey & Sons, Inc.

Patterson, C. H.(1980). *Theories of Counseling and Psychotherapy*(3rd ed.). New york: John Wiley & Sons. 45.

Schiff, J. L.(1975) *The Cathexis Reader*. New York: Harper & Row. 34.

Smith, S. R. & Handler, L.(2006). *The clinical assessment of children and adolescents: A practitioner's handbook*. New York, NY: Psychology Press.

Steiner, C. M.(1966). Script and counterscript. *Transactional Analysis Bulletin, 2*(18), 133-135.

Stewart, L. & V. Joines.(1987). *TA Today*. Nothing ham and Chapel Hill: Life Space Publishing. 12-13.

Yalom, I., & Leszcz, M. (2005). *The theory and practice of group psychotherapy* (5th ed.). New York: Basic Books.

저자 소개

약 력

한영신학대학교 상담심리학과(구, 기독교상담학과) 교수
한양대학교 교육대학원 졸업(교육학 석사)
미국 미드웨스트 대학교 대학원 졸업(기독교상담학 박사)
한남대학교 대학원 졸업(교육학 박사)
한국 기독교심리상담치료학회 감독(수퍼바이저)
한국 목회상담협회, 감독(수퍼바이저)
한국복음주의 기독교상담학회 가족상담사 감독(수퍼바이저)
정신보건증진상담사 1급
한국 기독교상담심리학회, 수련감독
PREPARE-ENRICH 전문상담사
한국형 에니어그램, 전문강사
노인상담, 전문가
MBTI, 일반강사
위기상담사 전문가

논문 및 저서

- **논문** : 가족상담이 가족해체 예방에 미치는 효과(2004) 외 다수
- **저서** : 21세기를 위한 가족상담의 이론과 실제(교육과학사, 2006)
  Win-Win의 삶(은혜출판사, 2010)
  학생생활지도 이론, 편저(동문사, 2010)
  결혼과 가족, 공저(동문사, 2011)
  하루를 여는 생명의 말씀(은혜출판사, 2011)
  가족상담 및 치료의 이론과 실제(동문사, 2012)
  Win-Win의 삶 제2권(도서출판 영성네트워크, 2012)
  상담의 실제(도서출판 등잔, 2012)
  Win-Win의 삶 제3권(도서출판 영성네트워크, 2013)
  의사소통과 상담, 공저(동문사, 2014)
  심리학개론, 공저(동문사, 2014)
  기적의 삶(도서출판 영성네트워크, 2016)

상담심리학

초판 1쇄 발행 / 2016년 12월 5일
초판 2쇄 발행 / 2021년 03월 5일

•

저　자 / 유　　옥
발행인 / 이　중　수
발행처 / **동　문　사**

•

서울특별시 서대문구 홍제원 1길 12
(홍제동 137-8)
Tel: 02)736-3718(대), 736-3710, 3720
Fax: 02)736-3719
등록번호: 제9-17호
가격: 19,000원

•

ISBN: 978-89-8251-864-5(93370)
E-mail: dong736@naver.com
www.dongmunsa.com